Educomunicação

Adílson Odair Citelli
Maria Cristina Castilho Costa (Orgs.)

Educomunicação

construindo uma nova área de conhecimento

Dados Internacionais de Catalogação na Publicação (CIP)
(Câmara Brasileira do Livro, SP, Brasil)

Educomunicação : construindo uma nova área de conhecimento / Adílson Odair Citelli, Maria Cristina Castilho Costa (organizadores). – São Paulo : Paulinas, 2011. – (Coleção educomunicação)

Varios autores
Bibliografia.
ISBN 978-85-356-2746-6

1. Comunicação na educação   I. Citelli, Adílson Odair.   II. Costa, Maria Cristina Castilho.

10-12945   CDD-371.1022

Índices para catálogo sistemático:

1. Comunicação na educação   371.1022
2. Educomunicação   371.1022

2ª edição – 2011
1ª reimpressão –2015

Direção-geral:
Flávia Reginatto

Editora responsável:
Luzia M. de Oliveira Sena

Copidesque:
Mônica Elaine G. S. da Costa

Coordenação de revisão:
Marina Mendonça

Revisão:
Ana Cecilia Mari

Direção de arte:
Irma Cipriani

Assistente de arte:
Sandra Braga

Gerente de produção:
Felício Calegaro Neto

Projeto gráfico:
Wilson Teodoro Garcia

Nenhuma parte desta obra poderá ser reproduzida ou transmitida por qualquer forma e/ou quaisquer meios (eletrônico ou mecânico, incluindo fotocópia e gravação) ou arquivada em qualquer sistema ou banco de dados sem permissão escrita da Editora. Direitos reservados.

Paulinas

Rua Dona Inácia Uchoa, 62
04110-020 – São Paulo – SP (Brasil)
Tel.: (11) 2125-3500
http://www.paulinas.org.br – editora@paulinas.com.br
Telemarketing e SAC: 0800-7010081

© Pia Sociedade Filhas de São Paulo – São Paulo, 2011

Sumário

Apresentação... 7

ARTIGOS NACIONAIS

Educomunicação: um campo de mediações... 13
ISMAR DE OLIVEIRA SOARES

Comunicação/educação e a construção de nova variável histórica............. 31
MARIA APARECIDA BACCEGA

Pesquisas de recepção e Educação para os Meios..................................... 43
MARIA IMMACOLATA VASSALLO DE LOPES

Comunicação & Educação: um olhar para a diversidade.......................... 53
SOLANGE MARTINS COUCEIRO DE LIMA

Comunicação e educação: implicações contemporâneas............................ 59
ADÍLSON ODAIR CITELLI

Censura não é educação.. 77
MARIA CRISTINA CASTILHO COSTA

Estudos de recepção para a crítica da comunicação.................................. 91
ROSELI FÍGARO

Educação, telenovela e crítica.. 99
MARIA LOURDES MOTTER

ARTIGOS INTERNACIONAIS

Desafios atuais da área da comunicação... 107
DELIA CROVI DRUETTA

Desafios culturais: da comunicação à educomunicação............................ 121
JESÚS MARTÍN-BARBERO

Avaliação de metodologias na educação para os meios 135
JOSÉ MARTINEZ DE TODA Y TERRERO, SJ

Comunicação, educação e novas tecnologias: tríade do século XXI 159
GUILLERMO OROZCO-GÓMEZ

Processos educativos e canais de comunicação 175
MARIO KAPLÚN

ENTREVISTAS

Sujeito, comunicação e cultura: Jesús Martín-Barbero 189
ROSELI FÍGARO E MARIA APARECIDA BACCEGA

A escola, o fenômeno midiático e o processo de evolução social:
Geneviève Jacquinot-Delaunay 215
ROSA MARIA CARDOSO DALLA COSTA

O Fórum continua sem fronteiras: Francisco Whitaker 229
JULIANA WINKEL

Uma pedagogia para os meios de comunicação:
Guillermo Orozco-Gómes 239
ROSELI FÍGARO

Apresentação

Os estudos referentes à interface comunicação/educação datam de alguns anos. Nos Estados Unidos, tiveram início com o surgimento da televisão nos anos 1930; no Brasil, em decorrência de ações levadas a termo por Roquette Pinto e Anísio Teixeira; e na França, com o trabalho de Célestin Freinet, para citarmos algumas referências. É possível reconhecer a crescente preocupação de inter-relacionar processos comunicativos e educativos em tais percursos, em diferentes latitudes, com variadas preocupações e, muitas vezes, distintas concepções e modos de ação, e que colocaram a escola e os métodos didáticos e pedagógicos sob o crivo dos processos gerais de modernização, no interior dos quais os meios de comunicação passaram a exercer papel de extrema importância. Tal cenário de crescente aceleração tecnológica, de reordenações sociais, culturais, filosóficas, das passagens históricas que caracterizaram o mundo no pós-guerra e que ajudaram a forjar a chamada alta modernidade, ou pós-modernidade, como preferem alguns teóricos, certamente levou o mundo da educação a redefinir projetos, procedimentos, objetivos.

No interior desta conjuntura, o termo educomunicação ganhou lugar e vitalidade. Trata-se de expressão que não apenas indica a existência de uma nova área que trabalha na interface comunicação e educação, mas também sinaliza para uma circunstância histórica, segundo a qual os mecanismos de produção, circulação e recepção do conhecimento e da informação se fazem considerando o papel de centralidade da comunicação. A identificação desse alcance estratégico, ocupado pelos sistemas e processos comunicacionais em nosso tempo, havia sido identificado por Paulo Freire nos anos 1960, quando, envolvido com as questões de alfabetização, formação profissional e cidadania, afirmava que promover educação é fazer comunicação. O enunciado freireano, malgrado o contexto específico em que foi proferido, visto estar afeito a certas dinâmicas interpessoais e interlocutivas, serve como elemento de generalização para o que se irá assistir de maneira mais decisiva ao longo dos anos 1970, com a expansão, diversificação, aceleração das técnicas e das tecnologias adaptadas aos dispositivos da comunicação.

Como se verifica, o conceito de educomunicação traz consigo uma dimensão complexa e que talvez não mais se explique apenas apontando determinados nexos ou interfaces que imantam comunicação e educação. Trata-se de reconhecer, agora, a existência de um campo inter e transdiciplinar, cujos lineamentos deixam de ser dados, apenas, pelos apelos, certamente necessários, de se introduzirem os meios e as novas tecnologias na escola, e se expandem, sobretudo, para um ecossistema comunicativo que passou a ter papel decisivo na vida de todos nós, propondo valores, ajudando a constituir modos de ver, perceber, sentir, conhecer, reorientando práticas, configurando padrões de sociabilidade. Basta, para tanto, nos perguntarmos o que os computadores, a internet, as redes sociais, o *facebook*, o *Orkut*, o *twitter*, o *You Tube*, os telefones celulares têm feito em nossas vidas, sejamos professores, alunos, universo escolar, cotidiano da cidadania etc.

Em uma síntese, é possível conceber a Educomunicação como uma área que busca pensar, pesquisar, trabalhar a educação formal, informal e não formal no interior do ecossistema comunicativo. Posto de outro modo, a comunicação deixa de ser algo tão somente midiático, com função instrumental, e passa a integrar as dinâmicas formativas, com tudo o que possa ser carreado para o termo, envolvendo desde os planos de aprendizagem (como ver televisão, cinema, ler o jornal, a revista; a realização de programas na área do audiovisual, da internet), de agudização da consciência ante a produção de mensagens pelos veículos; de posicionamento perante um mundo fortemente editado pelo complexo industrial dos meios de comunicação.

Este livro pretende representar uma contribuição para o aprofundamento e desdobramento dos estudos que se vão formando em torno da Educomunicação. Os autores, especialistas no tema, vários deles com trabalhos importantes nesse novo campo de trabalho, escreveram os textos, originalmente, para a revista *Comunicação & Educação*, que os publicou, esparsamente, ao longo do tempo. Na presente coletânea, os materiais foram retomados, tendo em muitos casos sofrido pequenas modificações, com ajustes de passagens, atualizações de dados e referências bibliográficas.

A revista *Comunicação & Educação* é o único veículo brasileiro a tratar de forma sistemática, e ao longo de quase quinze anos, dos assuntos antes mencionados; daí ser, na área, a publicação mais citada nas referências bibliográficas dos autores voltados às questões da Educomunicação. Por este motivo e para disponibilizar a uma faixa maior de interessados o conjunto diverso de textos que trazem contribuições relevantes para o debate acerca das implicações epistemológicas e dos desdobramentos práticos afeitos aos diálogos entre comunicação e educação, organizamos este livro. Nele poderão ser lidos oito ensaios de autores brasileiros, cinco de estrangeiros e quatro entrevistas dadas por pesquisadores, professores e participantes de movimentos sociais, tendo sempre por preocupação fundamental os desafios para pensar o conhecimento, a cidadania, a escola, a educação, em tempos marcados pela centralidade da comunicação.

Adílson Odair Citelli
Maria Cristina Castilho Costa

Artigos nacionais

Educomunicação:
um campo de mediações*

ISMAR DE OLIVEIRA SOARES

Professor livre-docente do CCA-ECA-USP, coordenador do Núcleo de Comunicação e Educação da ECA/USP (NCE).

Firma-se, principalmente na América Latina, um referencial teórico que sustenta a inter-relação comunicação/educação como campo de diálogo, espaço para o conhecimento crítico e criativo, para a cidadania e a solidariedade.

Ainda não se passaram seis anos da explosão comercial da Internet e mais da metade das universidades americanas já estão oferecendo algum tipo de educação a distância. Através do uso das modernas tecnologias da comunicação, prevê-se que, para meados da primeira década do novo milênio, cerca de 60% do ensino do país esteja sendo ministrado fora dos ambientes tradicionais, ou seja, inteiramente através do ciberespaço.

Tal perspectiva preocupa as autoridades e está mobilizando os centros de pesquisa dos Estados Unidos. Entre as questões em discussão está a perda do controle sobre a educação por parte de seus principais agentes: os professores e os alunos, uma vez que a chamada indústria da educação está vislumbrando negócios na área que chegam à astronômica cifra de 200 bilhões de dólares.

Em decorrência disso, outra questão ganha relevância e diz respeito às condições que os professores têm de conviver com o novo *modus comunicandi*, próprio das novas tecnologias e inerentes à natureza das comunidades virtuais. Em outras palavras, discute-se sobre os atuais e os vindouros paradigmas da educação em seu confronto/associação com o mundo da informação e sobre o papel do professor/instrutor nesta revolução tecnológica. Ou eles conseguem decifrar o que está ocorrendo e se preparam para assumir papel protagônico no processo, ou serão substituídos por quem se disponha a servir o sistema que está sendo implantado. E para muitos especialistas, a questão-chave não está nas tecnologias, mas no próprio modelo de comunicação adotado. Para

---

* Publicado originalmente na revista *Comunicação & Educação*, n. 19, p. 12-24, set./dez. 2000.

Rena Pallof e Keith Pratt, autores do celebrado livro *Building Learning Communities in Cyberspace* (Construindo a comunidade educativa no ciberespaço), comunicação é o conceito-chave quando se fala em educação e tecnologia:

> Nós concluímos, através de nosso trabalho com a Internet, que a construção da comunidade educativa (*Learning Community*) – com os professores participando em igualdade de condições com seus alunos – é a chave do sucesso de todo o processo.[1]

Para esses autores, o momento está maduro e suficientemente adequado para uma profunda revisão do sentido da ação comunicativa presente no ato educativo – quer o presencial, quer o a distância –, o que assinala, naturalmente, para um ponto de mutação em direção ao que ousamos denominar como o campo da inter-relação comunicação/educação.

Não é evidente, à primeira vista, especialmente ao observador da cena norte-americana, que comunicação e educação possam vir a integrar-se, em algum momento, num campo específico e autônomo de intervenção social. A história nos ensina, na verdade, que tanto a educação quanto a comunicação, ao serem instituídas pela racionalidade moderna, tiveram seus campos de atuação demarcados, no contexto do imaginário social, como espaços independentes, aparentemente neutros, cumprindo funções específicas: a educação administrando a transmissão do saber necessário ao desenvolvimento social e a comunicação responsabilizando-se pela difusão das informações, pelo lazer popular e pela manutenção do sistema produtivo através da publicidade.

---

[1] PALLOFF, Rena; PRATT, Keith. *Building Learning Communities in Cyberspace*. San Francisco: Jossey-Bass Publishers, 1999. p. XVI.

No entanto, no mundo latino, certa aproximação foi constatada graças à contribuição teórico-prática de filósofos da educação como Célestin Freinet ou Paulo Freire, ou da comunicação, como Jesús Martín-Barbero e Mario Kaplún. Colaboraram também para essa aproximação o avanço das conquistas tecnológicas e o barateamento dos custos dos equipamentos, o que levou grupos ativos e organizados de especialistas a iniciarem um irreversível processo de aproximação entre estes dois campos.

Educação e razão técnica

A Modernidade nasceu com a instituição da crença nas possibilidades da razão, capaz de transformar a sociedade pela dominação da natureza pelo homem. Ao mesmo tempo, impôs a uniformização das representações sociais coletivas e a massificação das aspirações e das mentalidades como forma de controle da opinião pública. Para tanto, a sociedade industrial conformou a educação (para sedimentar e legitimar a ordem social que queria ver estabelecida), fazendo, por outro lado, uma apropriação do discurso midiático, usando-o como seu mais poderoso instrumento disciplinador coletivo.[2]

Por suas incongruências, contudo – como a destruição do ecossistema em nome da racionalidade econômica ou a violência que eliminou vidas sem conta nas pequenas e grandes guerras do século, por causas que a história revelou irrelevantes –, a razão iluminista acabou por perder legitimidade ante os olhos de milhões de pessoas. Nesse sentido, a própria sociedade foi obrigada a buscar na dinâmica da denominada cultura da Pós-Modernidade referenciais mais adequados que expliquem as mudanças pelas quais a sociedade em geral e as pessoas em particular estão passando.

A Pós-Modernidade não substituiu, mas apenas reagendou a cosmovisão própria da Modernidade. Continua a reforçar a crença na ordem mundial, agora comandada por uma nova razão, a razão técnica, e pelo predomínio da informação.

Por outro lado, a Pós-Modernidade assinalou para a liberalização das consciências através do reconhecimento da autonomia individual e da valorização do subjetivismo. Em termos psicossociais, pela razão

---

[2] MILAN, Yara Maria Martins. *Comunicação e educação*: um ponto de mutação no espaço de confluência. Disponível em: <http://www.eca.usp.br/nucleos/nce>.

técnica, o real se converte em virtual, o que significa a concretização dos desejos e aspirações humanas em maneiras analógicas, por meio dos simulacros presentes no cotidiano da produção simbólica do sistema de comunicação. Por outro lado, o rápido desenvolvimento tecnológico permitiu, sem sombra de dúvidas, que a informação viesse a representar, nos dias atuais, o fator-chave dos processos produtivos de bens e serviços.[3]

O pensador francês Pierre Furter,[4] ao explicar a perplexidade dos educadores, traça um paralelo entre as práticas educativas e comunicativas no atual período de transição, garantindo que, o que experimentamos, não é outra coisa senão uma verdadeira mudança de paradigmas: o discurso sobre a educação que a definia como base da construção da democracia moderna e do progresso dos povos está sendo substituído pelo discurso sobre a excelência e a irreversibilidade da informação. Em outros termos, há uma valorização social do mundo da comunicação e uma negação do mundo da educação tradicional.

Reconhece-se, por outro lado, que a educação – a síntese de um longo processo civilizatório – chega aos albores do século XXI com um enorme cabedal de serviços prestados à humanidade, sem, contudo, ter gestado e gerenciado processos de inter-relação cultural que a coloque em sintonia com o novo mundo que a rodeia.

A educação, representando o tempo do pensamento lógico, seriado, geométrico, basicamente livresco (identificada com a era fordista[5]), estaria, pois, em crise. Já a instituição denominada comunicação de massa, consolidando um pensamento fragmentado e uma cultura aleatória, essencialmente audiovisual, estaria em alta no imaginário social. A comunicação de massa representaria o eixo que atravessa as novas condições da sociedade de pensar e organizar.

Furter recorda, por outro lado, que, enquanto o mundo da educação se baseia no espaço local (a escola do bairro, da cidade) e num sistema escolar regido por normas conhecidas de seus usuários, traduzindo

---

[3]   ALONSO, José Antônio Dacal. Las grandes líneas-fuerza que configuran el horizonte moderno. *Umbral XXI*, México, DF, n. 3, 1996. Número especial.

[4]   FURTER, Pierre. Comunicação e Educação, repensando os paradigmas. In: XIX CONGRESSO BRASILEIRO DE COMUNICAÇÃO SOCIAL, 1950, Rio de Janeiro. *Anais...* Rio de Janeiro: Associação Brasileira de Tecnologia Educacional (ABT)/União Cristã Brasileira de Comunicação Social (UCBC). Mimeografado.

[5]   Fordismo – método de organização da produção industrial (linha de montagem), introduzido por Henry Ford na primeira década do séc. XX e que se tornou dominante para a produção em massa do capitalismo.

formas nacionais de poder, o mundo da comunicação de massa paira sobre as nações, sem território próprio (desterritorializado), sem donos visíveis (seu centro de controle está nas organizações transnacionais), refletindo as novas formas planetárias de poder. Ainda segundo o pesquisador francês, enquanto o sistema escolar se apresenta como um conjunto de instituições que depende direta ou indiretamente do Estado, tendendo a ser coerente, organizado, burocrático e hierarquizado, voltando-se a públicos determinados, tendo como missão a sistematização e a transmissão de conhecimentos especializados, o sistema de meios se caracteriza por ser um conjunto de instituições com vínculos transnacionais, a serviço de públicos abertos, desburocratizado, tendo como conteúdo principal o lazer e um conjunto de mercadorias oferecidas ao consumo. A hegemonia da construção e legitimação das representações sociais passou, assim, indubitavelmente à comunicação de massa. Seu referencial cognitivo baseia-se justamente no surgimento de uma realidade virtual, acessível a imensas audiências, criando a crença na existência de uma comunidade (também virtual) entre produtores e receptores.

Com um tempo próprio (o presente) e um espaço desterritorializado (o ecossistema virtual ou ciberespaço), a comunicação de massa mantém, como garantem os estudos de recepção, um pé na realidade, ainda que esta seja o universo fluido do imaginário e das paixões humanas. A comunicação de massa faz as pessoas sentirem-se, de alguma forma, cidadãs de um mundo em mutação.

Modernidade versus pós-modernidade?

Estaríamos vivendo o desmanche da civilização do livro e dos conteúdos seriados e sistematizados, e entrando no mundo veloz, contingente, fluido e mutável da civilização audiovisual, cuja marca é a incerteza e a expectativa do novo, a cada minuto?

Compreender a realidade e buscar um novo sentido para a educação num mundo regido pelas contradições do confronto entre Modernidade e Pós-Modernidade faz parte da missão do filósofo e do educador. É o que garante Fernando Font, para quem a Modernidade, ao adotar uma visão universalista nas normas sociais e morais, cometeu o grave erro de dividir o homem em razão e sensibilidade, obrigando a educação formal a optar pela hegemonia da razão. Adverte, contudo, para o perigo igualmente mutilante de se tentar, num novo projeto pedagógico, a recuperação da sensibilidade ao custo da pura e simples castração da razão.

18 • Ismar de Oliveira Soares

Não é possível seguir acreditando numa razão ditatorial e deixar-se levar por ela. É necessário recuperar a sensibilidade, caminhar em direção a uma nova razão capaz de pensar a parcialidade, a individualidade, o pluralismo, e que não aprisione a riqueza da vida nos moldes estreitos de uma conceitualização universalista.[6]

Para tanto, propõe Font que se considere a adoção do conceito de *inteligencia sentiente* (no original, em castelhano), explicando: dada a unicidade do ser humano, a faculdade de apreensão da realidade é operada conjuntamente pela materialidade dos sentidos e pela capacidade de intelecção abstrata do homem. Por este mesmo princípio da unicidade, o próprio ato de sentir (a impressão da realidade) converte-se em ato de aprender sem necessidades de conceitos ou de racionalizações. A razão posteriormente reatualizará o real para descobrir suas estruturas mais profundas que não estão desvendadas nesse ato radical de inteligência que é a *impressão da realidade.*

Para o filósofo mexicano, de nenhuma maneira a razão (responsável pelo descobrimento e apreensão de estruturas do real mediante o pensar e os conceitos) é o mais fundamental do ser humano:

> Ela – a razão – não nos põe na realidade. O que nos faz pessoas, seres humanos, é o estar na realidade e não o uso dos conceitos e das teorias. Antropologicamente, por conseguinte, deveríamos mudar a tradicional definição de homem dada por Aristóteles ("O homem é um animal racional"). Agora, deveríamos nos referir ao homem como o animal de realidades. Não é a mesma coisa, pois, viver na realidade e "viver" nas ideias, na razão.[7]

Ele reconhece, assim, certos méritos no pensamento pós-moderno, entre os quais o de repensar a natureza da racionalidade humana.

Nessa mesma linha propositiva, o Prof. Leonardo Méndez Sánchez,[8] da Universidade Ibero-Americana do México, relembra que a educação necessita rever-se a partir de algumas metas, basicamente voltadas para valorização do sujeito e da sensibilidade do processo educativo, quais sejam: *a)* o estabelecimento de um novo conceito de razão geradora de uma racionalidade plural que rompa a estreiteza até agora criticada; *b)* o desenvolvimento de uma visão a partir da qual a riqueza

---

[6] FONT, Fernando Fernandez. Una propuesta alternativa. ¿Mas alía de la modernidad? *Umbral XXI*, México, DF, n. 3, 1996. Número especial.

[7] Ibid., p. 24.

[8] SANCHEZ, Leonardo Mendez. Reflexiones en torno a la postmodernidad y la práctica educativa. México, DF: *Umbral XXI*, n. 3. 1996. Número especial.

e a diversidade da vida possam ser entendidas e exploradas cabalmente. Haveria que sinalizar, segundo ele, que a vida do homem é irredutível a qualquer universalismo.

Educação, cidadania e consumo

Francisco Gutiérrez, ao buscar resposta à pergunta *para que educar na era da informação?*, propõe que a escola contemporânea se volte mais para a sensibilidade humana que para uma racionalidade abstrata e distante. E para que este sentido aflore com maior naturalidade e a comunicação se faça, o autor sugere que a escola eduque para a incerteza, para usufruir a vida, para a significação, para a convivência e, finalmente, para a apropriação da história e da cultura.[9]

A apropriação da cultura por parte dos usuários dos meios de informação pode constituir-se em plataforma para uma ação educativa coerente com as necessidades atuais.

Seguindo esta linha, Néstor García Canclini coloca em meridiana evidência a necessidade de o sistema educativo envolver-se – em seu confronto com a moderna produção da cultura – com o mercado, o consumo e o sistema de comunicação que o serve.

No que diz respeito à apropriação da cultura, García Canclini entende que uma verdadeira revanche cultural vem ocorrendo pelas mãos dos próprios usuários e receptores dos meios. Para ele, o consumo desenfreado tem servido principalmente para refletir e fazer pensar.[10]

O consumo é, diz, um conjunto de processos socioculturais em que se realizam a apropriação e o uso de produtos materiais e espirituais. Fala-se em consumo de sabonetes, como em consumo da fé. No consumo se manifesta uma racionalidade, uma visão de mundo. Existe uma lógica na construção dos signos de *status* do consumidor. O consumo serve, sobretudo, para distinguir as pessoas, as famílias, os educandários, as classes sociais: "A lógica que rege a apropriação dos bens enquanto objetos de distinção não é a da satisfação de necessidades, mas sim a da escassez de bens e da impossibilidade de que outros os possuam".[11] Segundo García Canclini, o consumo é um processo planejado em que os

---

[9] GUTIÉRREZ, Francisco. *La mediación pedagógica y la tecnología educativa*. Rio de Janeiro, v. 25, p. 132-133, set./dez. 1996.

[10] CANCLINI, Néstor G. *Consumidores e cidadãos*: conflitos multiculturais da globalização. Rio de Janeiro: Editora da UERJ, 1995.

[11] Ibid., p. 17.

desejos se transformaram em demandas e em atos socialmente regulados. Nada, portanto, que se pareça com a espontaneidade de consumidores autônomos e irreverentes.

Ele observa, por outro lado, o poder manipulador do mercado, principalmente na destruição e subversão das ferramentas de leitura do mundo.

> Há poucos anos pensava-se o olhar político como uma alternativa de leitura do mundo (imaginava-se que, mudando as estruturas políticas, se estaria transformando as relações sociais, tornando-as mais justas). O mercado desacreditou esta atividade de uma maneira curiosa, não apenas lutando contra ela ou exibindo-se como mais eficaz para organizar as sociedades, mas também a devorando, subvertendo a política às regras do comércio e da publicidade, do espetáculo e da corrupção.[12]

Os homens e mulheres já se mostram, contudo, mais atentos. De acordo com o autor, a reação esboçada, aqui e ali, principalmente no campo educacional, deve transformar-se em ato político.

O consumo deve ser assumido como exercício da cidadania

"É necessário dirigir-se ao núcleo daquilo que na política é relação social: o exercício da cidadania."[13] A proposta leva, naturalmente, a uma leitura crítica do consumo, seguida de uma retomada *do interesse pelo público, pelo coletivo.* "Vincular consumo com cidadania requer ensaiar um reposicionamento do mercado na sociedade, tentar a reconquista imaginativa dos espaços públicos."[14]

Os autores analisados deixam evidente que uma relação entre a comunicação e a educação já vem sendo operacionalizada, quer pelo uso dos instrumentais tecnológicos, quer pela ação política de profissionais que têm na busca do exercício da cidadania a razão de ser de seus atos.

Nesse sentido, a nova racionalidade, sugerida por Furter, Font, Sánchez, Gutierrez e Canclini, já anteriormente proposta por Freire, representa sólido pressuposto político-pedagógico para pensar a inter-relação comunicação e educação. Chegará, contudo, essa inter-relação,

---

[12] Ibid., p. 20.

[13] Ibid., p. 20.

[14] Ibid., p. 21.

a ser reconhecida como um novo campo ou continuará a ser tomada tão somente como mera interface entre dois campos tradicionais?

Para os defensores da tese da simples interface, tanto comunicação quanto educação são campos historicamente constituídos, definidos, visíveis e fortes. Desde sempre, o homem estabeleceu processos de comunicação entre si, usando para isso recursos diferentes. A educação, para os mesmos pesquisadores, é legitimada na esfera do oficial, do bem comum, da necessidade mínima de construção da cidadania, enquanto a comunicação é reconhecida como inerente ao sistema liberal e transferida para a iniciativa privada.

Educação e comunicação se distanciam, também, pelo tecido de seus discursos. O discurso educacional é mais fechado e enquadrador, oficial, mais autorizado. Validado por autoridades, não é questionado. Nesse sentido, é autoritário, posto que é selecionado e imposto em forma de currículo a alunos e professores. O discurso comunicacional, ao contrário, é desautorizado, desrespeitoso e aberto, no sentido de que está sempre à procura do novo, do diferente, do inusitado. Enquanto a educação está presa ao Estado – fragilizado, sem poder e pobre –, naquilo que o Estado tem de pior, que é a burocracia, a comunicação vincula-se ao mercado, aprimora-se constantemente, tem liberdade na construção do seu *currículo* e de sua forma de agir.

Por todos esses arrazoados, a educação e a comunicação jamais poderiam integrar-se, sob a suspeita de estarem perdendo sua identidade e sua razão de ser.[15]

Os que defendem posição oposta pelo reconhecimento de um campo integrador, afirmam que o mais importante e decisivo eixo construtor do novo campo é a interdiscursividade.[16] Para esses, as investigações nesta área de confluência têm a polifonia discursiva como seu elemento estruturante.

Daí a necessidade de um aprofundamento teórico deste referencial analítico que supere a análise pontual de práticas que tematizam prioritariamente a incorporação das tecnologias da comunicação e da

---

[15] GARCIA, Edson Gabriel. *Comunicação e educação, campos de relações interdisciplinares*, 1998. Disponível em: <http://www.usp.br/nce/wcp/arq/textos/21.pdf>. Acesso em: 26 jul. 2010.

[16] LAURITI, Nádia C. *Comunicação e educação*: território de interdiscursividade, 1998. Disponível em: <http://www.usp.br/nce/wcp/arq/textos/142.pdf>. Acesso em: 26 jul. 2010.

Um campo de diálogo e integração

Maria Aparecida Baccega, editora da revista *Comunicação & Educação*,[18] refletindo sobre a necessária articulação da comunicação com outras áreas do saber, afirma que hoje as Ciências Humanas e Sociais estão efetivamente incorporadas ao campo da comunicação, constituindo-o. Desse modo, a apropriação das Ciências Humanas e Sociais para a constituição desse campo se dá num processo espiralado de metassignificação, que redunda, obviamente, em novas posturas epistemológicas.[19]

Para identificar as complexas similitudes entre os possíveis *modus comunicandi* e *modus educandi*, necessitamos retomar a um dos pioneiros na inter-relação comunicação/educação no cenário latino-americano: Paulo Freire, que, no clássico texto *Extensão ou comunicação?*, focaliza os processos comunicacionais que se inserem no agir pedagógico libertador. Ele afirma que o homem é um ser de relação e não só de contatos, como o animal; não está apenas no mundo, mas com o mundo.

Neste contexto, a comunicação é vista como um componente do processo educativo e não através do recorte do "messianismo tecnológico".[20] Alerta Freire, nessa direção, que, embora todo o desenvolvimento seja modernização, nem toda modernização é desenvolvimento.[21] Assim, o gerundivo latino *modus* refere-se a uma forma de relação estratégica performativa[22] que se estabelece entre comunicação e educação, através do agir.

---

[17] PÉCHEUX, Michel. *Semântica do discurso*: uma crítica à afirmação do óbvio. Campinas: Editora da Unicamp, 1988.

[18] A Profa. Dra. Maria Aparecida Baccega foi fundadora e editou de 1994 a 2004 a revista *Comunicação & Educação*. Atualmente atua no mestrado da Escola Superior de Propaganda e Marketing (ESPM), com estudos e pesquisas nas relações comunicação e consumo; é pesquisadora do Centro de Estudos de Telenovela (CETVN) e do Centro de Estudos Comunicação e Trabalho, ambos da Escola de Comunicações e Artes da Universidade de São Paulo. (N.E.)

[19] BACCEGA, Maria Aparecida. *Comunicação e linguagem*: discurso e ciência. São Paulo: Moderna, 1998.

[20] GOMEZ, Margarida Victória. *Paulo Freire: releitura para uma teoria da informática na educação*. Disponível em: <http://www.usp.br/nce/wcp/arq/textos/144.pdf>. Acesso em: 23 jul. 2010.

[21] FREIRE, Paulo. *Extensão ou comunicação?* Rio de Janeiro: Paz e Terra, 1976.

[22] AUSTIN. *Quand dire c'est faire*. Paris: Seuil, 1970.

Trata-se de um modo de interação que afasta a ótica puramente instrumental da tecnologia comunicativa e informativa.

Sob esta perspectiva, a comunicação passa a ser vista como relação, como modo dialógico de interação do agir educomunicativo.

Ser dialógico é vivenciar o diálogo, é não invadir, é não manipular, é não "sloganizar". O diálogo é o encontro amoroso dos homens que, mediatizados pelo mundo, o pronunciam, isto é, o transformam e, transformando-o, o humanizam.[23]

Para o saudoso educador não é possível compreender o pensamento fora de sua dupla função: a cognoscitiva e a comunicativa.

É igualmente oportuno retomar Mario Kaplún,[24] para quem a *Comunicação Educativa* existe para dar à educação métodos e procedimentos para formar a competência comunicativa do educando.

Não se trata, pois, de educar usando o instrumento da comunicação, mas de que a própria comunicação se converta na vértebra dos processos educativos: educar pela comunicação e não para a comunicação. Dentro desta perspectiva da comunicação educativa como relação e não como objeto, os meios são ressituados a partir de um projeto pedagógico mais amplo.

Os dois educomunicadores – Freire e Kaplún – vinculam os espaços do contexto sociocultural, da comunicação e da educação como uma relação, não como uma área que deva ter seu objeto disputado.[25]

De nossa parte, afirmamos que é justamente a relação o elemento constitutivo do novo campo. Quanto à disputa, não existe, desde que se reconheça que os tradicionais campos continuam mantendo sua vigência, dentro do paradigma Iluminista que os criou.

Martín-Barbero[26] contribui com essa discussão, delineando o conceito de "destempo". Para demonstrar os conflitos entre as diferentes temporalidades, parte da classificação proposta pela antropóloga americana Margaret Mead,[27] que estabelece uma distinção entre três

---

[23] FREIRE, *Extensão...*, cit., p. 43.

[24] KAPLÚN, M. Processos educativos e canais de comunicação. *Comunicação & Educação*, Brasil, v. 5, n. 14, p. 68-75, 1999. Disponível em: <http://www.revistas.univerciencia.org/index.php/comeduc/article/view/4417/4139>. Acesso em: 26 jul. 2010.

[25] GOMEZ, *Paulo Freire...*, cit.

[26] MARTÍN-BARBERO, J. *Dos meios às mediações*: comunicação, cultura e hegemonia. Rio de Janeiro: UFRJ, 1997.

[27] MEAD, Margaret. *Cultura y compromiso*: estudio sobre la ruptura generacional. 2. ed. Barcelona: Gedisa, 1980.

tipos diferentes de cultura: a pós-figurativa, em que os jovens aprendem primordialmente através dos adultos; a cofigurativa, que tem como modelo norteador a conduta dos contemporâneos, na qual tanto jovens como adultos aprendem na conjuntura das relações sociais em que estão envolvidos; e a pré-figurativa, em que os adultos também aprendem com os jovens, quando os pares substituem os pais, promovendo uma ruptura de gerações sem precedentes. A autora observa que as sociedades primitivas e os redutos ideológicos e religiosos são principalmente pós-figurativos e extraem a autoridade do passado. Já as grandes civilizações, que necessariamente desenvolveram técnicas para a incorporação das mudanças, recorreram tipicamente a alguma forma de aprendizagem cofigurativa a partir dos pares, dos grupos com poder de influência.

A partir dos anos 1960 emerge uma cultura prefigurativa em que os pares substituem os pais, instaurando uma ruptura entre as gerações.

É preciso criar novos modelos de relação pedagógica e comunicativa para que os adultos ensinem não o que os jovens devem aprender, mas como fazê-lo; e não como devem comprometer-se, mas qual é o valor do compromisso. A partir deste referencial, Martín-Barbero analisa os destempos da educação, mostrando que a comunicação pedagógica, apoiada no texto impresso, encarna e prolonga a temporalidade deste tipo de saber. Ela apoia-se na transmissão de conteúdos reconstituíveis e se vale de um modelo mecânico de leitura unívoca e passiva que afasta a dialogicidade. Proclama, assim, o império das letras em detrimento da imagem que hoje dinamiza os processos de comunicação.

O tempo pedagógico faz deste *modus comunicandi* uma forma de exercício de poder, já que a autonomia do leitor e a possibilidade de um ecossistema comunicativo marcado pela dialogicidade implica a descentralização da palavra autorizada e a transformação das relações sociais internas do espaço escolar.

Como se pode inferir, a discussão sobre o tempo pedagógico mexe com questões nucleares como acomodação e/ou ruptura de gerações, conflitos, alienação, resistências, insurgências que, polifonicamente, insistem em aparecer nas entrelinhas. Analisando, ainda, a temporalidade na comunicação, Martín-Barbero considera a tecnicidade midiática como uma dimensão estratégica da cultura, vista, muitas vezes, com desconfiança pela escola porque funciona como elemento desequilibrador das ambiências das aprendizagens herdadas por tradição. Os meios deslocam as fronteiras entre razão e imaginação, saber e informação, arte e ciência e possibilitam o exercício de um tempo virtual que libera o aqui e o agora, inaugurando novos espaços e novas velocidades.

Estamos, assim, como analisam os pesquisadores do Núcleo de Comunicação e Educação – NCE, da ECA/USP, diante de um processo, de um *modus operandi* capaz de inaugurar posturas teóricas e práticas que se situam para além das tradicionais paredes paradigmáticas, reconceitualizando a relação entre educação e comunicação e direcionando-a para uma educação cidadã emancipatória. O que esperamos é que seja forte para romper com a narrativa dominante de uma cidadania associada meramente ao consumo.

Consolidação de um novo campo

A hipótese central com a qual a pesquisa desenvolvida pelo NCE/ECA/USP trabalhou foi a de que efetivamente já se formou, conquistou autonomia e encontra-se em franco processo de consolidação um novo campo de intervenção social a que denominamos de inter-relação comunicação/educação.

Tal inter-relação, ou simplesmente Educomunicação, não foi tomada tão somente como uma nova disciplina a ser acrescentada nos currículos escolares.

Ao contrário, ela está inaugurando um novo paradigma discursivo transverso, constituído por conceitos transdisciplinares, como apontamos anteriormente.

Esta foi justamente a segunda hipótese: o novo campo, por sua natureza relacional, estrutura-se de um modo processual, midiático, transdisciplinar e interdiscursivo, sendo vivenciado na prática dos atores sociais, através de áreas concretas de intervenção social.

A interdiscursividade, vale dizer, o diálogo com outros discursos, é a garantia da sobrevivência do novo campo e de cada uma das áreas de intervenção, ao mesmo tempo que vai permitindo a construção de sua especificidade. Este interdiscurso é multivocal e o seu elemento estruturante é a polifonia. A alteridade é a dimensão constitutiva deste palco de vozes que polemizam entre si, dialogam ou complementam-se.

Como terceira hipótese, reconhecemos que o campo da inter-relação comunicação/educação se materializa em algumas áreas de intervenção social, tais como:

a) A área da educação para a comunicação, constituída pelas reflexões em torno da relação entre os polos vivos do processo de comunicação (relação entre os produtores, o processo produtivo e a recepção das mensagens), assim como, no campo pedagógico, pelos programas de formação de receptores autônomos e críticos ante aos meios. Existem distintas vertentes na área da educação para a comunicação, o que compreende desde posturas defensivas, de cunho moralista, até projetos que se caracterizam por implementar procedimentos voltados para a apropriação dos meios e das linguagens da comunicação por parte das crianças e dos jovens. No mundo ibero-americano, a explicitação da teoria das mediações, especialmente por Martín-Barbero, permitiu uma visão mais lúcida do processo de recepção, promovendo importante mudança na pedagogia da educação para os meios.

b) A área da mediação tecnológica na educação, compreendendo o uso das tecnologias da informação nos processos educativos. Essa é uma área que vem ganhando grande exposição devido à rápida evolução das descobertas tecnológicas e de sua aplicação ao ensino, tanto presencial quanto a distância. Sabemos que os recursos tecnológicos clássicos, como o rádio e a televisão, tiveram dificuldade de ser absorvidos pelo campo da educação, especialmente por seu caráter lúdico e mercantil. Tal fato foi o principal responsável pela resistência dos educadores em dialogar com as tecnologias. O computador veio abalar essa dicotomia, pois possui em si mesmo os meios de produção de que o pequeno produtor cultural – o aluno e o professor – necessitam para seu trabalho diário. Devemos lembrar que a grande maioria dos *sites* hoje existentes são produzidos e dirigidos por centros de pesquisas científicas.

c) A área da gestão da comunicação no espaço educativo, voltada para o planejamento, execução e realização dos processos e procedimentos que se articulam no âmbito da comunicação/ cultura/educação, criando ecossistemas comunicativos. O conceito de ecossistema comunicacional designa a organização do ambiente, a disponibilização dos recursos, o *modus faciendi* dos sujeitos envolvidos e o conjunto das ações que caracterizam determinado tipo de ação comunicacional. No caso, a família, a comunidade educativa ou uma emissora de rádio criam, respectivamente, ecossistemas comunicacionais. Os indivíduos e as instituições podem pertencer e atuar, simultaneamente, em distintos ecossistemas comunicacionais, uns exercendo influências sobre os outros. A gestão da comunicação nos espaços educativos produz-se tanto nos ambientes voltados para programas escolares formais, quanto naqueles dedicados ao desenvolvimento de ações não formais de educação, como nas emissoras de rádio e de televisão educativas, nas editoras e centros produtores de material didático, nas instituições que administram programas de educação a distância e nos centros culturais.

d) A área da reflexão epistemológica sobre a inter-relação comunicação/educação como fenômeno cultural emergente. É, na verdade, a reflexão acadêmica, metodologicamente conduzida, que vem garantindo unicidade às práticas da Educomunicação, permitindo que o campo seja reconhecido, evolua e se legitime. A própria pesquisa que estamos realizando situa-se nesta área, assim como boa parte das reflexões produzidas pelos pensadores de quem nos servimos para a constituição do corpo teórico do trabalho.

Cada uma dessas áreas tem sido tradicionalmente assumida como espaço vinculado ao domínio, quer da educação, quer da comunicação.

Defendemos que cada uma dessas áreas e seu conjunto sejam pensados e promovidos a partir da perspectiva da Educomunicação.

Entendemos, por outro lado, que as quatro áreas não são excludentes, nem as únicas. Representam, apenas, um esforço de síntese, uma vez que parecem aglutinar as várias ações possíveis no espaço da inter-relação em estudo.

Para comprovar as hipóteses levantadas a respeito da presumível emergência do campo da inter-relação comunicação/educação, a equipe do Núcleo de Comunicação e Educação – NCE realizou uma pesquisa cujos instrumentos investigatórios foram: aplicação de questionário exploratório junto a uma amostragem significativa (400 questionários respondidos por 178 especialistas de 12 países do continente); entrevistas com 25 especialistas latino-americanos de reconhecido renome, além da promoção de *workshops*, seminários e de congressos para coleta de dados posteriormente incorporados ao trabalho.[28]

Através dos questionários, foi possível levantar o interesse dos pesquisados sobre o tema em questão, seu perfil profissional, suas expectativas com relação ao avanço teórico do campo. Das entrevistas, colheu-se um rico conjunto de histórias de vida relacionadas com o tema, com os especialistas emitindo opiniões sobre as ações e pesquisas na área, referendando bibliografias e descrevendo seus projetos e trabalhos. Nos *workshops* foram especialmente aprofundados dois temas: a relação comunicação/educação e o conceito de gestão da comunicação nos espaços educativos. Finalmente, os seminários e congressos serviram como testes para a convivência entre as várias subáreas que hipoteticamente compõem o campo da inter-relação em estudo.

O conjunto dos dados levantados possibilitou vislumbrar não apenas um crescente interesse pelo assunto em questão, mas, sobretudo, a existência de um processo de sistematização teórica que aponta a interdiscursividade e a interdisciplinaridade como elementos essenciais da epistemologia do campo, evidenciados no desenho do perfil do novo profissional a ele dedicado.

Referências bibliográficas

ALONSO, José Antônio Dacal. Las grandes líneas-fuerza que configuran el horizonte moderno. *Umbral XXI* México, n. 3, 1996. Número especial.

AUSTIN. *Quand dire c'est faire*. Paris: Seuil, 1970.

BACCEGA, Maria Aparecida. *Comunicação e linguagem*: discurso e ciência. São Paulo: Moderna, 1998.

CANCLINI, Nestor G. *Consumidores e cidadãos*: conflitos multiculturais da globalização. Rio de Janeiro: Editora da UERJ, 1995.

FONT, Fernando Fernandez. *Una propuesta alternativa*. Mas aliá de la modernidade? *Umbral XXI*, México, n. 3, 1996. Número especial.

FREIRE, Paulo. *Extensão ou comunicação?* Rio de Janeiro: Paz e Terra, 1976.

---

[28] O trabalho sobre o campo da inter-relação comunicação e educação e sobre o perfil do Educomunicador foi possível graças à dedicação dos pesquisadores do Núcleo de Comunicação e Educação do Departamento de Comunicações e Artes da Escola de Comunicações e Artes da USP, sob a coordenação de Patrícia Horta Alves, Fernando Peixoto Vieira, Eliany Salvatierra e Angela Schaun. Elaboraram textos complementares os pesquisadores: Maria Cristina Costa, Yara Maria Martins Nicolau Milan, Nádia Lauriti, Margarita Victória Gomez, Edson Gabriel Garcia, Manoela Lopes Lourenço, Vânia Valente. Ver mais informações sobre a pesquisa no *site:* <http://www.usp.br/nce/wcp/arq/textos/29.pdf>.

FURTER. Pierre. Comunicação e Educação, repensando os paradigmas. In: XIX CONGRESSO BRASILEIRO DE COMUNICAÇÃO SOCIAL, 1950, Rio de Janeiro. *Anais...* Rio de Janeiro: Associação Brasileira de Tecnologia Educacional (ABT)/União Cristã Brasileira de Comunicação Social (UCBC). Mimeografado.

GUTIÉRREZ, Francisco. *La mediación pedagógica y la tecnología educativa.* Rio de Janeiro, v. 25, p. 132-133, set./dez. 1996.

MARTÍN-BARBERO J. *Dos meios às mediações*: comunicação, cultura e hegemonia. Rio de Janeiro: UFRJ, 1997.

MEAD, Margaret. *Cultura y compromiso.* Estudio sobre la ruptura generacional. 2. ed. Barcelona: Gedisa, 1980.

PALLOFF, Rena; PRATT, Keith. *Building Learning Communities in Cyberspace.* San Francisco: Jossey-Bass Publishers, 1999.

PÉCHEUX, Michel. *Semântica do discurso*: uma crítica à afirmação do óbvio. Campinas: Editora da Unicamp, 1988.

SANCHEZ, Leonardo Mendez. Reflexiones en torno a la postmodernidad y la práctica educativa. *Umbral XXI*, México, DF, n. 3, 1996. Número especial.

Endereços eletrônicos

GARCIA, Edson Gabriel. *Comunicação e educação, campos de relações interdisciplinares*, 1998. Disponível em: <http://www.usp.br/nce/wcp/arq/textos/21.pdf>. Acesso em: 26 jul. 2010.

GOMEZ, Margarida Victória. *Paulo Freire: re-leitura para uma teoria da informática na educação.* Disponível em: <http://www.usp.br/nce/wcp/arq/textos/144.pdf>. Acesso em: 23 jul. 2010.

KAPLÚN, M. Processos educativos e canais de comunicação. *Comunicação & Educação*, Brasil, v. 5, n. 14, 1999. p. 68-75. Disponível em: <http://www.revistas.univerciencia.org/index.php/comeduc/article/view/4417/4139>. Acesso em: 26 jul. 2010.

LAURITI, Nádia C. *Comunicação e educação*: território de interdiscursividade, 1998. Disponível em: <http://www.usp.br/nce/wcp/arq/textos/142.pdf>. Acesso em: 26 jul. 2010.

MILAN, Yara Maria Martins. *Comunicação e educação*: um ponto de mutação no espaço de confluência. Disponível em: <http://www.eca.usp.br/nucleos/nce>.

Comunicação/educação e a construção de nova variável histórica[*]

MARIA APARECIDA BACCEGA

Atua no mestrado da Escola Superior de Propaganda e Marketing (ESPM), com estudos e pesquisas nas relações comunicação e consumo; pesquisadora do Centro de Estudos de Telenovela (CETVN) e do Centro de Estudos Comunicação e Trabalho, ambos da Escola de Comunicações e Artes da Universidade de São Paulo, onde é professora; é fundadora e editora de 1994 a 2004 da revista Comunicação & Educação.

E-mail: mabga@usp.br

As tradicionais agências de socialização – escola e família – vêm se confrontando, nos últimos tempos, com os meios de comunicação, que se constituem em outra agência de socialização. Há entre elas um embate permanente pela hegemonia na formação dos valores dos sujeitos, buscando destacar-se na configuração dos sentidos sociais. Essa disputa constitui o campo comunicação/educação (educomunicação), que propõe, justifica e procura pistas para o diálogo entre as agências.

Nesse campo se constroem sentidos sociais novos, renovados, ou ratificam-se mesmos sentidos com roupagens novas. Tudo isso ocorre num processo dialógico de interação com a sociedade, lugar da práxis que desenha e redesenha os sentidos, no caminho da tradição ou da ruptura, do tradicional ou do novo, da permanência ou da mudança. A constituição do novo nunca se poderá dar sem que os *resíduos* do *velho* estejam presentes. A ruptura total nunca ocorre.

Se assim não fosse, não se garantiria o entendimento entre os sujeitos, pois ele exige uma memória comum, e a memória comum é resultado do processo sociocultural no qual os sujeitos vivem. Os sentidos sociais fundam esse lugar de construção/reconstrução das opções de

---

[*] Publicado originalmente na revista *Comunicação & Educação*, ano XIV, n. 3, set./dez. 2009.

caminho da sociedade. Este processo comunicação/educação merece o lugar de segmento prioritário das teorizações e das pesquisas no campo da comunicação, pois permite que se leve em conta, sobretudo, o papel da mídia na configuração da cultura.

Essa forte presença da mídia na cultura permite afirmar que a discussão tradicional, formulada na questão: "Devemos ou não usar os meios no processo educacional ou procurar estratégias de educação para os meios?", já não se coloca. Trata-se, agora, de constatar que eles são também educadores, uma outra agência de socialização, e por eles passa também a construção da cidadania. É desse lugar, o qual procura colocar em sintonia mídia e escola, aceitando que a escola já não é mais o único *lugar do saber*, que devemos relacionar-nos com os meios. E é esse o lugar em que temos de esclarecer que modalidade de programação da mídia queremos para pavimentar as mudanças sociais no sentido da construção da efetiva cidadania.

Para tanto é fundamental conhecê-los. Só assim conseguiremos percorrer o trajeto que vai do mundo que nos entregam pronto, editado – e no qual vivemos, no mais das vezes, num processo de conformismo com o que aí está,[1] chegando inclusive a naturalizar injustiças, ignorar o desrespeito aos direitos fundamentais do ser humano –, para estarmos aptos à construção de um mundo que permita a todos o pleno exercício da cidadania em condições igualitárias. Conformismo está sendo usado no sentido que lhe dá Agnes Heller. Trata-se de comportamento quase passivo, diferente da conformidade, postura necessária à vida em sociedade.

Por isso, comunicação/educação inclui, mas não se resume a, educação para os meios, leitura crítica dos meios, uso da tecnologia em sala de aula, formação do professor para o trato com os meios etc. Tem, sobretudo, o objetivo de construir a cidadania, a partir do mundo editado devidamente conhecido e criticado. Nesse campo cabem: do território digital à arte-educação, do meio ambiente à educação a distância, entre muitos outros tópicos, sem esquecer os vários suportes, as várias linguagens – televisão, rádio, teatro, cinema, jornal, cibercultura etc. Tudo percorrido com olhos de congregação das agências de formação: a escola e os meios, voltados sempre para a construção de uma nova variável histórica.

---

[1] HELLER, Agnes. *O cotidiano e a história*. São Paulo: Paz e Terra, 1989.

Pistas para atuação no campo comunicação/educação

Afirmamos que os sentidos sociais, configurados e reconfigurados na práxis, têm na comunicação/educação o lócus privilegiado de sua instituição. Isso ocorre porque é aí que se dá claramente o embate das agências de socialização mídia *versus* escola e família, com o objetivo de revestir de significados os signos em circulação: ou seja, cada agência considera-se, ela própria, a única capaz e *correta* nesse processo de atribuição de sentidos. E há permanentemente a tentativa – impossível, ainda bem – de tornar o signo monossêmico, ou seja, de pretender que o sentido atribuído à palavra por uma das agências, por exemplo, é o *único* e será interpretado apenas daquele modo por todos.

Para que atuemos com êxito no complexo campo comunicação/educação, vários desafios se evidenciam. Selecionamos alguns.

Primeiro desafio

Enfrentar a complexidade da construção do campo comunicação/educação como novo espaço teórico capaz de fundamentar práticas de formação de sujeitos conscientes. Para isso há que reconhecer os meios de comunicação como outro lugar do saber, atuando juntamente com a escola e outras agências de socialização. Essa é uma barreira a ser transposta.

É no espaço que se constitui entre as agências de socialização que os sentidos são ressemantizados. O estudo de tal intersecção, base desse campo, permite pensar criticamente a realidade, inter-relacionando os conhecimentos que se originam nas várias agências, as convergências e divergências entre as agências, para, ao fim, ser capaz de analisar a ressignificação que foi construída nesse embate.

A interpretação do mundo em que vivemos, mundo em cuja construção os meios de comunicação desempenham importante papel, é um dos desafios do campo. São os meios de comunicação que selecionam o que devemos conhecer, os temas a serem pautados para discussão e, mais que isso, o ponto de vista a partir do qual vamos ver as cenas escolhidas e compreender esses temas. Por exemplo, recentemente se pautou a guerra no Iraque, a qual se iniciou com a cobertura ao vivo pela televisão.

O céu do Iraque pintou-se de pontos de luz, que mais parecia formação de videogame; além disso, essa guerra – assim nos vendiam – não tinha sangue. Não havia vidas humanas em jogo.

Observemos:

1. O que devemos conhecer sobre determinado fato. Tomaremos a figura de Sadan Hussein, em dois momentos, para mostrar como se constrói a personagem da mídia.

a) Recentemente, na atual guerra Estados Unidos *versus* Iraque.

b) Antes, durante a guerra do Iraque contra o Irã.

2. Temas pautados em:

a) A violência de Sadan Hussein; e

b) Sadan Hussein como anjo defensor de civilização cristã ocidental.

3. Pontos de vista em:

a) Na atual guerra do Iraque, a mídia falou em "defesa da democracia". Sadan Hussein apresenta-se como ditador sanguinário; e

b) Na guerra Irã–Iraque Sadan Hussein era apresentado como nosso salvador, por isso recebia colaboração para vencer a guerra contra o Irã. Qual seria o verdadeiro?

Os meios se constituem em educadores privilegiados, dividindo as funções antes destinadas à escola. E parece que têm levado vantagem. Eis o primeiro desafio: a construção do campo comunicação/educação.

Segundo desafio

Entender que o campo comunicação/educação não se reduz a fragmentos, como, por exemplo, a eterna discussão sobre a adequação da utilização das tecnologias no âmbito escolar. Oras, o aparato tecnológico está em todas as escolas qualquer que seja o nível socioeconômico de sua clientela. Isso porque, mais que entendida como aparelho à disposição de alunos e professores, a tecnologia tem que ser pensada na sua abrangência. Ela está em todos os sujeitos, alunos, pais, professores, uma vez que impregnada na trama cultural. O importante é que a discussão se dê sobre o lugar que ela ocupa na formação dos alunos, dos cidadãos, da sociedade contemporânea nos vários âmbitos: da circulação de informações à mudança dos conceitos de tempo/espaço, à modificação na produção e sua influência sobre o consumo e sobre o mercado de trabalho.

A tecnologia também garante aos meios sua presença não só na edição do mundo, mas também a presença dessa edição nos contextos sociais de alunos, professores, cidadãos em geral, independentemente de eles possuírem ou não aparelhos de mídia, uma vez que essa edição está presente nos interstícios da cultura que ela própria ajuda a construir, resultando novas sensibilidades. Para dar conta dessa complexidade, o campo comunicação/educação obriga a inclusão de temas como mediações, criticidade, informação e conhecimento, circulação das formas simbólicas, ressignificação da escola e do professor, recepção, contextualização sociocultural da realidade, consumo/consumidor, entre muitos outros.

Terceiro desafio

Avançar a elaboração do campo, mostrando comunicação/educação como o lugar onde os sentidos se formam e se desviam, emergem e submergem: a sociedade, com seus comportamentos culturais, levando-se em conta, principalmente, a pluralidade de sujeitos – a diversidade de identidade que habita cada um de nós.

Construir este campo como objeto científico, ressaltando suas relações com os meios que, a partir da realidade construída e divulgada por eles, ajudam também a conformar nossas identidades. A presença dos meios é dinâmica: percorre do internacional, ao nacional, ao local; do individual, ao particular, ao genérico, enlaçando-os, num movimento permanente de ir e vir. E enlaçando-nos.

Quarto desafio

Conhecer a diversidade de que a multi, inter e transdisciplinaridade estão plenas e reconhecer que o campo só pode ser pensado a partir delas. Economia, Política, Estética, História, Linguagens, entre outros saberes, compõem o campo. Cada um desses saberes dialoga com os outros, e essa complexa interseção se coloca no centro das investigações desse campo.

As pesquisas que resultam desse diálogo entre os saberes nos permitem apontar os meios de comunicação como os maiores produtores de significados compartilhados que jamais se viu na sociedade humana. Apontam também para a aproximação, a queda de barreiras, de limites e de censuras, nunca vividas. Jovens e velhos, filhos e pais habitam o mesmo imaginário, usufruem dos mesmos bens simbólicos, o que reconfigura a noção de respeito entre eles. Reconhece-se, desse modo, a forte incidência dos meios em combinação com as demais agências de socialização sobre a tessitura da cultura, sobre a realidade social. Eis a importância do campo comunicação/educação.

Quinto desafio

Verificar criticamente que a realidade em que estamos imersos, e que contribuímos para produzir, modificar e reproduzir, é sempre uma realidade mediada e mediatizada. Retomando Paulo Freire, diríamos que o "estar no mundo e com o mundo" inclui, obrigatoriamente, hoje, levar em consideração, no conceito de mundo, a mediação, a possibilidade de leitura do mundo que nos é oferecida pelos meios de comunicação. É desafio do campo comunicação/educação levar a saber ler e interpretar o mundo que, metonimicamente, nos é passado como sendo a totalidade e conseguir reconfigurar essa totalidade, partindo de sua materialidade, e não a partir de nossos desejos, por mais nobres que sejam.

A institucionalização adequada dos estudos de mídia na sua conjugação com a educação, ou seja, o campo comunicação/educação, ainda deixa a desejar.

A importância dessa institucionalização advém sobretudo da condição de os estudos sobre este campo levarem ao conhecimento da mediação que ele exerce entre o *leitor* da realidade e sua atuação nela, entre os sujeitos receptores e sua inserção no processo comunicacional. Desse modo, obter-se-á uma leitura mais científica dos meios, mais crítica e menos senso comum. Essa leitura dos produtos veiculados pelos meios apenas pelo senso comum, que predomina, tem grande importância para a manutenção do *status quo*, pois trata-se de leitura que não necessita de comprovações e opera no sentido da recepção acrítica.

Sexto desafio

Compreender por que a realidade contemporânea exige que o conceito de campo cultural seja mais inclusivo, ou seja, que nele esteja um conjunto de relações sociais que incluem atores, instituições e empresas, públicas ou privadas, que se voltam para a produção e circulação de bens simbólicos. Constar que também no consumo de bens materiais/ simbólicos tem predominado o aspecto simbólico, revelando que nesta sociedade da mercadoria só existe o valor de troca.

O campo cultural, assim conceituado, comporta tanto aqueles que produzem nos limites das artes tradicionais (sentido restrito) quanto, em sentido ampliado, os sujeitos envolvidos no processo da produção, distribuição e circulação de bens simbólicos, os quais se concretizam nas formas modernas da comunicação, ou seja, na chamada indústria cultural. Inclui todas as telas: cinema, televisão, computador e celular, as artes e tudo o mais que aí é produzido. Também a moda, a indústria gráfica, entre outros, se incluem aí.

Essa ampliação e complexa inserção no campo cultural, novos atores, assim como a presença do popular na arte são desafios do campo comunicação/educação.

Sétimo desafio

Conhecer e vivenciar os desafios das novas concepções do tempo e espaço. As mídias, quer sejam as tradicionais, quer as novas e novíssimas, tanto pagas quanto gratuitas, demandam tempo para sua fruição. O tempo, para nós, continua o mesmo, embora seja percebido de modo diferente, dado o acúmulo de informações e, principalmente, graças às modificações do conceito de espaço: vai-se daqui ao Oriente Médio no mesmo tempo que se vai da cozinha à sala de casa. Tudo ficou aparentemente muito perto. Se a carta de Caminha enviada por Cabral levou três meses para chegar a Lisboa, hoje o e-mail daria conta em tempo real, on-line. Lisboa ficou mais perto?

Nosso tempo *efetivo* é o mesmo e nessa condição tanto a angústia de nossos limites – aparentemente cada vez mais estreitos – como também nossa possibilidade de reorganização, de nova edição do mundo pautado e editado pela mídia, se embatem. Somos atropelados pelo desfile infindável de fatos escolhidos para compor a narrativa do mundo metonímico que nos é dado a conhecer. Por isso, sobrelevam-se a competência para a escolha de fatos apresentados e a inter-relação entre eles. Esse é um processo que tem de ser rápido. Para tanto, é preciso devolver o lugar de honra que já tiveram as ciências humanas e sociais, bases da formação geral e humanística. Elas são necessárias para a formação de sujeitos conscientes e críticos, objetivo de todo processo educacional desenvolvido no campo comunicação/educação. São essas mesmas ciências, em conjunto, que conformam o campo como um todo e possibilitam enfrentar esse desafio central na formação de cidadãos.

Oitavo desafio

É necessário ir do mundo editado à construção do mundo. Compreender esse processo é mais um desafio do campo comunicação/educação. O mundo, hoje, é trazido até o horizonte do universo no qual nos inserimos. Ele nos chega através de relatos, eles próprios, já eivados da subjetividade de quem os produz. É deles que partimos para nossa reflexão. O mundo é editado, ou seja, ele é redesenhado num trajeto que passa por centenas, às vezes milhares, de mediações, até que se manifeste no rádio, na televisão, no jornal, na cibercultura. Ou na fala do vizinho e nas conversas dos alunos. As instituições e pessoas desse trajeto selecionam o que vamos ouvir, ver ou ler; fazem a montagem do mundo que conhecemos. Na seleção que nos é apresentada teremos sempre a possibilidade de *reconhecer* nossa cultura. Sem isso, não seria possível a comunicação.

Eis o desafio básico da reflexão sobre o campo comunicação/educação: o mundo é editado e assim ele chega a todos nós; sua edição obedece a interesses de diferentes tipos, sobretudo econômicos. Editar é construir uma realidade outra, sempre respeitando a cultura da qual provém essa realidade e para a qual ela voltará, ressignificada. Utilizam-se supressões, apagamentos ou acréscimos em um acontecimento, destaca-se uma parte do fato em detrimento de outra. Editar é reconfigurar alguma coisa, dando-lhe novo significado, atendendo determinado interesse, buscando determinado objetivo, fazendo valer determinado ponto de vista.

Esse mundo que a edição constrói reconfigura-se no receptor, com seu universo cultural e dinâmica próprios. Ou seja: ele é, aí também, reeditado. Assim se configura o desafio mais importante para os estudiosos do campo comunicação/educação: o mundo a que temos acesso é este, o editado. É nele, com ele e para ele que se impõe construir a cidadania. O desafio do campo é dar condições plenas aos receptores, sujeitos ativos para, ressignificando-o a partir de seu universo cultural, serem capazes de participar da construção de uma nova variável histórica.

Nono desafio

Para estudar o campo comunicação/educação, constituído no bojo do campo da comunicação, é preciso, como vimos, estabelecer um diálogo mais amplo, com mais saberes. Identificá-lo a um único aspecto, como usar ou não usar aparelhos em sala de aula, implica restrição, redução do processo a um segmento, a uma parte que, por mais importante que seja, é apenas uma das luzes, entre as muitas de que ele se compõe.

Para tanto, é fundamental ter clara a diferença entre informação, fragmentada, e conhecimento, totalidade que inclui a condição de o sujeito ser capaz de trazer à superfície o que de maneira incipiente começa a ser esboçado na sociedade. Prevê ter claro que o novo de um domínio nada mais é que o resultado da inter-relação de todos os domínios, possível naquela formação social; que os diversos fenômenos da vida são concatenados em referência à sociedade como um todo. Por exemplo: dizer que morrem "x" marginalizados por semana na periferia de São Paulo, pouco vale. Isso só adquirirá sentido se relacionado aos demais domínios da sociedade, como a questão da distribuição de renda, a facilidade do comércio de armas, embora ilegal, o tráfico de drogas etc., e como tudo isso está atuando na cultura na qual o sujeito é formado. Logo, para que o dado tenha sentido, necessita-se de várias das ciências sociais e humanas interagindo como suporte de nossa reflexão. As informações, fragmentadas, não são suficientes para que se consiga analisar criticamente o que aparece como dado; significa uma simplificação indevida, porém não ingênua, do processo comunicacional, o qual, como diz a expressão, envolve comunicação, diálogo, entrelaçamento, interatividade. Tal reducionismo parece pretender reduzir o estudo do campo a uma disciplina.

O conhecimento caracteriza-se pela totalidade, possível pela transdisciplinaridade. Pela imersão no diálogo das ciências humanas e sociais, estabelecido entre elas próprias, e entre elas e a sociedade. A construção das identidades, as várias identidades de cada um, estão cada vez mais relacionadas às mídias. Por um longo período, a mídia do pensamento único, a mídia do neoliberalismo, procurou inculcar a noção de identidade sem raízes locais ou nacionais, a identidade *global*. A crise do modelo neoliberal arrefeceu essa noção, embora o lugar de respeito às diferenças ainda esteja em construção.

Não desconsideramos, como dizia o mestre Ianni, a caminhada para a construção de uma sociedade civil global. Mas levando-se em conta, sempre, que essa construção está sendo feita por atores sociais, sujeitos concretos que carregam consigo percepções e objetivos com relação ao mundo, ao "estar no mundo e com o mundo",[2] no dizer de Paulo Freire.

Esses sujeitos sociais são os participantes dos processos comunicacionais de seus locais, de suas nações.

A sociedade global, diferentemente do que se pregava, acaba por valorizar o local e o nacional, os quais são difundidos para outras realidades sociais. Esses valores e comportamentos rapidamente chegam aos muitos sujeitos, às muitas nações, as quais, mais uma vez, também os ressignificam a partir de seu universo cultural.

Trata-se de um processo em espiral que mostra a relevância das três instâncias – local, nacional e global – em interação permanente entre si e com as demais. Cada uma delas marca a especificidade do "outro" local, do "outro" nacional, e tais marcas encontram-se com a especificidade própria daquela realidade, as quais – a que chega e a que está – se ressignificam nesse encontro.

Esse movimento permite a valorização da comunicação/educação que se configura como ponto de chegada e ponto de partida desse novo *sensorium*. Aí está o objeto do campo comunicação/educação.

Décimo desafio

Levar o sujeito a ter consciência da construção da cultura na qual vivemos, da importância da comunicação na trama da cultura e, sobretudo, levá-lo ao conhecimento e à reflexão sobre as mediações que conformam nossas ações.

Para obter êxito neste desafio, é fundamental levar o sujeito a ter consciência de como se processam (nos seus vários âmbitos) as práticas midiáticas que nos envolvem e que colaboram tão fortemente para a configuração de nossa identidade. Em outras palavras: conhecer que comunicação e cultura são inseparáveis, dois lados de uma mesma moeda. Conhecer a cultura, as mediações que advêm das práticas culturais, os traços da tradição e da modernidade que balizam a práxis social são tarefas da comunicação/educação. Só a interseção que se forma entre as ciências humanas e sociais em sua interação poderá dar conta.

---

[2] FREIRE, Paulo. *Pedagogia da autonomia*: saberes necessários à prática educativa. 23. ed. Rio de Janeiro: Paz e Terra. 2000. p. 31.

Mostrar que tal consciência revela que a ação do campo comunicação/educação pode ser um dos caminhos para a organização dos excluídos, dos marginalizados, dos invisíveis, de cuja inserção pode resultar a efetiva comunicação para a cidadania. Nesse campo reside um novo modo de contar a história, revivificar o passado, construir uma nova história, que inclua a todos, dando-lhes vez e voz para o grito e para a canção.

Enfim...

Os meios de comunicação hoje são um novo espaço do saber, ocupando parte do lugar que antes era destinado apenas à escola. Aparece também como (único) lugar de publicização, a qual, no mais das vezes, é indispensável para obtenção de êxito em nossos objetivos. *O que não deu na televisão, não aconteceu.*

Neste *lugar* – ágora da contemporaneidade, praça eletrônica – os sujeitos se encontram e aí bebem, ressignificando, o mundo editado.

Consideramos que compete à comunicação/educação levar os sujeitos a construir novos modos de atuação na mídia e no mundo. O campo não pode, portanto, ser confundido com atividades em sala de aula que levam os alunos a apenas *reproduzir* o que estão habituados a ver: o modo como se apresenta o telejornal, por exemplo, sobretudo o *Jornal Nacional*. Sua imitação pelos alunos, muitas vezes com o incentivo dos professores, leva à reprodução dos valores hegemônicos.

Enfrentados os desafios, a comunicação/educação estará apta a levar os alunos a uma produção que valorize aspectos da cultura em que vivem, que abra discussões sobre a dinâmica da sociedade, sua inserção na totalidade do mundo, conhecendo-o para modificá-lo – reformando-o e/ou revolucionando-o, numa nova linguagem audiovisual, num novo mundo.

Referências bibliográficas

FREIRE, Paulo. *Pedagogia da autonomia*: saberes necessários à prática educativa. 23. ed. Rio de Janeiro: Paz e Terra, 2000.

HELLER, Agnes. *O cotidiano e a história*. São Paulo: Paz e Terra, 1989.

Pesquisas de recepção e Educação para os Meios[*]

MARIA IMMACOLATA VASSALLO DE LOPES

Professora titular do Departamento de Comunicações e Artes da ECA-USP e coordenadora do Programa de Pós-graduação em Ciências da Comunicação da USP.

Tendências da pesquisa de recepção na América Latina representam contribuição efetiva para a formulação de propostas de estudos vinculados à Educação para os Meios.

A proposta que sustenta este trabalho é prioritariamente fruto de uma insatisfação com o rumo que vêm tomando as pesquisas de recepção no Brasil e na América Latina, e de uma necessidade de fazer interagir, em novas bases, a pesquisa acadêmica crítica com os projetos de intervenção que estão no bojo dos movimentos sociais na região. A proposta diz respeito à criação de estratégias teórico-metodológicas capazes de vincular fortemente a pesquisa de recepção dos Meios com a educação dos receptores.

História anterior

Na América Latina, a pesquisa de recepção e os programas de Educação para os Meios historicamente se desenvolveram de forma independente, apesar de surgirem nos anos 1980 como campos de estudo e trabalho voltados para a cultura popular e de comungarem uma perspectiva crítica do sistema de comunicação de massa na sociedade.

A linha de Educação para os Meios se constituiu, em seus inícios, como uma linha de trabalho com os receptores, mais de denúncia do que pedagógica, herdeira direta dos estudos críticos de comunicação da década de 1970, majoritariamente desenvolvidos dentro da perspectiva teórica da Escola de Frankfurt.[1] Combinavam-se nesses estudos, de um

---

[*] Texto publicado originalmente na revista *Comunicação & Educação*, São Paulo, n. 6, p. 41-46, maio/ago. 1996.

[1] Termo que se refere à produção teórica do Instituto de Pesquisas Sociais da Universidade de Frankfurt, à qual se vinculavam Theodor Adorno, Max Horkheimer, Walter Benjamin (década de 1930 e depois da Segunda Guerra) e, mais tarde, Herbert Marcuse. Adorno e Horkheimer desenvolveram pesquisas empíricas com os modernos Meios de Comunicação de Massa,

44 • Maria Immacolata Vassallo de Lopes

lado, a rejeição global da indústria cultural por reproduzir a dominação através de mensagens ideológicas, persuasivas e conformistas e, por outro, uma concepção essencialista de cultura popular como conjunto de manifestações a ser preservado e protegido.

Essa visão teórica dicotômica levou o esforço pedagógico dos programas de Educação para os Meios a se concentrarem na desmistificação do sentido ideológico das mensagens pelos receptores, tentando vaciná--los contra os conteúdos veiculados. Os meios de comunicação foram assumidos quase sempre como malefícios que deviam ser combatidos. Quase sempre a forma de combate era a construção de sistemas de informação alternativos e paralelos, levando ao prejuízo do *marginalismo*, insistentemente assinalado por Martín-Barbero.[2]

Ao longo da década de 1980, a Educação para os Meios foi mudando o seu foco para experiências educativas com os receptores, seja a partir de família, escola, bairro ou do grupo de pertencimento.

São experiências situadas no âmbito da educação formal e não formal, desenvolvidas por ONGs e por instituições educacionais, em diversos países latino-americanos, com destaque para os programas do Brasil, Chile e Argentina.[3]

Por seu lado, a linha de pesquisa de recepção em comunicação é resultado de uma reação à crise dos paradigmas científicos,[4] e que na América Latina se manifestou numa esquizofrenia teórico-prática, alimentada por uma concepção de *ciência dependente*. Esta pode ser

---

principalmente o rádio, que os levaram a formular os dois conceitos básicos de sua Teoria Crítica: o de Dialética do Esclarecimento (crítica à razão ou ao racionalismo técnico-capitalista) e o de Indústria Cultural (crítica aos processos dos Meios de Comunicação de Massa que levam à cultura de massa, à homogeneização e à deterioração dos padrões culturais). (N.E.) Ver: MATTELART, Armand; MATTELART, Michele. *História das Teorias da Comunicação.* São Paulo: Loyola, 1998; WOLF, Mauro. *Teorias da Comunicação.* Lisboa: Presença, 1987.

[2] MARTÍN-BARBERO, Jesús. Retos a la investigación de la comunicación en América Latina. In: FERNÁNDEZ, Fatima et al. *Comunicación y Teoría Social.* México: Unam, 1984.

[3] CANCLINI, Néstor G. El consumo sirve para pensar. *Diálogos de la Comunicación*, Peru/ Chile: Ceneca/Educación para la Comunicación, n. 33, 1992.

[4] Simplificando, pode-se pensar este termo como a crise dos modelos científico-mecanicistas. Tal discussão ganhou força com a crise do Leste Europeu, a fragmentação da URSS e o avanço do neoliberalismo. Propõe-se, como alternativa, uma concepção científica plural, multidisciplinar, globalizante. Ler sobre o assunto: KUHN, Thomas. *A estrutura das revoluções científicas.* 3. ed. São Paulo: Perspectiva, 1990; WALLERSTEIN, Immanuel et al. *Para abrir as Ciências Sociais.* Lisboa: Europa-América, 1996; MORIN, Edgar. *A cabeça bem-feita.* Rio de Janeiro: Bertrand, 2000; SANTOS, Boaventura Souza. *Introdução a uma ciência pós-moderna.* Rio de Janeiro: Graal, 1989.

Pesquisas de recepção e Educação para os Meios • **45**

resumida como a que coloca sob suspeita o fazer teórico em países da periferia do capitalismo. Como diz Martín-Barbero:

> A partir da direita, porque fazer teoria é um luxo reservado aos países ricos e o nosso é aplicar e consumir. A partir da esquerda porque os problemas *reais*, a brutalidade e a urgência das situações não dão direito nem tempo para o fazer teórico. E, sem dúvida, a teoria é um dos espaços-chave da dependência. Seja através da crença na sua neutralidade-universalidade ou da tendência a viver das modas, buscando as ferramentas teóricas não a partir dos processos sociais que vivemos e sim de um compulsivo reflexo de estar em dia. Porém, a dependência não consiste em assumir teorias produzidas *fora*: dependente é a concepção mesma de ciência, de trabalho científico e de sua função na sociedade. Como em outros campos, também aqui o grave é que sejam exógenos não os produtos, mas as próprias estruturas de produção.[5]

Efeito de uma dupla matriz, epistemológica[6] e política dos paradigmas, o empiricismo e o teoricismo são ideologias científicas que nutrem dicotomicamente as pesquisas de comunicação na América Latina, mesmo as de orientação crítica. Na tendência empiricista,[7] mostra-se claramente que não se rompeu com o modelo funcionalista[8] de maneira efetiva, pois, em geral, pensam-se os processos de comunicação de maneira vertical e unidirecional, com o que se torna difícil pensar a história e a dominação, uma vez que nesse modelo há dificuldade em se tratar a contradição e o conflito. Na tendência teoricista, a pesquisa é confundida com especulação e a falta de trabalho empírico traduz-se num escapismo político, ou seja, faz-se pesquisa para escapar da *prática*, para fugir da intervenção. Também aqui se nota o discurso generalizante, vazio e *fora de lugar*, cuja marca é a abundância de reprodução e a falta de produção de teoria enraizada nas problemáticas específicas vividas pelos países do continente.

---

[5] MARTÍN-BARBERO, *Retos a la investigación...*, cit., p. 50-51.

[6] Crítica dos princípios, hipóteses e resultados de uma dada ciência. Referente à Teoria do Conhecimento. (N.E.)

[7] Reconhece a experiência como única fonte válida de conhecimento. Comparando ao positivismo, designa, principalmente, o método, enquanto o positivismo designa a doutrina a que esse método conduz. (N.E.)

[8] Paradigma científico de tradição positivista (Augusto Comte). Centra nas funções que pessoas e instituições exercem na sociedade. Não trabalha com o conceito de classes sociais. Na comunicação, o funcionalismo tem como ponto de partida a contribuição de Talcott Parsons às Ciências Sociais. Os primeiros estudos de linha funcionalista na Comunicação são dos anos 1930, nos Estados Unidos, através dos estudos de opinião de Lazarsfeld. (N.E.)

Perspectiva da recepção: mediações e cotidiano

A partir dos anos 1980, a pesquisa de recepção vem sendo trabalhada na América Latina como uma perspectiva teórico-metodológica renovadora e original. Esta linha de pesquisa procura superar as limitações epistemológicas de modelos como os da pesquisa dos efeitos, pesquisa de audiências, pesquisa de usos e gratificações, estudos de crítica literária e estudos culturais.

A problemática da recepção, nesta orientação, busca uma (re)formulação teórico-metodológica,[9] que propõe organizar as tentativas interdisciplinares e de multimétodos[10] numa malha teórica compreensiva, respondendo às demandas de complexidade e de crítica, tendo em vista a atual conjuntura internacional nesta área de conhecimento.

São fundamentais, nessa perspectiva, as contribuições teóricas latino-americanas. Elas consolidaram a linha teórica das mediações e das hibridizações, que propõe estudar a recepção como

---

[9] LOPES, Maria Immacolata V. Estratégias metodológicas da pesquisa de recepção. *Intercom*: Revista Brasileira de Comunicação, São Paulo, v. XVI, n. 2, 1993.

[10] Id. *Pesquisa em Comunicação*: formulação de um modelo metodológico. 10. ed. São Paulo: Loyola, 2009.

[...] um contexto complexo e contraditório, multidimensional, em que as pessoas vivem sua cotidianidade. Ao mesmo tempo em que vivem essa cotidianidade, os indivíduos se inscrevem em relações de poder estruturadas e históricas, as quais extrapolam as suas práticas.[11]

No caso do Brasil, a pesquisa de recepção ainda necessita desenvolver uma experimentação metodológica de multimétodos através de projetos integrados multidisciplinares que procurem combinar os avanços teóricos com as construções empírico-descritivas, e que realizem uma interpretação crítica, cultural e política dos processos de recepção da comunicação, a fim de que possam firmar uma ótica teórica compreensiva.

Investigar a recepção exige pensar tanto o espaço da produção como o tempo do consumo, ambos articulados pela cotidianidade (usos/consumo/práticas) e pela especificidade dos dispositivos tecnológicos e discursivos (gêneros) da comunicação de massa.

A abordagem teórico-metodológica da recepção apoia-se basicamente nas perspectivas das mediações[12] e do cotidiano.

A mediação no processo de recepção deve ser entendida como processo estruturante que configura e reconfigura tanto a interação dos membros da audiência com os Meios quanto a criação por parte deles do sentido dessa interação. A fim de torná-la metodologicamente manejável podemos resumir o seu sentido como segue:

1. A relação dos receptores com os meios de comunicação é, necessariamente, mediatizada. Essa relação nunca é direta e unilateral como costuma ser abordada, mas é uma relação multilateral e multidimensional e realiza-se através de diversas mediações. Segundo Orozco,[13] elas são cognitivas, situacionais, institucionais, estruturais e videotecnológicas.

2. A recepção é um processo e não um momento, isto é, ela antecede o ato de usar um Meio e prossegue a ele. Assim, o sentido

---

[11] Id. Estratégias metodológicas..., cit., p. 85.

[12] De modo simplificado, podemos dizer que as mediações são os filtros por que passam quaisquer tipos de comunicação. Exemplificando: entre o fato ocorrido e o fato relatado há a mediação (os filtros) de quem faz o relato, que o faz a partir de seu ponto de vista, de sua cultura, de seus interesses. O processo de produção de uma mensagem jornalística é repleto de mediações, desde o repórter até o receptor da notícia, o qual também procede à seleção e à compreensão a partir de um conjunto de fatores que operam em sua vida e em seu cotidiano. (N.E.)

[13] OROZCO-GÓMEZ, Guillermo. Recepción televisiva. Tres aproximaciones y una razón para su estudio. *Cuadernos de Comunicación y Prácticas Sociales*, México: Universidad Iberoamericana, n. 2, 1991.

primeiro apropriado pelo receptor é por este levado a outros *cenários* em que costumeiramente atua (grupos de participação). Imagina-se então que uma mensagem de telenovela, por exemplo, deva ser reapropriada várias vezes e que, portanto, o processo de circulação de uma telenovela deve ser incorporado ao efeito de sentido que ela produz.

3. O significado de um Meio é *negociado* pelos receptores. Assume-se, então, que não há garantia de que os significados propostos por uma telenovela sejam apropriados da mesma maneira pelos receptores. Pode-se afirmar que os sentidos e os significados últimos de uma mensagem são produto de diversas mediações (étnicas, de classe, de sexo, institucionais etc.). Por um lado, isto significa que o processo de comunicação não se conclui com a sua transmissão, senão que propriamente aí se inicia. Por outro lado, isso não implica a ausência de uma intencionalidade global, política e econômica concreta, que se inscreve no discurso social hegemônico. É precisamente essa intencionalidade que faz com que a realidade signifique *algo* e impede que qualquer significado seja transparente.

Outro aspecto que merece atenção nas pesquisas de recepção é o conceito de cotidiano. Como o conceito de mediação, seu desenvolvimento teórico está ligado à (re)discussão mais geral sobre os meios de comunicação de massa, tradicionalmente vistos a partir das ideias de alienação, manipulação, dependência ou colonialismo cultural. Começa-se, assim, a nuançar um pouco mais a análise, tentando perceber os diferentes graus de dependência ou a interdependência entre os sistemas de comunicação, além dos mecanismos de sedução e cumplicidade que unem produtores e receptores. Esta perspectiva busca então encontrar mediações e não um sistema impositivo de mão única, em que só existe lugar para dominantes e dominados.

Dessa forma, o cotidiano seria uma dimensão a ser apreendida por instrumentos finos de pesquisa e análise, capazes de mostrar como as práticas cotidianas aparecem ligadas à recepção da televisão, por exemplo, conferindo-lhes novos sentidos ou influenciando a própria maneira pela qual são lidos, isto é, entendidos e apreendidos. Os diferentes modos de ler estão muito ligados às tradições, preocupações e expectativas da vida prática, incorporando-se, muitas vezes, a ela nas discussões familiares, alterando valores e comportamentos.

Em termos teóricos isso significa uma aproximação com a Antropologia, área de conhecimento em que a cultura é pensada como modo de vida. Seguindo a tradição aberta por Michel de Certeau,[14] cresce a investigação teórica sobre a invenção do cotidiano.

As pesquisas de recepção, espécie de etnografia das audiências, revelam, cada vez mais nitidamente, que nem tudo está dado quando se analisa a produção, e que os usos modificam a cultura. Portanto, que o consumo deve ser considerado como um conjunto de práticas que produz sentido e não apenas assimila a cultura hegemônica.[15]

Para Certeau, a cultura hegemônica move-se por meio de estratégias, através das quais pretende incorporar seus destinatários; estes, por seu lado, desenvolvem táticas, como respostas ao que lhes é proposto.

Sobretudo no que diz respeito às manifestações dos grupos, à vida cotidiana e às redes de lazer, é possível afirmar que as utilizações da cultura transbordam os sentidos, extrapolam a lógica da produção, criando formas não previstas pela indústria cultural.

Recepção e Educação para os Meios

Sem pretender propor integração completa entre ambos os campos de estudo e trabalho, parece-nos, entretanto, imprescindível explicitar algumas condições concretas que permitiriam vincular os esforços das pesquisas de recepção com um trabalho pedagógico com as audiências. Referimo-nos a:

1. *Pesquisas de recepção que produzem novos conhecimentos* sobre os processos de recepção, como, por exemplo, o *Projeto de Recepção de Telenovela*.[16] O conhecimento das mediações permite fazer propostas pedagógicas muito mais refinadas para rearticular as mediações da audiência. Isto quer dizer que esse conhecimento é suscetível de ser explorado de maneira produtiva, isto é, de forma a ser aplicado nos trabalhos de Educação para os Meios e, principalmente, haver sobre eles intervenção dos próprios receptores.

---

[14] CERTEAU, Michel de. *A invenção do cotidiano*. Petrópolis: Artes de Fazer, 1994.

[15] Ver CANCLINI, Néstor G. *Consumidores e cidadãos*. Rio de Janeiro: Ed. UFRJ, 1995.

[16] Pesquisa desenvolvida no Departamento de Comunicações e Artes da ECA, entre 1996 e 1999, e parte de um projeto maior denominado Ficção e Realidade: a telenovela no Brasil; o Brasil na telenovela. Ver: LOPES, Maria Immacolata V. et al. *Vivendo com a telenovela*: mediações, recepção, teleficcionalidade. São Paulo: Summus, 2002.

50 • Maria Immacolata Vassallo de Lopes

2. *A Educação para os Meios como rearticulação pedagógica* das mediações implica uma pesquisa sistemática destas e de seus principais componentes nos processos de recepção. Supõe uma espécie de pesquisa participante de recepção. Assim, a função principal da pesquisa de recepção não seria somente informar, retroalimentar e avaliar a Educação para os Meios, mas possibilitar processos de indagação e conhecimento coletivos das mediações e seus padrões de articulação entre diferentes segmentos de audiência. Podemos citar, como exemplo, o Projeto de Pesquisa que se desenvolve no Departamento de Comunicações e Artes da ECA, denominado Recepção da Imprensa Sindical.[17]

3. *Educação para os Meios como linha de trabalho* mais investigativa e menos retórica, fruto de um vínculo teórico-político com a pesquisa de recepção.

Hoje, com os avanços das pesquisas de recepção orientadas por novas premissas, o processo de recepção é visto para além da relação do sujeito com os Meios. Ele é captado na trama de sentidos tecida pelas mediações que operam no cotidiano das pessoas.

Por isso, diante dos desafios do neoliberalismo ambiente, torna-se imprescindível que essa perspectiva comunicacional seja integrada à Educação para os Meios a fim de dar um impulso maior e mais fundamentado em seus programas pedagógicos. Assim, ganhamos todos, comunicadores e educadores, com a possibilidade de maior participação das pessoas na construção cotidiana da cidadania e nos movimentos para a democratização dos meios de comunicação.

Referências bibliográficas

CANCLINI, Néstor G. *Consumidores e cidadãos*. Rio de Janeiro: Ed. UFRJ, 1995.

_____. El consumo sirve para pensar. *Diálogos de la Comunicación*, Lima, n. 33, 1992.

CERTEAU, Michel de. *A invenção do cotidiano*. Petrópolis: Artes de Fazer, 1994.

FÍGARO, Roseli. *Comunicação e trabalho*. São Paulo: A. Garibaldi, 2001.

KUHN, Thomas. *A estrutura das revoluções científicas*. 3. ed. São Paulo: Perspectiva, 1990.

---

[17] Ver: FÍGARO, Roseli. *Comunicação e trabalho*. São Paulo: A. Garibaldi, 2001.

LOPES, Maria Immacolata V. *Pesquisa em Comunicação*: formulação de um modelo metodológico. 10. ed. São Paulo: Loyola, 2009.

_____ et al. *Vivendo com a telenovela*: mediações, recepção, teleficcionalidade. São Paulo: Summus, 2002.

_____. Estratégias metodológicas da pesquisa de recepção. *Intercom*: Revista Brasileira de Comunicação, São Paulo, v. XVI, n. 2, 1993.

MARTÍN-BARBERO, Jesús. Retos a la investigación de la comunicación en América Latina. In: FERNÁNDEZ, Fatima et al. *Comunicación y teoría social*. México: Unam, 1984.

MATTELART, Armand; MATTELART, Michele. *História das Teorias da Comunicação*. São Paulo: Loyola, 1998.

MORIN, Edgar. *A cabeça bem-feita*. Rio de Janeiro: Bertrand, 2000.

OROZCO-GÓMEZ, Guillermo. Recepción televisiva. Tres aproximaciones y una razón para su estudio. *Cuadernos de Comunicación y Prácticas Sociales*, México, Universidad Iberoamericana, n. 2, 1991.

SANTOS, Boaventura Souza. *Introdução a uma ciência pós-moderna*. Rio de Janeiro: Graal, 1989.

WALLERSTEIN, Immanuel et al. *Para abrir as Ciências Sociais*. Lisboa: Europa--América, 1996.

WOLF, Mauro. *Teorias da Comunicação*. Lisboa: Presença, 1987.

Comunicação & Educação: um olhar para a diversidade[*]

SOLANGE MARTINS COUCEIRO DE LIMA[**]

Professora doutora do Departamento de Comunicações e Artes da ECA-USP

Há mais de dez anos, a revista *Comunicação & Educação* dedica-se a publicar as mais diversas reflexões sobre a interseção entre esses dois campos. Os artigos e diferentes seções defendem posturas, formulação de leis e diretrizes que, na educação formal, deem atenção à Comunicação e orientem educadores a exercer e praticar, com seus alunos, a leitura crítica dos meios de comunicação. A outra face dessa defesa está no uso competente desses meios em sala de aula.

Ao perseguir fielmente esse interesse, o curso Gestão da Comunicação *Lato Sensu* – que é ministrado na ECA-USP desde 1993 e do qual esta revista faz parte – dedica uma das suas três especializações à gestão nos espaços educativos, com o intuito de formar profissionais atuantes na mediação entre o sistema educacional e a comunicação, para que ambas, Educação e Comunicação, sejam exercidas de modo democrático e dialógico.

Anteriormente a essas atividades, em 1986, o Núcleo de Comunicação e Educação (NCE)[1] foi criado na USP por um grupo de professores interessados nessa inter-relação. A eles se acrescentam pesquisadores de diferentes níveis, graduandos, pós-graduandos, que formam um espaço não só de pesquisa científica, mas também de pesquisa-ação, formulando e implantando projetos para a sociedade.[2]

---

[*] Texto publicado originalmente na revista *Comunicação & Educação*, ano XII, n. 1, jan./abr. 2007.

[**] Com a colaboração de Luciene Cecília Barbosa, doutora em Ciências da Comunicação pela Escola de Comunicações e Artes da Universidade de São Paulo, membro do Núcleo de Estudos Interdisciplinares do Negro Brasileiro (NEINB) da USP e cofundadora do Grupo Mídia e Etnia, Comunicação e Educação.

[1] Disponível em: <http://www.usp.br/nce/>.

[2] SOARES, Ismar de Oliveira. NCE: a trajetória de um núcleo de pesquisa da USP. *Comunicação & Educação*, São Paulo, v. 10, n. 1, 2005. Disponível em: <http://www.revistasusp.sibi.usp.br/scielo.php?script=sci_arttext&pid=S0104-68292005000100013&lng=pt&nrm=iso>. Acesso em: 26 jul. 2010.

Em 1996, a Lei Federal n. 9.394 – que estabelece as diretrizes e bases da educação nacional (LDB) – introduziu a ideia de que a educação não se limita à escola e aos meios formais/intencionais com os quais trabalha, mas é um campo amplo e encontra-se em processo na família, nas relações sociais, no trabalho, na sociedade, na cultura e nos meios de comunicação inseridos nesses ambientes.

Complementando a LDB, são instituídos os Parâmetros Curriculares Nacionais (PCNs) para o ensino em todos os graus, os quais perseguem o ideal de uma educação para a cidadania, obtido não apenas por meio de uma educação mais abrangente em termos de vagas, mas também de um ensino de qualidade e docentes preparados e conhecedores dos avanços das pesquisas em diferentes áreas do conhecimento. Os PCNs, além de formularem diretrizes para as disciplinas curriculares, também incorporaram questões temáticas da sociedade brasileira que devem ser levadas para a sala de aula. São os chamados Temas Transversais, os quais englobam Ética, Saúde, Meio Ambiente, Orientação Sexual, Pluralidade Cultural, Trabalho e Consumo. Por serem considerados temas que envolvem problemáticas sociais atuais e urgentes, de abrangência nacional e mundial, fazem parte do cotidiano dos educandos e devem ser contemplados na perspectiva da interdisciplinaridade.

Quero ater-me ao tema Pluralidade Cultural, por considerar a diversidade étnica e cultural da sociedade brasileira, muitas vezes, alvo de preconceito e discriminação. Ao abordar esse tema, os PCNs propõem que a escola ensine que o espaço público democrático deve garantir a igualdade e a diversidade como direito, cooperar para a formação de uma cultura da paz baseada em tolerância, respeito aos direitos humanos universais e cidadania compartilhada por todos os brasileiros. Deve ainda promover a superação da discriminação e da exclusão, valorizando todos os indivíduos que formam a sociedade brasileira e o convívio entre eles, e, ao mesmo tempo, repudiar qualquer discriminação de raça/etnia, classe, religião ou sexo. Reconhece-se nessas orientações a crença numa educação cidadã, crítica, formadora de seres humanos conscientes de sua importância na sociedade em que vivem. Por outro lado, exigem do educador atitude correspondente com essas intenções, que implica a aprendizagem também por parte deles, no sentido dialógico, e a necessidade de revisão dos próprios valores, visão de mundo, conceitos e preconceitos, os quais também precisam ser admitidos e exorcizados.

Sabemos viver numa sociedade a qual nega seus preconceitos. Florestan Fernandes dizia que no Brasil temos *preconceito de ter preconceito*.

O medo de ser considerado preconceituoso é mais forte do que o próprio preconceito. Sempre conhecemos alguém que consideramos preconceituoso: nosso vizinho, um parente distante, até um amigo, mas nós, não! O professor/educador deve ter conhecimento e consciência desse chamado *racismo cordial* (sic), se pretende ser um agente modificador de tal situação. Leis bem intencionadas, ainda que fundamentadas, talvez se percam numa prática na qual o agente de sua implementação, no caso o educador, não esteja capacitado para a tarefa de colocá-las em prática.

Há tempos, pesquisadores brasileiros, brancos e afrodescendentes, que investigam temas ligados à questão racial na nossa sociedade, e integrantes do Movimento Negro reivindicam atenção para a necessidade de legislações envolvendo uma educação voltada para a desconstrução do racismo.

Nos anos 1980, as pesquisas centravam-se, prioritariamente, nas análises críticas dos livros didáticos e paradidáticos, apontando para as inúmeras representações estereotipadas e preconceituosas contidas nos textos e nas ilustrações com relação aos afrodescendentes, indígenas, mulheres, deficientes, trabalhadores e outras categorias sociais discriminadas. Outras preocupações aparecem nos debates e trabalhos acadêmicos sobre a socialização da criança negra e o papel da escola nesse processo. A proposta de se pensar currículos que atendam à diversidade étnica também surge nessas reflexões. A Fundação Carlos Chagas, instituição com importante papel na discussão desses temas, organizou em 1986 o seminário *O Negro e a Educação*, publicado no ano seguinte.[3]

Nos anos 1990, como resultado dessa luta antiga, o MEC e o Programa Nacional do Livro Didático instituíram um sistema de avaliação dos livros comprados pelo governo para serem distribuídos na rede de ensino pública. Com isso, mesmo as editoras iniciaram um trabalho que, se ainda não é o ideal, deu passos importantes no sentido de autores e ilustradores incluírem a diversidade em seus livros e cuidarem para não reproduzir estereótipos.

Com a LDB de 1996, os PCNs e as Diretrizes Curriculares Nacionais para todos os níveis de ensino, abre-se caminho para o atendimento específico dos afrodescendentes com a aprovação e a promulgação – em 2003 e 2004, respectivamente – da Lei n. 10.639, que institui as Diretrizes Curriculares Nacionais para Educação das Relações Étnico-Raciais e para o Ensino de História e Cultura Afro-Brasileira e Africana. O relatório

---

[3] CADERNOS DE PESQUISA, São Paulo: Fundação Carlos Chagas, n. 63, nov. 1987.

elaborado pela Comissão do MEC, que, aprovado, deu origem à Lei, é peça muito interessante de diagnóstico da situação racial brasileira e contém proposta não só educacional, mas de abertura de diálogo com movimentos sociais para estabelecimento de princípios e compromissos de combate ao racismo, os quais, sem dúvida, precisam ser estendidos a todos os segmentos da sociedade e aos meios de comunicação. Em 2008, a Lei n. 10.639/2003 foi alterada pela Lei n. 11.645, tornando obrigatório, além do estudo da história e cultura afro-brasileira, o estudo da cultura indígena.

Medidas como as Leis nos 10.639/03 e 11.645/08 reforçam a importância da discussão e do estudo da história e da cultura afro-brasileira e indígena nos currículos escolares, com o intuito de derrubar os estereótipos arraigados no imaginário coletivo nacional, além de propiciar o direito a que todos os brasileiros se vejam representados e reconhecidos na História Oficial do Brasil de forma justa e igualitária.

Entretanto, mais uma vez voltamos a levantar a questão da necessidade do preparo de professores, educadores e dirigentes de escola para o cumprimento dessa tarefa. Uma das ações que, vinculando a comunicação e a educação, buscaram atender às novas orientações surgidas a partir dessas novas leis, diretrizes e parâmetros foi protagonizada pelo NCE, em parceria com a Prefeitura de São Paulo, de 2001 a 2005. Disso resultou a implantação de ações muito frutíferas no campo da educação/comunicação que podem ser conhecidas no artigo de Soares,[4] citado anteriormente.

Como parte desse projeto para atender ao tema Pluralidade Cultural, um grupo de pesquisadores pós-graduandos e professores ligados ao NCE levou a escolas e delegacias de ensino de São Paulo um trabalho de capacitação que envolveu um número grande de educadores. Usando como recursos didáticos peças produzidas pela mídia, como propagandas, telenovelas e filmes, as palestras e debates visavam levantar questões relacionadas à diversidade étnica, ao racismo e aos estereótipos; pretendiam suscitar uma leitura crítica dos produtos midiáticos e mostrar como é importante levar esse exercício para a sala de aula. Os debates propunham também, entre outros objetivos, que os professores passassem a pensar o seu cotidiano em sala de aula e de que modo poderiam lidar com a diversidade e a convivência inter-racial no espaço escolar.

---

[4] SOARES, op. cit.

Esses pesquisadores participam, atualmente, do Núcleo de Apoio à Pesquisa em Estudos Interdisciplinares sobre o Negro Brasileiro (NEINB), da Universidade de São Paulo. Eles continuam atuando na extensão do conhecimento e na formação de educadores para atender à Lei n. 10.639, ministrando palestras, oficinas, cursos e seminários; promovem, assim, a valorização do afrodescendente e o combate ao racismo. Além disso, o NEINB tem contribuído de maneira incisiva para os estudos afro-brasileiros, além dos limites da academia, propiciando o diálogo com a sociedade civil.

Ao trabalhar com metodologia que utiliza recursos imagéticos, a proposta dos formadores é despertar a observação, a análise e a crítica das mídias eletrônica e impressa, do cinema e da literatura. Sem abrir mão dos conteúdos curriculares, esse trabalho procura demonstrar a possibilidade de disciplinas como História, Língua Portuguesa, Artes e Geografia contribuírem na tarefa de prevenção do racismo, do reforço da autoestima de alunos afrodescendentes e de uma visão crítica de nossa realidade social, formando cidadãos solidários.[5]

É fundamental a percepção do espaço escolar como um *campo* abundante no que diz respeito às diferenças, sejam elas étnico-raciais, culturais, sociais, sejam de gênero, entre outras. A diferença não deve e não pode ser enxergada como um defeito, como *algo a ser corrigido*, mas sim como parte de um exercício importante de alteridade e tolerância. Respeitar a diversidade e a diferença é reconhecer o *outro* como parte integrante e necessária do (re)conhecimento da própria identidade.

Gostaria de finalizar pensando na importância e na responsabilidade do ensino infantil e fundamental à formação do indivíduo. Na Semana da Consciência Negra de novembro de 2006, no jornal *Folha de S. Paulo*, dentre as várias matérias que a imprensa costuma publicar nessa semana – e infelizmente só nessa semana –, o caderno Folhinha, direcionado à criança, trouxe na sua edição do dia 18 depoimentos de crianças negras com idade entre 7 e 11 anos, vítimas de preconceito e discriminações de colegas de escola; são dolorosos, tristes. A identidade do indivíduo, processo dinâmico que se constrói ao longo da vida, tem na infância seu momento crucial. Valorizar a si mesmo, gostar de suas características físicas, é um aprendizado; o cultivo da autoestima a que todos têm direito precisa ser baseado no respeito às diferenças, pois quem não é respeitado não aprende a se respeitar. Este deve ser

---

[5] MÍDIA E ETNIA, São Paulo: Prefeitura da Cidade de São Paulo/Cone, ano 1, n. 1, 2006.

um compromisso da sociedade brasileira, de todos os brasileiros, pois o problema do racismo não é um *problema do negro*, mas sim de toda a sociedade.

Ainda são raros os estudos relacionando o racismo à educação. Espero que mais contribuições sobre o tema apareçam para debate. Afinal, se racismo foi aprendido na escola, está mais do que na hora de se aprender antirracismo nela também.

Referências bibliográficas

CADERNOS de Pesquisa. São Paulo: Fundação Carlos Chagas, n. 63, nov. 1987.

MÍDIA e etnia, São Paulo: Prefeitura da Cidade de São Paulo/Cone, ano 1, n. 1, 2006.

Endereço eletrônico

SOARES, Ismar de Oliveira. NCE: a trajetória de um núcleo de pesquisa da USP. *Comunicação & Educação*, São Paulo, v. 10, n. 1, 2005. Disponível em: <http://www.revistasusp.sibi.usp.br/scielo.php?script=sci_arttext&pid=S0104-68292005000100013&lng=pt&nrm=iso>. Acesso em: 26 jul. 2010.

Comunicação e educação: implicações contemporâneas[*]

ADÍLSON ODAIR CITELLI[**]

Professor titular do Departamento de Comunicações e Artes da ECA/USP, onde ministra cursos de graduação e pós-graduação. Orienta dissertações e teses nas áreas de Comunicação e Linguagem, com ênfase nas subáreas Comunicação/Educação, Comunicação/Linguagem. É coeditor da revista Comunicação & Educação, bem como pesquisador 1C do CNPq.

E-mail: citelli@uol.com.br

Existem várias maneiras de trabalhar os vínculos da comunicação com a educação. Há o plano epistemológico voltado a indagar acerca de possível novo campo reflexivo e interventivo resultante dos encontros, desencontros, tensões, entre os processos comunicacionais e a educação. Esta, em particular, sobretudo quando pensada em sua dimensão formal, vivendo o permanente desafio representado pelas TICs, pelas intercorrências das culturas mediáticas, pelas novas maneiras de os sujeitos serem e estarem no mundo.

Podemos agregar a esse vetor de caráter epistêmico uma série de outros afeitos, por exemplo, as relações *media*-escola, a alfabetização para a comunicação, a leitura crítica dos meios e os estatutos que animam as relações ensino-aprendizagem promovidas, agora, por novos

---

[*] Este artigo, publicado originalmente na revista *Comunicação & Educação*, ano XV, n. 2, maio/ago. 2010, foi produzido a partir de dados de uma mesma pesquisa que vem sendo desdobrada em análises segmentadas e publicada, na íntegra, no relatório enviado ao CNPq em 2009, sob o título *Linguagens da comunicação e desafios educacionais: formação de jovens professores e circunstâncias mediáticas*, assim como divulgada em livros e revistas. Sugerimos, especificamente, a leitura de CITELLI, Adílson O. Linguagens da comunicação e desafios educacionais: o problema da formação dos jovens professores. *Comunicação & Educação*. São Paulo: CCA-ECA-USP/Paulinas, ano XV, n. 1, jan./abr. 2010. Conquanto destacando aspectos diferentes, os dois textos se interpenetram, podendo ser pensados no interior de uma mesma unidade analítica.

[**] Autor de vários artigos e livros; dentre estes: *Linguagem e persuasão* (Ática, 1994); *Comunicação e educação*: a linguagem em movimento (SENAC, 2000); *Palavras, meios de comunicação e educação* (Cortez, 2006).

dispositivos de produção, circulação e recepção do conhecimento e da informação.

O fato de identificarmos, sumariamente, a existência de várias entradas para se discutir os nexos comunicação e educação evidencia a crescente importância do assunto, no mais, reconhecido pela Universidade de São Paulo, que criou, no final de 2009, junto ao Departamento de Comunicações e Artes da Escola de Comunicações e Artes, uma Licenciatura em Educomunicação.

É revelador que se tenha optado por um programa de Licenciatura, cujo foco decisivo é formar profissionais, dentre eles os professores, para atuarem nas interfaces concernentes aos temas comunicativo-educativos, estejam eles presentes no universo da escola, em sistemas informais ou não formais, nas ONGs, nos espaços mediáticos, enfim, nas várias instâncias da sociedade.

Como indicou Citelli,[1] as licenciaturas são, ainda, concebidas segundo uma estrutura segmentada e têm por objetivo promover competências docentes em condições de responder às solicitações disciplinares que constituem os currículos do ciclo básico continuado. Ao futuro professor de Português, Inglês, Matemática, História etc. caberá promover dinâmicas didáticas e pedagógicas – a serem estudadas e/ou apreendidas nas chamadas matérias de Licenciatura, a exemplo de Prática de Ensino, Didática – que melhor coloquem em circulação os tópicos e conteúdos dispostos ao longo dos cursos de graduação. Tal estratégia, segmentada entre as disciplinas que *formam o professor* ou *preparam os especialistas* e as que *ensinam a dar aulas*, acompanha várias instituições de Ensino Superior. Daí a existência de Departamentos ou Faculdades/Institutos responsáveis por ministrar os conteúdos *formativos* – de História, Letras, Matemática –, enquanto outros, como a Educação, concentram as Licenciaturas. Agregue-se que estas considerações acerca da *divisão social do conhecimento* têm caráter geral e miram práticas e conceitos dominantes no sistema superior brasileiro. Novos modelos foram ou estão sendo estruturados e pensam a Licenciatura como integrada a um corpo formativo que não se estabelece apenas como espécie de apêndice voltada a capacitar bacharéis para se tornarem professores.

---

[1] CITELLI, Adílson O. Linguagens da comunicação e desafios educacionais: o problema da formação dos jovens professores. *Comunicação & Educação*, São Paulo: CCA-ECA-USP/Paulinas, ano XV, n. 1, jan./abr. 2010.

Tal matriz organizativa evidencia várias descontinuidades: tanto as graduações são arranjadas, muitas vezes, em disciplinas nem sempre conectadas entre si, como os movimentos teórico-práticos (pensando diretamente a formação para o magistério) podem acontecer segundo instâncias e até locais diferentes – a graduação é realizada na ala norte do *campus* e a licenciatura, na sul.

A intermitência apontada ganha outras dinâmicas e, de certo modo, amplitude quando o jovem docente passa a trabalhar no Ensino Fundamental e Médio. Agora, o cenário é marcado por uma realidade disciplinar ainda mais difusa, pois composta de grades curriculares de pequeno ou nenhum fluxo interno, fechadas por imperativos burocráticos que determinam o que pode ou não ser ministrado. Do seu lado, as disciplinas lembram ilhas atravessadas por tópicos que funcionam, muitas vezes, como se fossem pontes incapazes de suportar o peso do que deveriam transportar.

Conquanto não se busque atribuir todos os males da educação às estruturas curriculares e às dinâmicas formativas dos professores, certamente reside, aqui, uma intercorrência importante, sobretudo tendo em vista o interesse deste artigo, dirigido ao campo da educomunicação. E, nesta variável, promoveremos recorte analítico para considerar algumas dificuldades presentes no percurso de formação profissional para o magistério, quando entra em cena a questão comunicacional.

O termo "alheamento" talvez consiga sintetizar uma das facetas que orientam as relações da educação com a comunicação. Retomássemos observações feitas em parágrafos anteriores, veríamos que o futuro professor continua, nos cursos de graduação, diante de um currículo dirigido à especialização em determinada área do conhecimento, assim como de uma licenciatura cujo alcance visível é o de ativar competências específicas para o exercício proficiente, em sala de aula, de algumas das disciplinas componentes da grade curricular. Vale dizer, a despeito dos novos paradigmas sociotécnicos, da ambiência mediática, da presença dos nativos digitais,[2] de formas de sensibilidade e sociabilidade orientadas por outras percepções

---

[2] Expressão utilizada por Marc Prensky para designar aqueles que nasceram sob o signo da revolução informacional, telemática, sendo por ela embalados. Ao contrário, os migrantes digitais, herdeiros da sociedade industrial, têm que se adaptar aos novos paradigmas sociotécnicos. PRENSKY, Marc. *Don't bother me, mom. I'm learning* (Não me aborreça, mãe. Estou estudando). St. Paul: Minnesota: Paragon House, 2006.

62 • Adílson Odair Citelli

dos vínculos entre tempo e espaço, os programas de formação para o magistério tendem a permanecer amarrados a outros contornos epistemológicos, certamente de extrema importância – não se trata, aqui, de suscitar escalas de valor, tampouco promover anteposições ou posposições ingênuas entre o céu da novidade e o inferno da tradição – em suas singularidades, mas insuficientes para abranger demandas, expectativas, contradições, jogos de linguagem, operações de acobertamentos e revelações, que a amplitude da comunicação oferece à vida social. Este é o ponto: a comunicação transformou-se em dimensão estratégica para o entendimento da produção, circulação e recepção dos bens simbólicos, dos conjuntos representativos, dos impactos materiais – afinal estamos falando, também, de uma indústria que faz computadores, vende celulares, televisores de alta definição etc.

Tal conjunto de sistemas e processos está provocando profundas transformações sociais, de algum modo promovendo impactos diretamente na vida dos homens e mulheres do nosso tempo, quer velando, quer revelando ou desvelando informações e conhecimentos.

À totalidade desses circuitos de retroalimentação envolvendo desde o plano da produção material, passando pelas estratégias de composição e circulação das mensagens, chegando aos jogos coenunciativos, podemos chamar de ecossistema comunicativo – conceito utilizado, em sentido próximo, por autores como Mario Kaplún, Jesús Martín-Barbero, Pierre Lévy, Adilson Citelli e Ismar de Oliveira Soares.[3] Entenda-se pelas expressões coenunciativo/coenunciação/coenunciador designadores postos em lugar de recepção/receptor – originadas nas teorias informacionais – e que pretendem evidenciar a ideia segundo a qual a comunicação só ganha completude quando os campos de sentidos colocados em circulação social são apreendidos, tornando possível aos agentes implicados no processo constituir fluxos de mensagens.

---

[3] KAPLÚN, Mario. Processos educativos e canais de comunicação. *Comunicação & Educação*, São Paulo: CCA-USP-Moderna, n. 14, jan./abr. 1999; LÉVY, Pierre. *As tecnologias da inteligência*. Rio de Janeiro: Editora 34, 1995; MARTÍN-BARBERO, Jesús. *Dos meios às mediações*. 2. ed. Rio de Janeiro: Ed. UFRJ, 2001; Ensanchando territorios en comunicación/educación. In: VALDERRAMA, Carlos, *Comunicación & Educación*, Bogotá: Universidad Central, 2000; Heredando el futuro. Pensar la educación desde la comunicación. *Revista Nómadas*, Bogotá: Diuc, 1995; CITELLI, A. O. Educação e mudanças: novos modos de conhecer. In: CITELLI, A. O. (Coord.). *Outras linguagens na escola*: publicidade, cinema e TV, rádio, jogos, informática. São Paulo: Cortez, 2000. (Aprender e ensinar com textos, v. 6); SOARES, Ismar. Comunicação/educação: a emergência de um novo campo e perfil de seus profissionais. *Contato*, Brasília: Senado Federal, n. 2, 1999.

É pertinente, no interior deste quadro, invocar o termo alheamento como indicador semântico de um estado de coisas em que a comunicação, malgrado a sua importância e significado no mundo contemporâneo, fica alijada, seja dos cursos de graduação, seja das respectivas licenciaturas. E isto, sob certo ângulo, circunscreve e mesmo reduz o conceito de educação formal a um entendimento e a uma prática pouco coetâneos, conservando as estruturas curriculares distantes de uma série de temas e problemas postos no interior do ecossistema comunicativo.

De certo modo, a Licenciatura em Educomunicação busca não apenas formar um profissional educador que trabalhe de modo mais sistemático, orgânico, os temas, problemas, desafios suscitados pela comunicação em nosso tempo, mas também aponte na direção de um debate capaz de ampliar o campo de ação em que entram, no universo de nosso interesse, questões atinentes ao ensino-aprendizagem, às relações didático-pedagógicas, às formulações acerca dos currículos etc. E isto reconhecendo as contribuições a serem buscadas no domínio singular dos estudos de Educação – com suas pesquisas, procedimentos metodológicos, formulações teóricas –, cuja importância está largamente demonstrada.

Este texto pode ser pensado no interior destas preocupações voltadas a compreender os diálogos entre comunicação e educação, e será continuado por uma pequena reflexão tendo por indicadores os dados de pesquisa maior que realizamos com jovens professores e cujo exercício profissional estava sendo efetivado junto a escolas do Ensino Fundamental e Médio da cidade de São Paulo, conforme assinalado em passagem anterior.

A despeito de recortarmos uns poucos dados, é possível reconhecer e identificar o problema central que diz respeito à formação para trabalhar com a comunicação nos ambientes educativos. Os motivos da preocupação parecem claros, afinal, os docentes continuam sendo o grande agente mediador dos nexos com os discentes, que, por seu turno, estão marcados pela sociedade da informação e da comunicação.

Proposições

Os novos desafios postos à educação, graças aos modos singulares como a informação e o conhecimento são elaborados, distribuídos e socialmente intercambiados, precisam ser vistos em função do cenário que designamos de ecossistema comunicativo. Tal enunciado geral, guardadas as já referidas singularidades que circundam os campos da comunicação e da educação, está em Paulo Freire: "A educação é comunicação, é diálogo, na medida em que não é transferência de saber, mas um encontro de sujeitos interlocutores que buscam a significação do significado".[4]

Certamente, o substantivo comunicação não aparece, aqui, como sinônimo imediato de *media*, tampouco a educação pode ser remetida ao território do enciclopedismo conteudístico, do monologismo professoral, dos limites formais, muitas vezes, associados ao termo. O encontro da comunicação com a educação, escoimadas, de um lado, dos desvios tecnofuncionais e, de outro, das reduções operativas e reguladoras tão presentes em procedimentos estritamente transmissivos, pode acontecer segundo andamentos dialógicos que desencadeiam as relações intersubjetivas e os jogos coenunciativos. É deste encontro de sujeitos à busca da *significação do significado*, momento particular de ativação dos princípios da reciprocidade, ou da retroalimentação, que os atos comunicativos ganham efetividade, conquanto sustentados por mediadores técnicos ou dispositivos amplificadores do que está sendo enunciado.

Indicados, sinteticamente, os lineamentos que orientam de maneira mais profícua as interfaces comunicação/educação, é pertinente desdobrar a análise indagando acerca das dinâmicas societárias e dos envolvimentos dos sujeitos que ensejam aquelas inter-relações. Ante um ambiente cultural atravessado de maneira contínua por mudanças resultantes – para restringirmos os nossos referenciais – das novas mediações tecnológicas, da apreensão cronotópica forjada pelos ritmos do tempo acelerado e do espaço contraído, pelos trânsitos, muitas vezes imperceptíveis, envolvendo ocorrência, presencialidade, virtualidade, se torna imperioso propor o estreitamento das passagens entre novos sensórios: educação e comunicação.

É pertinente lembrar que as grandes mudanças tecnológicas sempre solicitaram outros padrões educativos. Já no *Manifesto do Partido Comunista*, de 1848, Marx e Engels mostravam como as modificações nos instrumentos de produção provocavam alterações nas relações de produção e nas demais relações sociais. "A burguesia não pode existir

---

[4] FREIRE, Paulo. *Extensão ou comunicação*. 8. ed. Rio de Janeiro: Paz e Terra, 1985. Biblioteca digital da UFP, p. 46.

sem revolucionar continuamente os instrumentos de produção, portanto as relações de produção e, assim, o conjunto das relações sociais".[5]

Falamos, contudo, agora, de um gigantesco movimento no interior do qual a comunicação, em suas múltiplas formas, conceitos, manifestações, passa a desempenhar papel de centralidade, de *locus* estratégico. Tal fenômeno vem sendo tratado, sob diferentes perspectivas, registros e compreensões teóricas, por formulações como *O príncipe eletrônico* (Octávio Ianni), *Mediatização generalizada* (Fausto Neto, Muniz Sodré), *Hipermediatização da sociedade* (Eliseo Veron),[6] *Ecossistema comunicacional* (autores já indicados), para nos limitarmos a alguns dos designadores situados semanticamente nesta área de reconhecimento do lugar determinante que os sistemas e processos comunicacionais ganharam na contemporaneidade.

Ainda que não seja o lugar, aqui, de explorar as bases teóricas presentes naquelas categorias – algumas com fortes contornos políticos e ideológicos –, nomeá-las faculta vislumbrar um esforço reflexivo para situar a força de um fenômeno em andamento e de reconhecidas implicações econômicas, sociais e culturais. Neste contexto são compreensíveis os motivos que levaram alguns programas de Licenciatura, de cursos de formação de professores, de áreas de Pedagogia, a incluírem em suas grades curriculares, ainda que, muitas vezes, de maneira desordenada, difusa, incompleta, tímida, disciplinas com o título de: *Mídia e educação, Educação para a mídia, Comunicação, educação e multimídia, Meios de comunicação em educação, Comunicação educativa, Comunicação, educação e tecnologias, Educação e novas tecnologias da educação.*

Identificamos tais disciplinas, como partes de um conjunto de outras, consultando trinta e quatro instituições de Ensino Superior no País, basicamente entre Faculdades de Educação, pois elas costumam ser as principais responsáveis por ministrar os programas de Licenciatura

---

[5] Edição especial do Manifesto. MARX, Karl; ENGELS, Frederich. *Manifesto do Partido Comunista*. Edição especial traduzida por Marcus Vinicius Mazzari. *Revista Estudos Avançados*, São Paulo: USP, n. 34, p. 10, 1998.

[6] IANNI, Otávio. O príncipe eletrônico. In: BACCEGA, Maria Aparecida (Org.). *Gestão de Processos Comunicacionais*. São Paulo: Atlas, 2002; FAUSTO NETO, Antônio. Midiatização: prática social – prática de sentido. In: SEMINÁRIO MEDIATIZAÇÃO, 2006, Bogotá. [Paper] Bogotá, 2006; SODRÉ, Muniz. Eticidade, campo comunicacional e midiatização. In: MORAES, Denis. *Sociedade midiatizada*. Rio de Janeiro: Mauad, 2006; VERÓN, Eliséo. Esquema para el análisis de la mediatización. *Diálogos de la Comunicación*, Lima, n. 48, out. 1997.

(2009).[7] Deste grupo, oito não forneciam matérias no âmbito de nosso interesse, dez deixaram de repassar os currículos solicitados e dezesseis apresentaram alguma disciplina, como as referidas antes, voltadas ao campo da comunicação.

A pergunta atinente à estrutura curricular das instituições de Ensino Superior fazia parte da nossa citada pesquisa realizada com 79 professores do Ensino Fundamental e Médio, com idade máxima de 30 anos, quando da efetivação da enquete, pertencentes à rede pública de São Paulo, incluindo escolas estaduais e municipais. E desejávamos saber, em determinado segmento da investigação, se os docentes haviam tido, ao longo dos seus cursos, contato com matérias afeitas de modo direto à área da comunicação.

O quadro, já presente em artigo de Citelli (2010),[8] mas posto aqui sob outra inflexão analítica, esclarece um dos problemas centrais com o qual nos debatemos, quando se trata de observar a presença da comunicação nos ambientes escolares: a própria formação do docente que irá atuar em sala de aula e que encontrará os discentes *nativos digitais*, referidos por Marc Prensky. A tabela indica que apenas 22 dentre os 79 professores pesquisados cursaram alguma disciplina capaz de melhor capacitá-los para trabalhar com a comunicação (ou mesmo os *media*) em sala de aula. Após vários anos realizando pesquisas nesta área e repetindo, praticamente, esta mesma pergunta, constatamos pouca mudança, conquanto houvéssemos fixado, agora, um segmento etário circundado cotidianamente pelo já mencionado *locus* estratégico. É perti-

---

[7] CITELLI, Adilson. Linguagens da comunicação e desafios educacionais: formação de jovens professores e circunstâncias mediáticas (1996-2005). *Relatório de pesquisa*, CNPq, 2009. Posse do autor.

[8] Id. Linguagens da comunicação e desafios educacionais..., cit.

nente afirmar que muitas das licenciaturas existentes no País prosseguem dispensando nenhuma ou discretíssima atenção a um evento fundamental para se pensar nas dinâmicas das sociedades contemporâneas: os meios de comunicação e suas linguagens.

O dado relevante e ao mesmo tempo paradoxal é que os docentes com os quais fizemos a nossa pesquisa aumentaram de modo significativo o acesso aos recursos mediáticos. Indagamos acerca da frequência à televisão, ao rádio, à leitura de jornais e revistas; acesso à internet. Enfim, existiu o intuito de saber como o docente age enquanto usuário dos *media*. Afinal, essa ambiência referencia um dos cenários nos quais são elaborados não apenas perfis profissionais, mas também formas de vida, interesses particulares, fontes de informações, redes de sociabilidades etc. Vale dizer, entre salas de aula, telas de computador, programas de rádio ou televisão, os sujeitos deslocam-se em dupla posição: ao mesmo tempo estão envolvidos com o universo escolar – são os professores, equipes de apoio, diretores – e incluídos na sociedade mais ampla, na qual desempenham papéis de pais, afiliados a igrejas ou partidos, participantes de equipes de futebol, animadores de festas, expectadores de filmes, fãs de música etc. Há sujeitos empenhados quer em projetos político-pedagógicos das escolas, com a formação dos jovens que viverão a complexidade da *polis*, quer em ser desafiados a negociar com as variadas dimensões operacionais e de linguagem disponibilizadas pelos meios de comunicação.

Um exame nos dados da pesquisa feita por Citelli (2009),[9] alguns deles discutidos em artigo do mesmo autor (2010),[10] demonstra como os jovens docentes aumentaram expressivamente o acesso aos equipamentos digitais: 87% deles asseguram ter computador, contra os 40% revelados em números de 1996. Daquele grupo, mais de 80% possui conexão com a internet.

Quadro 2:

Você possui computador com Internet?

Sim: 67,84%

Não: 10,13%

Abstenções: 2,3%

---

[9] CITELLI, *Relatório de pesquisa...*, cit.

[10] Id. Linguagens da comunicação e desafios educacionais..., cit.

Apenas para fixar alguns tópicos atinentes aos usos dos recursos digitais, percebe-se que os professores – ao menos o grupo objeto de nossa pesquisa, mas que, de certo modo, é revelador de conjunto maior que leciona na cidade de São Paulo – participam do crescente acesso às tecnologias digitais.

Ampliando o escopo destas constatações, é possível observar que as próprias unidades escolares nas quais atua o nosso grupo de professores têm recursos tecnológicos que as colocariam em certa sintonia com o que alguns autores vêm chamando de cultura das mídias. Certamente não se está, aqui, afirmando haver nas escolas um ambiente educativo favorável à efetivação de projetos político-pedagógicos voltados à formação plena dos alunos – no que se inclui a alfabetização para melhor compreender o papel e as determinações envolvidas com os meios de comunicação –, tampouco se proclama existir correlação imediata entre computadores, equipamentos de rádio, internet e a melhoria na qualidade de ensino. Ao contrário, o que se encontra em sala de aula é, muitas vezes, um sistema em crise, com enorme quantidade de problemas, e que não consegue cumprir o seu objetivo-fim: promover ensino de qualidade aos estudantes.

De toda sorte, voltemos aos dados da pesquisa, recolhendo alguns indicadores da presença dos dispositivos técnicos nas escolas.

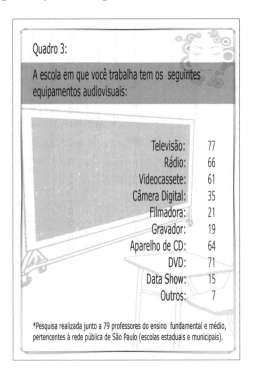

Quadro 3:
A escola em que você trabalha tem os seguintes equipamentos audiovisuais:

Televisão:	77
Rádio:	66
Videocassete:	61
Câmera Digital:	35
Filmadora:	21
Gravador:	19
Aparelho de CD:	64
DVD:	71
Data Show:	15
Outros:	7

*Pesquisa realizada junto a 79 professores do ensino fundamental e médio, pertencentes à rede pública de São Paulo (escolas estaduais e municipais).

Nos últimos anos as escolas vêm se equipando dos recursos audiovisuais. Itens como televisão, DVD, rádio, aparelhos de CD estão presentes em praticamente toda a rede de ensino pública, o que representa uma tentativa de acompanhar a celeridade das mudanças ocorridas no âmbito das tecnologias audiovisuais.

É oportuno observar que a escola enfrenta, no afeito às relações com os recursos técnicos, uma situação complexa. Ao mesmo tempo existe o apelo à modernização (entendendo, aqui, o limite do termo no âmbito da questão objeto do comentário) e as armadilhas de uma lógica produtiva baseada no efêmero. A retórica acerca da necessidade de se acompanhar as mudanças tecnológicas é procedida por outra retórica ainda mais agressiva e justificadora *in limine* daquela necessidade. O círculo de giz caucasiano não se fecha. A indústria opera em duas frentes, a dos valores simbólicos – é imperioso acompanhar a última palavra em inovação tecnológica – e a das mudanças de padrão (*upgrades*, *design*, novas linhas de produtos etc.), que tornam superados, em curto tempo, equipamentos relativamente novos.

A tal lógica perversa, o Estado deve responder com o aporte de volumosos recursos, *modernizando* a escola, acedendo aos apelos, muitas vezes, nascidos de formadores de opinião ou grupos de pressão com vínculos junto à indústria. A espiral das demandas por suportes para alcançar-se, em tese, aulas mais qualificadas e melhores padrões de ensino parece criar a sua própria rotina; há um moto próprio regendo o discurso pela sala de aula com maior quantidade de equipamentos tecnológicos de última geração.

Verificando os dados anteriores, deparamo-nos, imediatamente, com um exemplo do que se poderia chamar *expressões do efêmero*: os videocassetes, que tiveram a duração de um veranico e compuseram um dos vértices fundamentais do projeto da TV Escola. Ou seja, um importante programa do Governo Federal, nos inícios dos anos 1990, voltado à educação a distância dos professores, com o intuito de alcançar as mais de 50 mil escolas brasileiras, com seus aproximados um milhão de professores, ficou rapidamente comprometido por uma repentina mudança no padrão tecnológico, agora sustentado pelo DVD. Entende--se o motivo de as escolas que pesquisamos registrarem número maior destes aparelhos (71), contra 61 videocassetes, a despeito do tempo relativamente curto de passagem de um a outro suporte.

Ao lado do DVD começa a temporada de sucesso de outro equipamento, o *data show*. Ainda ausente nas pesquisas que promovemos entre o final de 2001 e início de 2002, com um universo de 220 professores da rede pública do Estado de São Paulo, surge, agora, em 15 das 79 escolas acerca das quais fazemos referência neste texto.

Para efeito comparativo, segue tabela referente a 2001/2002:

Quadro 4: enquete de 2001/2002
A escola em que você trabalha possui que tipos de equipamentos audivisuais?

Equipamento	Nº	%
Televisão	219	90,54%
Rádio	184	83,64%
Videocassete	216	98,18%
Gravador	156	70,91%
Outros	78	33,45%

Ou seja, não apenas diminui a indicação do videocassete, agora citado em 77,21% das escolas, como aparecem em números significativos os DVDs (89,87%) e em menor escala os *data shows* (18,98%).

De toda maneira e retomando os dados de nossa pesquisa atual, verifica-se que alguns equipamentos de possível utilização pelos docentes podem ser encontrados na maioria das instituições educativas vinculadas aos entrevistados.

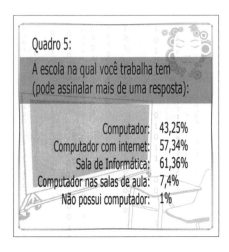

Quadro 5:
A escola na qual você trabalha tem (pode assinalar mais de uma resposta):

Computador: 43,25%
Computador com internet: 57,34%
Sala de Informática: 61,36%
Computador nas salas de aula: 7,4%
Não possui computador: 1%

Esta questão visava registrar de modo um pouco mais detalhado como o computador se apresenta na escola. Considerando os vários cruzamentos permitidos pelo item (inclusive aquele que indica a posse de computadores e acesso à internet por parte dos professores), reconhece-se que praticamente todas as unidades de ensino têm o equipamento.

E apenas para ampliar um pouco este quadro, trazemos à cena a variável dos alunos.

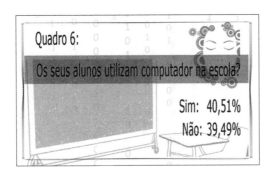

As respostas dos professores revelam existir divisão praticamente ao meio entre alunos que utilizam computadores e os que não o utilizam no espaço escolar. É difícil avaliar, pelas próprias condições estruturais em que se processa o trabalho didático-pedagógico na rede pública, o significado real de quase metade dos alunos não fazerem uso dos equipamentos que existem na maioria das escolas. Sabemos das limitações, muitas vezes, motivadas por problemas de segurança, outras por óbices decorrentes das dinâmicas funcionais. De todo modo, a maioria das escolas a que estamos nos referindo mantém suas salas de informática em funcionamento.

Avaliação mais consistente desta questão pediria pesquisa detida com os alunos, mecanismo através do qual seria possível indagar dos motivos pelos quais os discentes usam ou não os equipamentos de informática disponibilizados pela escola.

Do conjunto de questões referentes à presença do computador na escola, esta nos ajuda a aproximarmos um pouco mais do problema. Considerando que 28 (35,44%) dos professores se abstiveram neste item e que, portanto, trabalhamos com um universo de 51 (64,55%), verificamos um quadro diferente entre as unidades referidas. Desde menções à existência de 2 até 32 máquinas. Vale dizer, o fato de as escolas possuírem computadores não significa dizer que haja equipamentos em quantidade suficiente para atender à demanda.

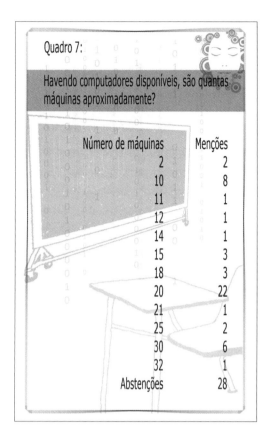

Quadro 7:

Havendo computadores disponíveis, são quantas máquinas aproximadamente?

Número de máquinas	Menções
2	2
10	8
11	1
12	1
14	1
15	3
18	3
20	22
21	1
25	2
30	6
32	1
Abstenções	28

Note-se que a variação entre 2 e 32 máquinas é significativa. O número de 20, o mais citado pelos docentes (22), fica muito aquém do necessário para os alunos realizarem de maneira profícua atividades continuadas que tenham por suporte o computador. É preciso acrescentar, e apenas para efeito de cálculo, que falamos da existência média de 485 alunos por turno, somados todos os discentes e divididos pelo número de escolas alcançadas pela nossa pesquisa.

Uma síntese

Neste recorte de dados, com certa ênfase final na questão do uso dos computadores, é possível apurar que tanto os professores como os seus alunos circulam em território marcado pelos diversos dispositivos comunicacionais. De maneira meio acelerada, de forma mais ou menos procedente, o mundo da escola registra crescente aproximação às novas tecnologias e às linguagens postas em circulação, mesmo pelos *media* tradicionais como rádio, jornal, televisão.

Isto nos reenvia ao quadro 1, referente à formação do professor para trabalhar com as questões da comunicação na educação. Ou seja, existe certa descontinuidade entre demandas de alunos, escolas e dos próprios docentes – já integrados ao amplo processo de mediatização –, e procedimentos formativos capazes de melhor responder, no plano didático-pedagógico, a tal cenário das práticas educativas em sala de aula. É como se estivéssemos diante de duas realidades distintas: uma representada pelos envolvimentos sociais com os sistemas e processos da comunicação e outra adstrita a determinados marcos institucionais que balizam e circunscrevem o mundo da escola. Caberia, aqui, perguntar:

> [...] o fato de existirem novas sociabilidades, nexos quase naturalizados entre o sujeito e os diferentes suportes tecnocomunicacionais teria permitido alcançar a atividade profissional do futuro docente, ele próprio formador de outros tantos jovens, ainda mais afeitos aos lineamentos da ampla mediatização? Na eventualidade de os professores licenciados em anos recentes haverem recebido formação adequada para trabalhar neste ambiente, estariam eles ressignificando em sala de aula os temas, problemas, propostas de linguagens, contornos estéticos etc., postos em circulação pelas culturas mediáticas, mas, segundo uma perspectiva educacional e pedagogicamente equacionada aos ditames da escola, aos propósitos que devem reger a construção de uma cidadania transformadora, crítica e competente para enfrentar os desafios que esperam os discentes?[11]

Pelo que verificamos, a convivência e/ou familiaridade maior com os computadores, a internet, os aparelhos de televisão digital não se integra, necessariamente, nos projetos ensejados nas instituições destinadas à formação dos professores, tampouco nas práticas por estes levadas a termo nas salas de aula do Ensino Básico. O saldo final do desajuste tem representado importante fonte geradora – conquanto não sendo, evidentemente, a única – de problemas que alcançam, hoje, uma parte da educação formal no Brasil.

Conclusões

Caso agregássemos às observações anteriores alguns outros vetores da pesquisa realizada – e que não cabem ser retomados no momento –, encontraríamos vários desencontros que circundam as subculturas escolares, tanto no que diz respeito à formação inicial dos professores

---

[11] Ibid.

como nas práticas por eles implementadas em suas salas de aula, sempre tendo por horizonte as interfaces envolvendo comunicação e educação.

Vimos colocando tais desencontros à luz da tensão entre o *circunscrito* e o *expandido*, com os óbvios entrecruzamentos e interdependências aí presentes. De um lado, a escola e o seu discurso canônico, ritualístico, ao mesmo tempo ordenador e normalizado, e, de outro, os meios de comunicação e as próprias dinâmicas da vida cotidiana em sua dispersão temática, pluralidade de ofertas informativas e multiplicidade de linguagens.

Enunciando o problema em outros termos: as práticas em sala de aula costumam imbricar valores e referências instruídas por expectativas enciclopédias, propedêuticas, nem sempre equacionadas aos requisitos dos alunos ou mesmo das dinâmicas sociais, de certo modo enquadrando ou reduzindo para aumentar planos de controle, articular consensos e promover hegemonias. Por sua vez, os *media*, em luta permanente para constituir campos de dominância, parecem completar supostas ou reais faltas da escola, apresentando-se como um outro meio pleno de sedução e capacidade de acenar com informações aparentemente suficientes para dispensar agências que lhes possam fazer concorrência no mister de arrolar dados, predicar comportamentos, elaborar explicações, narrar toda sorte de acontecimentos.

É neste panorama, amplamente vinculado aos dispositivos mediáticos, que o jovem docente cumpre a chamada formação inicial, requisito para seguir em uma carreira cujo objetivo último é promover educação de qualidade e compromissada com os imperativos da cidadania. Tal perspectiva desafiadora deve atentar, agora, para o que designamos como dinâmicas expansivas – nas quais os dispositivos comunicacionais registram presença de conhecida relevância. Afinal, daqui derivam novas sensibilidades e sociabilidades, em que se constituem os sujeitos/agentes – conceito de Alain Tourraine referente à possibilidade de alterar o plano material e social em que o sujeito se localiza, impactando, deste modo, na divisão do trabalho, nas tomadas de decisão, nas dinâmicas culturais. O pensador francês entende que resulta das relações entre sujeitos o fato de os indivíduos deixarem de "ser um elemento do funcionamento do sistema social para retornarem como criadores de si mesmos e produtores da sociedade".[12] Noutras palavras: o sujeito/agente e não o indivíduo manifesta força transformadora/construtora da cidadania.

---

[12] TOURRAINE, Alain. *Crítica da modernidade*. Lisboa: Piaget, 1992. p. 269.

A questão central, quando se busca alcançar políticas emancipatórias e de vida – ambas vinculadas e interdependentes, no compósito de construção identitária e autorrealização[13] –, tendo em mira o amplo quadro educativo em suas interfaces com a comunicação e, sobretudo, no caso por nós destacado, das formas de presença do jovem docente seja no interior das salas de aula, seja na vivência cotidiana, está em atualizar as relações entre os sujeitos/agentes professores e alunos, atentando para as mediações patrocinadas pelas múltiplas circunstâncias comunicacionais que os circundam.

Referências bibliográficas

CITELLI, Adilson. Linguagens da comunicação e desafios educacionais: o problema da formação dos jovens professores. *Comunicação & Educação*, São Paulo: CCA/ECA/USP/Paulinas, ano XV, n. 1, jan./abr. 2010.

_____. Linguagens da comunicação e desafios educacionais: formação de jovens professores e circunstâncias mediáticas (1996-2005). *Relatório de pesquisa*, CNPq, 2009. Posse do autor.

_____. *Palavras, meios de comunicação e educação*. São Paulo: Cortez, 2006.

_____ (Org.). *Outras linguagens na escola*. São Paulo: Cortez, 2001.

_____. *Comunicação e educação*: a linguagem em movimento. São Paulo: Senac, 2000.

_____. Educação e mudanças: novos modos de conhecer. In: CITELLI, A. O. (Coord.). *Outras linguagens na escola*: publicidade, cinema e TV, rádio, jogos, informática. São Paulo: Cortez, 2000. (Aprender e ensinar com textos, v. 6).

FREIRE, Paulo. *Extensão ou comunicação*. 8. ed. Rio de Janeiro: Paz e Terra, 1985. Biblioteca digital da UFP.

GUIDENS, Antony. *Modernidade e identidade*. Rio de Janeiro: Zahar, 2002.

HELLER, Agnés. *A theory of modernity*. Cambridge: Blackwell Publishers, 1994.

_____. *O quotidiano e a história*. Rio de Janeiro: Paz e Terra, 1972.

IANNI, Otávio. O príncipe eletrônico. In: BACCEGA, Maria Aparecida (Org.). *Gestão de processos comunicacionais*. São Paulo: Atlas, 2002.

KAPLÚN, Mario. Processos educativos e canais de comunicação. *Comunicação & Educação*, São Paulo: CCA-USP-Moderna, n. 14, jan./abr. 1999.

LÉVY, Pierri. *As tecnologias da inteligência*. Rio de Janeiro: Editora 34, 1995.

MARTÍN-BARBERO, Jesús. *Dos meios às mediações*. 2. ed. Rio de Janeiro: Ed. UFRJ, 2001.

---

[13] GUIDENS, Antony. *Modernidade e identidade*. Rio de Janeiro: Zahar, 2002.

MARTÍN-BARBERO, Jesús. Ensanchando territorios en comunicación/educación. In: VALDERRAMA, Carlos. *Comunicación & Educación*, Bogotá: Universidad Central, 2000.

_____. Heredando el futuro. Pensar la educación desde la comunicación. *Revista Nómadas*, Bogotá: Diuc, 1995.

MARX, Karl; ENGELS, Frederich. Manifesto do Partido Comunista. Edição especial traduzida por Marcus Vinicius Mazzari. *Revista Estudos Avançados*, n. 34. São Paulo: USP, 1998.

PRENSKY, Marc. *Don't bother me, mom. I'm learning*. St. Paul, Minnesota: Paragon House, 2006.

SOARES, Ismar. Comunicação/educação: a emergência de um novo campo e perfil de seus profissionais. *Contato*, Brasília: Senado Federal, n. 2, 1999.

SODRÉ, Muniz. Sobre a episteme comunicacional. *Matrizes*: revista de pós--graduação em Ciências da Comunicação, São Paulo: ECA/USP, 2007.

_____. Eticidade, campo comunicacional e midiatização. In: MORAES, Denis. *Sociedade midiatizada*. Rio de Janeiro: Mauad, 2006.

TOURRAINE, Alain. *Crítica da modernidade*. Lisboa: Piaget, 1992.

VERÓN, Eliséo. Esquema para el análisis de la mediatización. *Diálogos de la Comunicación*, Lima, n. 48, out. 1997.

Censura não é educação[*]

MARIA CRISTINA CASTILHO COSTA

Professora livre-docente do Departamento de Comunicações e Artes da Escola de Comunicações e Artes da Universidade de São Paulo e editora da revista Comunicação & Educação.

E-mail: criscast@usp.br

Em 2005, uma série de 12 charges publicadas no jornal dinamarquês Jyllands-Posten causaram grande celeuma no mundo todo por se tratarem de sátiras envolvendo o profeta Maomé. Numa delas ele era mostrado pedindo aos terroristas islâmicos que não mais se matassem, pois já não havia virgens disponíveis no paraíso. Em outra, o profeta aparecia com um turbante em forma de bomba.

Consideradas ofensivas por líderes e associações muçulmanas, as charges foram condenadas por fazer menção desrespeitosa ao líder religioso e por apresentá-lo de forma antropomórfica, o que é proibido pela religião islâmica. Imediatamente, estabeleceu-se um grande debate opondo-se o direito à liberdade de expressão, valor inquestionável do Ocidente, ao respeito ao pluralismo e às diferenças culturais e religiosas. Diversos jornais, inclusive na França, republicaram as caricaturas de Maomé, enquanto outros, e até mesmo *sites* na internet, acatavam o conselho de não ofender as autoridades muçulmanas. Houve sanções comerciais de países árabes aos europeus, além de ações judiciais contra o jornal dinamarquês. O conflito chegou às ruas e mortes ocorreram, com baixas entre os manifestantes dos dois lados do conflito. Governos europeus procuraram acalmar os ânimos e sustentar que não cabia a eles proibir a publicação das imagens, garantindo-se a liberdade da imprensa, mas colocaram-se em defesa de uma atitude de respeito e moderação, chamada de *cooperação pacífica*, como o primeiro-ministro dinamarquês, Anders Rasmussen. Segundo ele, "esses eventos ressaltaram a

---

[*] Texto publicado originalmente na revista *Comunicação & Educação*, ano XIII, n. 2, maio/ago. 2008.

importância de combinar a liberdade de expressão com o respeito por crenças religiosas".[1]

Com menor repercussão, acontecimentos semelhantes continuaram a alimentar o debate sobre os limites entre liberdade de expressão e respeito aos direitos individuais. Em 2006, bispos da Bavária tentaram impedir a exibição da série animada *Popetown*, veiculada pela Divisão Alemã da MTV, por considerarem que ela satirizava e desrespeitava o Papa. A corte alemã, entretanto, assim como os órgãos reguladores do setor, não julgou procedente o pedido e a série foi transmitida, sob protestos dos bispos. Já em 2007, o *site* Observatório da Imprensa[2] divulgou que uma imagem do Papa, apresentando-o como transexual, foi retirada de uma exposição de arte em Milão por ter sido considerada uma blasfêmia. Nesse caso, diversas entidades italianas ponderaram que os direitos dos cidadãos haviam sido violados.

A discussão sobre a censura no Brasil

No Brasil, também, acontecimentos semelhantes opondo defensores da liberdade de expressão e defensores dos direitos individuais insuflaram esse debate. Em 2005, o escritor Fernando Morais teve seu livro *Na toca dos leões* retirado das livrarias por decisão judicial, que acatou ação movida pelo deputado Ronaldo Caiado, presidente da UDR – União Democrática Ruralista, o qual afirmou serem falsas as declarações a ele atribuídas pelo autor na obra. O juiz goiano Jeová Sardinha de Morais proibiu também em sua sentença que Fernando Morais ou a editora Planeta se manifestassem publicamente sobre o fato, cabendo-lhes uma multa de R$ 5.000,00 (cinco mil reais) a cada desobediência cometida. Associações de imprensa e jornalistas levantaram-se contra o arbítrio que, segundo eles, substituía a *censura fardada pela togada*.

Em 2007, repetiu-se o fato. O cantor e compositor Roberto Carlos moveu uma ação judicial contra a biografia escrita por Paulo Cesar Araújo, Roberto Carlos em detalhe, por considerá-la ofensiva à sua reputação. O juiz Tércio Pires acatou os argumentos dos advogados do cantor e o livro foi proibido. Novamente, a editora Planeta foi alvo da decisão judicial e resolveu entrar em acordo com o reclamante – os

---

[1] Disponível em: <http://www.bbc.co.uk/portuguese/noticias/story/2006/02/060208_chiracchargescl.shtml>. Acesso em: 08/02/2006.

[2] Disponível em: <http://www.observatoriodaimprensa.com.br/>.

livros foram retirados das livrarias, embora cópias piratas já circulassem pela internet.

O caso mais recente de proibição foi contra o desfile de um carro alegórico da escola de samba Viradouro, o qual fazia alusão ao Holocausto, no Carnaval de 2008. O advogado da Federação Israelita do Rio de Janeiro, Ricardo Brajterman, justificou a ação judicial por ter conhecimento de que a alegoria faria menção ao Holocausto através de esculturas representando corpos empilhados, em alusão aos judeus mortos pelo regime nazista. A justiça deu ganho de causa à Federação, e a Viradouro, na última hora, substituiu a alegoria por outra com figuras amordaçadas, numa crítica contundente à violação da liberdade de expressão. Segundo a juíza que deu a sentença, o Carnaval não é espaço para se falar de barbáries como o Holocausto.

Embora cada exemplo tenha suas peculiaridades e diferentes interesses em jogo, não há dúvida de que levantam uma questão importante – a legitimidade ou não da censura e os limites que envolvem o direito à informação e à liberdade de expressão. As discussões que veem sendo travadas nos últimos anos não são relativas apenas a esses acontecimentos mais polêmicos, mas às relações cotidianas entre os poderes instituídos e os órgãos de divulgação públicos e privados. Em 2007, o governo federal brasileiro apresentou projeto de lei que tornava mais rígido o controle sobre os meios de comunicação. Houve grande repercussão na imprensa e chegou-se a falar na volta da censura prévia. O projeto foi retirado de pauta antes da votação.

Desde 2002, pesquisamos a censura junto ao Arquivo Miroel Silveira, sob guarda da Biblioteca da Escola de Comunicações e Artes da USP.[3] Com este artigo, pretendemos contribuir para essa discussão com o que já foi revelado em nossa pesquisa a respeito de como se realizava a censura quando ela estava a cargo de um órgão oficial do Estado.

O Arquivo Miroel Silveira

Miroel Silveira nasceu em Santos, no Estado de São Paulo, no ano de 1914, em meio a uma família de escritores. Filho de Valdomiro Silveira e primo de Dinah Silveira de Queiroz, foi escritor, poeta, tradutor, crítico literário, diretor e professor de teatro. Pertenceu a inúmeras

---

[3] Mais informações sobre o Arquivo Miroel Silveira e seus documentos, acessar o endereço <http://www.eca.usp.br/ams>.

associações de profissionais de teatro, ganhou prêmios como escritor e atuou em diversas áreas da cultura. Nessa vasta carreira ligada às artes cênicas e à universidade, ele esteve por diversas vezes em contato com o Departamento de Diversões Públicas do Estado de São Paulo, para onde eram encaminhadas as peças para censura prévia dos textos e liberação para apresentação pública. Assim conheceu o imenso acervo de obras que estavam ali reunidas desde a criação do órgão, na época do Estado Novo de Getúlio Vargas, quando integrava o Departamento de Imprensa e Propaganda, extinto na década de 1940. Foi, em parte, com base nesse acervo que ele realizou a pesquisa que deu origem ao seu doutorado, *A comédia de costumes: período ítalo-brasileiro. Subsídio para o estudo da contribuição italiana ao nosso teatro*.[4]

Sabendo da importância dessa documentação, Miroel Silveira conseguiu salvá-la da destruição quando, em 1988, colocou-se um ponto final na censura à arte e aos meios de comunicação no Brasil. Não se sabe se por iniciativa do próprio órgão ou de Miroel, esse acervo de peças e documentos chegou a suas mãos. Após sua morte, foi entregue à Biblioteca da Escola de Comunicações e Artes da USP, constituindo o Arquivo Miroel Silveira.

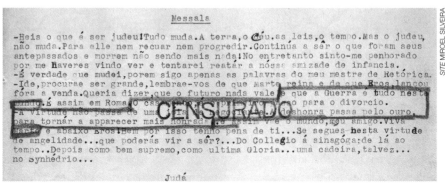

A partir do arquivo Miroel Silveira, um grupo de pesquisadores passou a estudar o teatro em São Paulo e a censura. Dois projetos de pesquisa já foram elaborados com esse fim.

Trata-se de uma coleção de 6.137 processos de liberação de peças teatrais de apresentação pública, encaminhadas à Divisão de Censura do Departamento de Diversões Públicas do Estado de São Paulo, entre os anos 1930 e 1970, com todos os pareceres, carimbos, vetos e cortes

---

[4] Essa tese foi publicada sob o título *A contribuição italiana ao teatro brasileiro*. São Paulo: Quiron; Brasília: Instituto Nacional do Livro, 1976.

dos censores, além dos originais das peças que deveriam ser encenadas, muitas delas ainda inéditas.

Na condição de presidente da Comissão de Biblioteca da Escola de Comunicações e Artes da Universidade de São Paulo, esta autora entrou em contato com o Arquivo Miroel Silveira, ainda intacto, e pôde reunir um grupo de pesquisadores para estudar o teatro em São Paulo e a censura. Dois projetos de pesquisa foram elaborados com esse fim – o primeiro intitulava-se *A censura em cena: organização e análise dos processos de censura teatral do Serviço de Censura do Departamento de Diversões Públicas do Estado de São Paulo*, e durou de 2002 a 2005.[5] O segundo é o projeto temático *A cena paulista: estudo da produção cultural de São Paulo de 1930 a 1970 a partir do Arquivo Miroel Silveira*.[6] Iniciado em 2005, deve-se estender até 2009, com apoio da Fapesp, CNPq e USP. Com uma metodologia interdisciplinar que envolve ciências da informação, ciências da comunicação, história, sociologia e arquivística, procuramos reconstruir a história do teatro paulista, analisando a interferência da censura nessa produção.

O Arquivo Miroel Silveira, sob custódia da Biblioteca da ECA, é responsável por conservar e estudar mais de seis mil processos de censura prévia ao teatro, originados do Serviço de Censura do Departamento de Diversões Públicas do Estado de São Paulo (DDP-SP), através de uma metodologia interdisciplinar.

---

[5] Projeto financiado pela Fapesp, processo 02/07057-3.
[6] Projeto financiado pela Fapesp, processo 04/14034-5.

Quem eram os censores

Nossa metodologia de trabalho inclui organização e análise documental, registro de informações, pesquisa bibliográfica e entrevistas. Foi através deste último recurso que pudemos conhecer alguns poucos censores ainda vivos que aceitaram dar-nos testemunhos de sua função. O que conseguimos apreender dessas entrevistas, assim como de pesquisas em outras bases de dados e em fontes bibliográficas, é que a maioria deles ocupou o cargo de censor ou desenvolveu essa atividade não por mérito ou reconhecido saber sobre teatro, educação ou psicologia, mas por serem parentes e amigos de políticos influentes. Esses censores viam com bons olhos o trabalho de censura, sendo uma boa oportunidade de complementação salarial – a tarefa era leve (leitura de, no máximo, um processo por semana), representava certo lustro intelectual, oferecia boa remuneração e não exigia a permanência no Departamento ao longo do dia. Bastava comparecer semanalmente para retirar o processo a ele destinado e que o examinasse onde melhor o aprouvesse. Assim, com a ajuda de parentes e amigos eram indicados censores, podendo também desenvolver outra atividade profissional que, na maioria dos casos, nada tinha a ver com o teatro.

Havia outras regalias – depois da leitura e das intervenções no texto, que assim era devolvido ao autor, o censor assistia ao ensaio geral das peças para averiguar se as indicações eram respeitadas: omissão de palavras e frases, proibição de personagens com vestes de padre ou militar, ou o aumento no comprimento dos maiôs das coristas. Nesse ensaio, realizado às vésperas da estreia, a companhia apresentava o espetáculo só para os censores, ocasião em que eles conheciam pessoalmente os artistas, alguns famosos como Procópio Ferreira e Luz Del Fuego, como nos contou o censor Hamleto Capriglione. Eram bem tratados pelos artistas e consideravam esse ensaio uma ocasião especial. Além disso, caso quisessem assistir novamente ao espetáculo, levando companhia, dois lugares eram reservados especialmente para eles. A entrada era gratuita, claro!

Mesmo sem formação específica que lhes garantisse competência para o trabalho, os censores não recebiam orientação nem treinamento – transmitiam-lhes uma série de recomendações que já faziam parte do senso comum, tais como cortar palavrões, qualquer menção a autoridades civis, cenas de sexo e críticas ao governo, independentemente de qual fosse.

Quais eram as restrições e cortes

Os cortes obedeciam a quatro diferentes preocupações – primeiramente as de ordem religiosa, levando a se eliminar qualquer menção a Deus e aos santos católicos, assim como ao Papa, ao Vaticano e aos padres e cardeais. Batinas eram proibidas no figurino das peças e, para se ter uma ideia do arbítrio a que se chegava, a palavra *semana santa* foi cortada da adaptação de uma peça francesa de título *Don César de Bazan*,[7] assim como a referência a São Benedito foi retirada da comédia *Nós os carecas*,[8] que seria encenada no Circo-teatro Queirolo.[9] A menção ao Concílio de Trento, existente na peça *Morte civil*,[10] de Paulo Giacometti, também foi vetada. Por outro lado, não era permitido citar outras religiões, especialmente as de origem africana.

Um de nossos pesquisadores, Luiz Fernando Cardoso, buscou estudar especificamente a censura religiosa, que se justificava no que os censores entendiam como sendo a defesa da Igreja Católica e de sua doutrina. Em seu relatório, Cardoso afirma que pelo menos dez por cento de toda a intervenção dos censores nas peças, que deveriam ser encenadas na primeira metade do século XX, obedeciam a critérios religiosos. O maior número de cortes recaiu sobre a palavra *Deus*, não importando se a fala fosse uma referência explícita à divindade ou apenas uma expressão idiomática sem maior importância. Também não eram permitidos *anjos do céu* e, nem mesmo, os *diabos*.[11]

Leila Mezan Algranti,[12] estudando a censura em Portugal e no Brasil, especialmente no período colonial, diz que na Igreja Católica está a origem da censura ibérica. Só mais tarde ela divide com o imperador o direito de censurar livros e decidir o que se podia escrever ou ler na metrópole e na colônia. O Arquivo Miroel Silveira guarda os resquícios desse passado.

---

[7] DDP 0108. *Don César de Bazan*. Dumanoire e Adolph d'Nery, adaptação de Júlio Ozon, 1942.

[8] DDP 0126. *Nós os carecas*. Chic Chic, pseudônimo de Otelo Queirolo, 1942. 9. COSTA, Cristina. Censura em cena. São Paulo: Fapesp/Edusp/Imprensa Oficial, 2006. p. 237.

[9] COSTA, Cristina. *Censura em cena*. São Paulo: Fapesp/Edusp/Imprensa Oficial, 2006. p. 237.

[10] DDP 0216. *Morte civil*. Paulo Giacometti, tradução de Eduardo Victorino, 1943.

[11] CARDOSO, Luiz Fernando. *Em nome da rosa*: um estudo da censura religiosa a partir dos processos de censura prévia ao teatro paulista pertencentes ao Arquivo Miroel Silveira da Biblioteca da ECA/USP – Relatório Final, 2007.

[12] ALGRANTI, Leila Mezan. *Livros de devoção, atos de censura*. São Paulo: Hucitec/Fapesp, 2004.

84 • Maria Cristina Castilho Costa

Outra preocupação dos censores era com abusos de ordem moral e, em nome deles, cortavam palavras como *amante*, a campeã de vetos. Palavrões eram igualmente um dos principais alvos da censura, que também não deixava ir ao palco palavras mais inofensivas como *chato* e *chatice*, por serem consideradas de apelo sexual. Dizer que *toda mulher tem seu preço* era considerado atentatório aos bons costumes, mesmo que estivesse na fala do personagem de uma peça intitulada *O sinal da cruz*, de autoria de Francisco Colman. A frase *O casamento é o primeiro passo para o divórcio* foi proibida na adaptação feita por Hilário de Almeida ao épico romance histórico *Ben-Hur*.[13]

Brasil também era palavra ilícita, pois a censura julgava que assim protegia a pátria de situações constrangedoras. Nomes próprios como *Getúlio* eram vetados mesmo sendo apenas a denominação de um figurante. Personagens com nome russo eram proibidos por, de alguma forma, fazerem referência à ex-União Soviética e ao comunismo, outra grande preocupação dos censores. Palavras como *ditador* e *presidente* igualmente faziam parte da lista de cortes, assim como qualquer menção às forças armadas. Da mesma forma, as batinas e os uniformes militares não eram permitidos para os personagens. Consideramos que esses critérios são de natureza política, assim como a palavra *Roma* e *romanos*, censuradas na peça *Ben-Hur*, da qual já falamos. A época era difícil – em meio à Segunda Guerra Mundial –, e Getúlio Vargas passara a apoiar os aliados. Não ficava bem que, em palcos brasileiros, uma peça exaltasse Roma, a capital da Itália fascista contra a qual o Brasil lutaria em breve. Não importava que a peça se situasse na Antiguidade.

De natureza social eram os cortes que procuravam extrair das peças a menção a conflitos entre grupos e classes sociais. *Judeu* e *negro* eram vetados, assim como outros relatos sobre grupos étnicos e religiosos. A palavra *Bom Retiro*, bairro tradicional de judeus na cidade de São Paulo, foi removida de uma peça de teatro de revista intitulada *Boite russa*.[14]

Como podemos perceber, os critérios são oportunistas, superficiais e manifestam uma visão estereotipada das artes, dos conflitos sociais e do público, considerado sempre incapaz de escolher o que era melhor para si e desprotegido diante das intenções malévolas dos dramaturgos. Com esses exemplos, é possível notar que a censura protege, na verdade,

---

[13] DDP 0268, *Ben-Hur*. Hilário de Almeida, 1938.
[14] DDP 0385. *Don César de Bazan*. Jean Cocquelin, 1943.

o poder instituído, político, religioso ou econômico, que percebe em qualquer atitude crítica ou contestadora uma ameaça.

Quem eram os autores censurados

Os autores vítimas de maior perseguição por parte dos censores eram os nacionais. Apesar de haver, nesse período, um grande fluxo de imigrantes responsáveis pelo desenvolvimento de grupos filodramáticos e de encenações de peças em idioma estrangeiro, a censura pouco agia contra eles. Tradutores juramentados faziam uma sinopse em português para a apreciação dos censores, que liberavam as apresentações. Como os censores, em sua maioria, não dominavam o árabe, iídiche, lituano ou polonês, idioma de muitas peças pertencentes ao Arquivo Miroel Silveira, acabavam por fazer vistas grossas, deixando apresentar esses textos que se destinavam ao restrito grupo de imigrantes que dominavam a língua. A atenção recaía toda para as peças em português, escritas, adaptadas ou traduzidas por brasileiros e portugueses.

Dentre esses, os que mereciam uma leitura mais atenta eram os autores populares, responsáveis pelo teatro de revista e pelo circo-teatro[15] – circos estes que, além de números de malabarismo, comicidade e adestramento, exibiam pequenas encenações teatrais. Os circos-teatro foram responsáveis, na primeira metade do século XX, pela divulgação da cultura e das apresentações teatrais nas cidades do interior de São Paulo, nas quais não chegava o cinema, e mais tarde, nem a televisão. Mas não sendo, em sua maioria, artistas de renome, por terem uma estrutura mambembe, serem itinerantes e voltados à comicidade e à sátira, eram vistos com desconfiança. As companhias profissionais de teatro eram mais respeitadas pelos censores, assim como artistas consagrados da importância de um Paulo Autran.

Além de uma censura mais dura para com os chamados artistas populares, o estudo dos processos do Arquivo Miroel Silveira revela que os autores mais críticos e que encaravam o teatro como forma de conscientização do público, assim como os grandes inovadores das artes cênicas, transformavam-se em alvos preferenciais do lápis vermelho usado pelos censores para intervir nos textos. Dias Gomes, Plínio Marcos e Nelson Rodrigues demoraram até dez anos para ver algumas de suas peças

---

[15] COSTA, Cristina. *Comunicação e censura*: o circo-teatro na produção cultural paulista de 1930 a 1970. São Paulo: Terceira Margem, 2006.

encenadas no palco. "Como meu nome era sistematicamente recusado, resolvi criar autores-fantasmas, em nome dos quais escrevia",[16] afirma Dias Gomes em sua biografia. Outro recurso dos autores no drible da censura era trocar o título da peça e reapresentá-la para o Departamento de Diversões Públicas. Algumas vezes obtinham sucesso, o que denota critérios não muito científicos da censura.

Heiner Muller, dramaturgo alemão e autor do livro *Guerra sem batalhas: uma vida entre duas ditaduras*, conta em seu livro como o autoritarismo e a censura obrigavam os artistas a utilizar subterfúgios como jogo de influência, jogo de palavras, pseudônimos e desculpas, para não serem reduzidos ao silêncio. "É o maneirismo que nasce da covardia",[17] diz ele.

Outras alternativas contra o arrocho da censura eram as performances e as improvisações, que se transformavam em uma forma peculiar de a arte sobreviver ao controle e ao autoritarismo.[18] Dercy Gonçalves era mestra no improviso e garante que sempre disse tudo o que quis.

As consequências que a censura trouxe para a arte

Que consequências teve todo esse esforço de controle sobre a produção artística, tendo como suposto objetivo a defesa da sociedade e do público? O teatro se tornou mais educativo e o público mais apaixonado por teatro? O que nossas pesquisas têm revelado é que os mecanismos de censura baseados no poder de decidir se um espetáculo seria encenado ou não, ou como chegaria ao público, ofereceu apenas margem a perseguições políticas, ao estabelecimento de relações menos transparentes entre artista e Estado, a um teatro que faz concessões e a uma tendência muito perversa que é a autocensura.

Muitos jovens que atuavam em teatro amador ou teatro estudantil, procurando desenvolver seus talentos, intimidados e inibidos, acabaram abandonando o caminho da arte. Alguns autores se exilaram, pelo menos durante certo tempo, fugindo a uma perseguição que podia levá-los à prisão ou à derrocada financeira, pois os espetáculos eram proibidos nas vésperas das estreias, quando muitos investimentos haviam sido feitos nos ensaios, no aluguel das salas de espetáculo, nos cenários e figurinos.

---

[16] GOMES, Dias. *Apenas um subversivo*. Rio de Janeiro: Bertrand Brasil, 1998. p. 147.

[17] MULLER, Heiner. *Guerra sem batalha*. São Paulo: Editora Liberdade, 1997. p. 154.

[18] KILPP, Suzana. *Os cacos do teatro*. Porto Alegre: Unidade Editorial, 1996.

Vários textos não foram encenados e até hoje permanecem desconhecidos, pois estavam calcados em sua época e em sua história. Diversos jovens deixaram de ver espetáculos que falavam deles e do momento que estavam vivenciando. E o teatro paulista, que vivia uma de suas fases mais vigorosas, foi perdendo a força e sucumbindo ao poder da censura.[19]

Voltando ao início

Nem tudo que analisamos aqui, entretanto, pode ser diretamente relacionado com os incidentes recentes que descrevemos na introdução deste texto. A censura prévia ao teatro feita pelo Estado não existe mais no Brasil, desde 1988, quando a constituição oficialmente a aboliu. Os principais alvos dela, hoje, são os meios de comunicação de massa e a internet, que globalizou a discussão sobre o que pode ou não circular pelo mundo. Mas, ao lado dessas diferenças, a tradição censória permanece.

Através do Arquivo Miroel Silveira, ainda intacto, Cristina Costa pôde reunir um grupo de pesquisadores para estudar o teatro em São Paulo e a censura. Dois projetos de pesquisa foram elaborados com esse fim – o primeiro foi concluído em 2005 e o segundo deve se estender até 2009, com apoio da Fapesp, CNPq e USP.

---

[19] Ver PALLOTTINI, Renata. Que sabemos nós de nós mesmos? *Comunicação & Educação*, São Paulo: CCA-ECA-USP/Paulinas, n. 2, p. 91-96, maio/ago. 2007. (N.E.)

Indivíduos, grupos ou instituições que desejam evitar qualquer crítica, que consideram seus interesses mais importantes que o direito da sociedade à informação e ao conhecimento, ainda recorrem ao Estado para defendê-los, seja através de órgãos fiscalizadores do Poder Executivo, seja mediante processos judiciais. Aqueles que julgam que uma doutrina vale mais do que qualquer outra, simplesmente porque acreditam nela, continuam considerando como sacrilégio qualquer manifestação que a ela se oponha. A dificuldade em lidar com a diferença, com o conflito, com o questionamento e com a crítica, ainda leva o público em geral a desejar que o Estado interfira, evitando a oposição, o confronto e o saudável exercício de avaliar e julgar por si mesmo.

Não estamos aqui defendendo que as manifestações artísticas e os meios de comunicação de massa tenham liberdade para usar de todos os recursos para obter audiência e fluência de público, nem que possam alimentar o desejo do leitor ou ouvinte por violência, por escárnio ou pela invasão da vida alheia. O que defendemos, a partir dos arbítrios que detectamos nos atos dos órgãos de censura, é que a única medida realmente eficaz para combater abusos é a educação do público, o julgamento e o exercício da cidadania para rejeitar e recusar aquilo que se considera pernicioso ou abusivo.

A constituição de diversos países coloca à disposição dos cidadãos meios para reclamar por seus direitos e para punir aqueles que caluniem ou difamem pessoas, grupos ou instituições. Quanto mais usarmos estes meios, melhor eles funcionarão. Não se trata, entretanto, de transformar juízes em censores, mas em instrumentos capazes de apurar a credibilidade daquilo que é veiculado publicamente pelos meios de comunicação e de fazê-los responder pelas consequências dessa divulgação. A solução, portanto, para abusos é o cumprimento da lei, a educação e o exercício da cidadania, e não a transferência dos nossos direitos e nossas responsabilidades a órgãos públicos que, como o Arquivo Miroel Silveira tem comprovado, passam décadas praticando arbitrariedades cujas consequências são somente o desestímulo à crítica e à criatividade.

Censura não é educação

Para terminar, gostaria de falar mais diretamente com o professor, sempre tão preocupado com aquilo que a mídia transmite e com os erros e abusos que ela comete no dia a dia. Nossa pesquisa tem demonstrado que a censura não educa, mas acabrunha, produz injustiças, reafirma estereótipos e trabalha a favor do poder instituído, da religião dominante e do preconceito. O teatro brasileiro só deveu à censura a perda de espaço para a televisão, que contratou autores, atores e diretores que não conseguiam mais encenar suas peças. De resto, perdemos textos que não foram assistidos, dramaturgos que desistiram do teatro e atores que foram trabalhar no exterior. Nenhuma educação resultou desse processo que durou décadas.

Portanto, a censura não educa, mas a educação, esta sim, pode formar um público exigente e rigoroso capaz de desligar a televisão quando ela estiver exibindo programas de má qualidade, de não assistir a filmes cujos valores sejam duvidosos, de deixar nas prateleiras livros com teorias ou informações não fundamentadas. Por isso defendemos tanto que a arte e os meios de comunicação sejam objetos precípuos da educação formal e informal.

E, se os argumentos aqui expostos não convenceram nosso leitor, resta dizer que a proibição de livros e filmes provoca curiosidade e alimenta sua circulação ilegal. A biografia de Roberto Carlos transitou pela internet mesmo depois de proibida, e as charges de Maomé tiveram várias reedições em alguns veículos mais corajosos.

Robert Darnton, estudando a circulação ilegal de livros proibidos na França no século XVIII, explica por que a queima de livros procurava ser discreta, sem o sensacionalismo de outras formas de repressão:

> Sabendo que nada promovia melhor as vendas do que uma boa fogueira, prefeririam livros, e aprisionar (as autoridades); apreender livreiros com o mínimo possível de estardalhaço... enquanto essas obras ardiam em chamas, milhares de outras circulavam secretamente pelos canais do comércio clandestino.[20]

Por tudo que aqui expomos, defendemos que o público seja tratado como cidadão, que se preserve o seu direito à informação e que se acredite na sua capacidade de, como receptor, escolher entre o bem e o mal e comer da árvore da sabedoria. A educação tem muito a contribuir nesse sentido.

---

[20] DARNTON, Robert. *Os best-sellers proibidos da França pré-revolucionária*. São Paulo: Companhia das Letras, 1998. p. 19.

Referências bibliográficas

ALGRANTI, Leila Mezan. *Livros de devoção, atos de censura*. São Paulo: Hucitec, Fapesp, 2004.

ANDREUCCI, Álvaro Gonçalves Antunes; OLIVEIRA, Valéria Garcia de. *Cultura amordaçada*: intelectuais e músicos sob a vigilância do DEOPS. São Paulo: Arquivo do Estado/Imprensa Oficial, 2002.

AQUINO, Maria Aparecida de. *Censura, imprensa, estado autoritário*. Bauru (SP): Edusc, 1999.

CASTRO, Ruy. *O anjo pornográfico*. São Paulo: Companhia das Letras, 1992.

COSTA, Cristina. *Censura em cena*. São Paulo: Fapesp/Edusp, Imprensa Oficial, 2006.

DARNTON, Robert. *Os best-sellers proibidos da França pré-revolucionária*. São Paulo: Companhia das Letras, 1998.

GOMES, Dias. *Apenas um subversivo*. Rio de Janeiro: Bertrand Brasil, 1998.

KILPP, Suzana. *Os cacos do teatro*. Porto Alegre: Unidade Editorial, 1996.

MULLER, Heiner. *Guerra sem batalha*. São Paulo: Ed. Liberdade, 1997.

SOUZA, José Inácio de Melo. *O estado contra os meios de comunicação*. São Paulo: Annablume/Fapesp, 2003.

Estudos de recepção para a crítica da comunicação[*]

ROSELI FÍGARO

Professora doutora na Escola de Comunicações e Artes da Universidade de São Paulo, com pós-doutorado na Universidade de Provence, França. Autora dos livros: Relações de comunicação no mundo do trabalho; Na cena paulista: o teatro amador. Circuito alternativo e popular de cultura (1927-1945); Comunicação e trabalho: estudo de recepção. Pesquisadora do grupo de pesquisa do Arquivo Miroel Silveira e do grupo de pesquisa Comunicação e Trabalho ECA-USP/CNPq. Coordenadora do Núcleo Comunicação no Mundo do Trabalho, do Curso de especialização Gestão da Comunicação.

Estudos de recepção propõem uma abordagem diferenciada dos meios de comunicação, vendo-os no processo de interação social.

Pensar a comunicação a partir da recepção permite entender o papel dos meios de comunicação na vida da sociedade contemporânea, como eles atuam no cotidiano dos grupos sociais, nas diferentes comunidades e culturas. Possibilita sair da oposição emissor todo-poderoso *versus* receptor passivo, ou, por outro lado, emissor neutro *versus* receptor/consumidor todo-poderoso.

Essas posições têm-se reproduzido de maneira muito interessante, por exemplo, no discurso dos jovens estudantes de Comunicação. Num primeiro momento, é comum ouvi-los criticar ferrenhamente, a partir do senso comum, o poder dos meios de comunicação, ou seja, a mídia deturpa, aliena etc. Feita a crítica, vem a prostração: diante dessa realidade nada mais lhes resta senão assimilar os tais procedimentos *técnicos* de produção com as mesmas características recriminadas, abandonando completamente a perspectiva crítica que adotavam e passando então a incorporar o ponto de vista hegemônico na edição de suas peças publicitárias, de seus filmes, enfim, de todos os produtos culturais que a profissão lhes permitirá executar.

---

[*] Texto publicado originalmente na revista *Comunicação & Educação*, n. 17, p. 37-42, jan./ abr. 2000.

Vivi essa experiência muitas vezes e costumo dizer que eles, os alunos, têm a capacidade de ser, utilizando os termos de Umberto Eco,[1] apocalípticos e integrados ao mesmo tempo. Parece paradoxal, mas não é. Essa posição revela-se com uma força cuja consequência é a continuidade do *status quo*, a perda da perspectiva da mudança resultante de um conjunto de atitudes que devem ser tomadas e assumidas pelo profissional crítico. Ou seja, ela exime o sujeito de qualquer responsabilidade por aquilo que está fazendo e forma o futuro comunicador comprometido apenas com os interesses do mercado, sem qualquer noção de responsabilidade com a sociedade civil.

Pensar a comunicação a partir da recepção possibilita, no campo comunicação/educação, tentar desconstruir tal discurso, buscando compreender o processo de comunicação como interação social.

Comunicação *versus* transmissão de informações

Para essa discussão ocupar o seu devido lugar é necessário retomar, mesmo que rapidamente, a crítica à ideia de comunicação apenas como transmissão de informações. Essa é uma visão que ganha força na virada do século XIX para o XX, cujo substrato é a ideologia do progresso linear da sociedade, advindo do desenvolvimento tecnológico. A Teoria Matemática da Comunicação,[2] importante avanço científico para a invenção de novas máquinas, computadores, da inteligência artificial, passa a ser apropriada para pensar as relações humanas, as relações sociais, e impulsiona então uma corrente de pensamento, ainda hoje hegemônica, que pensa a sociedade, e portanto a comunicação, similar à transmissão de informações de uma máquina para outra, com todo o determinismo que tal posição acarreta.

A eficácia do esquema informacional[3] para explicar a transmissão de informações entre emissor e receptor foi de tal maneira

---

[1] Pensador italiano, autor, entre outros, de *Apocalípticos e integrados*, publicado no Brasil em 1976 pela Editora Perspectiva.

[2] É basicamente uma teoria sobre o rendimento ótimo da transmissão das mensagens, criada por engenheiros de telecomunicações na década de 1920.

[3] O esquema informacional foi proposto por C. Shannon, engenheiro da Bell System, em 1949, e trata da passagem do sinal (mensagem) da fonte de informação para o transmissor e daí para um canal. Do canal, o sinal é captado por um receptor que decodifica a mensagem para o destinatário.

naturalizada que passou a ser adotada tanto pelos críticos[4] quanto pelos funcionalistas.[5]

Os estudos de recepção vêm no sentido de procurar desconstruir esse pensamento, adotando uma abordagem diferenciada do que seja a comunicação, extrapolando sua explicação como transmissão linear de informação, baseada no reflexo, ainda muito apoiada numa compreensão da Psicologia Behaviorista,[6] comportamental, para problematizá-la como um fenômeno sociológico e cultural.

Ressalta-se esse aspecto da discussão, porque é assim que hegemonicamente a comunicação é abordada ainda hoje.

Ao se analisarem o fetiche e a mística que há em torno das tecnologias, observa-se que estas são apresentadas como a possibilidade mágica de resolução de todos os problemas da contemporaneidade: a democratização, a liberdade de acesso etc. Como se essas tecnologias falassem por si mesmas, como se fossem autônomas do corpo ideológico, político, econômico, cultural, do conjunto que é a sociedade. Como se essas máquinas não fossem projetadas, programadas e acionadas por pessoas que pensam e programam as estratégias de seu uso, que representam empresas, institutos científicos, que, a partir de determinados objetivos, elaboram os discursos dos quais essas máquinas fazem parte.

Essas ideias, que, assim enunciadas, parecem tão claras e tão obviamente refutáveis, têm construções bastante elaboradas. Inclusive o autor Pierre Lévy chamou a atenção em artigo na *Folha de S. Paulo*, de 1998, com o título *Revolução virtual. A cibercultura é hoje herdeira legítima das ideias progressistas do Iluminismo*. No citado artigo, o autor alerta para uma nova era tecnológica que permitiria a todo mundo desenvolver novos acessos, pois os meios de comunicação nos remeteriam a um momento pleno, no qual os ideais do Iluminismo, ou seja, os ideais de liberdade, fraternidade e igualdade, seriam retomados como o manifesto da cibercultura. Se você fechar os olhos para a realidade, poderá assinar

---

[4] São chamados de críticos os teóricos da Escola de Frankfurt: Theodor Adorno, Max Horkheimer, Walter Benjamim entre outros. Ver mais sobre o assunto: MATTELART, Armand. *História das teorias de comunicação*. São Paulo: Loyola, 1998.

[5] A escola funcionalista de origem norte-americana teve como seus fundadores H. Lasswell, P. Lazarsfeld, entre outros. Ver mais sobre o assunto: MATTELART, *História...*, cit.

[6] Essa corrente da Psicologia defende que se podem estudar os conteúdos psicológicos através das suas manifestações observáveis, colocando o comportamento humano como representação da adaptação do homem ao ambiente, que pode ser decomposto em sequências explícitas: o estímulo, a resposta, o reforço.

embaixo do que ele diz, mas, se você sair às ruas de olhos bem abertos para enxergar a realidade, vários pontos de interrogação terão de ser acrescentados a esse tipo de discurso. Essa é a teologia que se faz das técnicas, da tecnologia. No entanto, isso não quer dizer que se tenha de jogar o computador pela janela ou fazer a mesma coisa com a televisão. Nem apocalípticos nem integrados; nem naturalizar todos esses novos meios e, principalmente, as formas pelas quais eles chegam às pessoas, nem fazer a crítica por si mesma, que não leva a nada.

Então, qual é a posição que se pode adotar para pensar esse processo de comunicação?

Tem-se de resgatar a cultura, a ideia de *sujeito*. Se não se retomarem os conceitos de relações sociais, de cultura e de sujeito, não se conseguirá pensar o processo de comunicação.

Para fazer a crítica, é necessário desvendar, desconstruir, mostrar como essas linguagens são construídas, dar a conhecer, tornar a informação conhecimento.[7] A experiência: essa é a maior qualificação que se pode ter para estar *antenado* ou apto à *leitura* dos diferentes discursos que são construídos, as distintas formas, maneiras, de se editar a realidade. Sem pensar a comunicação como processo de inter-relação, não se pode entender o que se passa na atualidade; principalmente, devido à velocidade com que chegam todos os símbolos que circulam na sociedade, para atuar e/ou transformar a realidade.

A escola pode recuperar seu lugar de importância nessa discussão. Para isso, temos de retomar o conhecimento e a formação humanística que ela já nos forneceu para repensar esse processo e a forma como temos abordado os meios de comunicação – como todo-poderosos em relação a sujeitos passivos, absolutamente passivos, sem nenhum poder sobre eles.

Democratização dos meios

Mas é possível questionar empresas poderosas, como a Rede Globo ou a *Folha de S. Paulo*? A resposta é afirmativa.

Esse poder tem de ser questionado via democratização da posse dos meios de comunicação, via participação das comunidades na elaboração das políticas e da legislação que regulam a concessão e a posse

---

[7] Ver sobre o tema: BACCEGA, M. Conhecimento, informação e tecnologia. *Comunicação & Educação*, Brasil, v. 4, n. 11, p. 7-16, 1998. Disponível em: <http://www.revistas.univerciencia. org/index.php/comeduc/article/view/4062>. Acesso em: 30 jun. 2010.

dos meios de comunicação. Isso se faz não só discutindo sobre o direito das comunidades ao espaço de radiodifusão, mas, sobretudo, questionando qual é o compromisso legal das empresas com a sociedade civil ao utilizarem um serviço público.

Pouco preparo existe e pouca importância se dá para essa discussão concreta, objetiva. É difícil encontrá-la nas salas de aula. Sem questionar a concentração do poder econômico, ou seja, o porquê de sete ou oito grandes empresas transnacionais no mundo mandarem em tudo o que se produz em termos de difusão cultural, desde as artes plásticas até CDs e novelas, não se pode pensar em ampla liberdade de expressão.

Na sociedade contemporânea, tecnológica, todas as informações, da simples ligação telefônica à transmissão de sinais para o vídeo, são transmitidas através das telecomunicações. Como, então, nesse jogo de forças entre os mercados e os blocos econômicos, abrir mão da posse do controle de empresas que trabalham com essas tecnologias? A resposta a essa pergunta foi dada, por exemplo, pelo pequeno interesse demonstrado em discutir a privatização do sistema Telebrás. Ou seja, é aí que as coisas começam. Pensar no poder de manipulação da linguagem, do gênero telenovela ou de qualquer outro produto cultural como se fosse a origem de todo o problema, apenas desvia o foco da questão principal. É necessário começar a focar as coisas no que elas precisam ser focadas; essa é a questão.

Para clarear um pouco mais essa discussão, concentre-se agora no problema das empresas de mídia como produtoras. Aí está a importância dos estudos de recepção, porque permitem entender que os produtos culturais, resultantes de uma série de contradições que se instalam dentro das próprias empresas de comunicação, são polissêmicos.

Eles não têm, necessariamente, um discurso homogêneo, porque existem as contradições dentro do próprio meio. Em termos de telenovela, por exemplo, produto cultural de maior penetração no Brasil, pode-se citar a experiência do início dos anos 1970, período mais duro da ditadura militar, quando dramaturgos como Lauro César Muniz, Benedito Ruy Barbosa e Dias Gomes foram para a Rede Globo. A censura os impedia de produzir para o teatro, e eles passaram a escrever telenovelas; e, dentro do espaço que possuíam, questionavam o que a própria ditadura estava fazendo. Tentaram e conseguiram criar uma nova linguagem para a telenovela, muitas vezes questionando, por meio de metáforas, o momento político.

É preciso entender os meios de comunicação a partir das mediações. Eles são mediadores entre nós e a realidade. Mas não só eles. Existem os diferentes grupos sociais, existe o cotidiano concreto, real, vivido como outros mediadores, porque não existe só a televisão, ou o jornal, ou o rádio, nessa composição do que seja a realidade. Há, a todo momento, uma série de discursos sociais, e eles estão aí se cruzando, se batendo, e é a partir deles que se formam os pontos de vista, mais ou menos críticos.

O discurso da religião, o discurso do poder dos partidos, o discurso da família, da escola, eles estão aí; não são só os meios de comunicação. Eles não passaram a existir a partir do momento que se usou a televisão. Sem dúvida, eles foram ampliados, estilizados, criaram outra linguagem, outra forma. Mudaram de *roupa*. Agora a mídia está fazendo também a mediação desses discursos.

Escola como mediadora

Os professores também são mediadores, do mesmo modo constituem e podem ter o poder de constituir, de dar ao discurso escolar essa força de ser um mediador diferenciado, porque nele há potencial para isso. O professor está a todo momento recebendo o retorno do seu discurso e vê quanto é diferente esse retorno. Se há alguém que no seu dia a dia recebe essa multiplicidade de uma forma ampla, são os professores, no seu cotidiano profissional, talvez até muito mais do que o jornalista, porque o jornalista está a serviço de uma pauta, sob uma chefia, sob um discurso, digamos, hegemônico, ao qual tem de responder. Os professores também são representantes do discurso da instituição escolar, mas as contradições, a diversidade de realidades que vem do aluno, estão muito mais próximas.

Valorizar isso é atuar para ser um polo importante de mediação. A escola pode recuperar seu papel de mediadora social, principalmente em relação aos meios de comunicação. E não é jogando fora esse discurso da mídia, não é ignorando sua força, que se conseguirá atuar como mediação na formação de um ponto de vista crítico.

É preciso que o professor questione sua prática. Para fazê-lo, deve abandonar o discurso pouco proveitoso de ou sacramentar a mídia como ótima e trazê-la para a sala de aula sem nenhum senso crítico – isto é, sem vinculá-la à realidade mais geral da sociedade, usando-a apenas como instrumento, como ferramenta – ou, ao contrário, não levar nada disso para a sala de aula, baseado na prerrogativa de que os meios de comunicação são instrumentos de alienação.

É necessário ampliar o campo de visão. Ver os meios de comunicação também como produtos do trabalho social. Por isso, uma outra discussão que se faz necessária na atualidade é sobre a categoria trabalho, pois é ela a categoria norteadora do que acontece no mundo contemporâneo, apesar de todos os discursos contrários ao reconhecimento desse fato. O ser humano constrói e é construído *no* e *pelo* processo cultural. É produtor de cultura e é produto da cultura. Pensando num sujeito assim, e pensando num sujeito com essa responsabilidade, resgatando esse papel do sujeito, que se poderá ter visão crítica para se compreender como são construídos os discursos veiculados pelos meios de comunicação.

Recentemente, estudando o mundo do trabalho,[8] descobrimos o quão ele é importante como mediador na construção dos significados que os trabalhadores dão às informações, às mensagens que recebem dos meios de comunicação. Percebemos que, entre os meios de comunicação mais importantes para saber dos problemas, das informações úteis para o seu dia a dia, estão seus colegas de trabalho. Apesar de todo o discurso em contrário, as relações interpessoais são muito importantes. No confronto de pontos de vista expressos pelos diferentes mediadores é que se confirmam ou se repudiam os discursos. Estes são concluídos, concertados dentro dos grupos sociais. Não é só a dona de casa que conclui e confirma o que ela entendeu da telenovela nas suas discussões na feira, no mercado ou no portão, com alguma amiga. O mesmo se passa com qualquer trabalhador, quando se encontra com os amigos. No caso dos jovens, conhecer uma nova música e saber tudo a respeito dela, por exemplo, não é para uso próprio diletante, mas para relacionar-se com seu grupo, pois é nesse espaço social que esse significado se completa, que os signos têm sentido. Então é lá que temos de atuar.

A preocupação, nesse sentido, é buscar a reflexão para mostrar o quanto a escola, espaço da educação, pode ser importante para a construção dos valores sociais. Esse estreitamento entre comunicação e educação permite repensar se estão disponíveis instrumentais analíticos e teóricos adequados para a prática diária de comunicadores e educadores. Procura-se discutir como resgatar a crítica, deixando de lado as posturas maniqueístas. Para se retomar a crítica, precisa-se compreender

---

[8] Sobre o assunto, ver: PAULINO, Roseli A. Fígaro. *Estudo de recepção*: o mundo do trabalho como mediação da comunicação. São Paulo: Anita/Fapesp, 2001.

e destacar o papel do sujeito e a importância da cultura, entendendo a comunicação como processo de inter-relação social. Os estudos de recepção têm muito a contribuir para isso.

Referências bibliográficas

ECO, Umberto. *Apocalípticos e integrados*. São Paulo: Ed. Perspectiva, 1976.

MATTELART, Armand. *História das teorias de comunicação*. São Paulo: Loyola, 1998.

PAULINO, Roseli A. Fígaro. *Estudo de recepção*: o mundo do trabalho como mediação da comunicação. São Paulo: Anita/Fapesp, 2001.

Endereço eletrônico

BACCEGA, M. Conhecimento, informação e tecnologia. *Comunicação & Educação*, Brasil, v. 4, n. 11, p. 7-16, 1998. Disponível em: <http://www.revistas.univerciencia.org/index.php/comeduc/article/view/4062>. Acesso em: 30 jun. 2010.

Educação, telenovela e crítica*

MARIA LOURDES MOTTER**

Graduada em Letras, Língua Portuguesa e Literatura e bacharel em Linguística pela Universidade de São Paulo. Pela mesma instituição, mestra em Linguística, doutora e livre-docente em Ciências da Comunicação.

Quais seriam os fatores capazes de justificar a omissão da escola com relação ao gênero, sabendo-se que afeta não só a expressiva parcela da população brasileira que assiste a telenovelas, mas atinge indiretamente todos os outros segmentos, uma vez que mecanismos de repercussão a difundem para toda a sociedade? Queremos com isso dizer que ela entra na composição da cultura nacional. Ignorá-la, quando se objetiva trabalhar a comunicação e a cultura, equivale a fugir não de uma ficção sem nobreza para entrar no espaço da educação formal, porém ignorar um elemento, um componente significativo na constituição da própria realidade.

Descobri-la como espaço educativo é o grande desafio. Espaço que deve ser construído pelos educadores através da análise e crítica do produto. Como realizar essa tarefa? Que instrumentos utilizar? Como recolher amostras com que se possam trabalhar? A quem cabe essa tarefa? Quando realizá-la? Será que o investimento vale a pena? As perguntas são muitas e poderiam prosseguir indefinidamente.

As razões para manter a telenovela fora da sala de aula são diversas: argumentos dos órgãos superiores de ensino, dos órgãos mais próximos a que está submetida a escola, da direção, dos pais, dos professores, enfim, da sociedade. Com certeza, o único segmento que não terá argumentos contra a telenovela será aquele representado pelos alunos. Porque assistem, gostam, comentam e nela encontram seus momentos diários de

---

* Publicado originalmente na revista *Comunicação & Educação*, ano XI, n. 2, maio/ago. 2006. p. 159-162.

** Membro do Conselho de Editores e da Comissão de Publicação da revista *Comunicação & Educação*, e responsável por doze anos pela Seção Bibliografia sobre Telenovela, a Profa. Dra. Maria Lourdes Motter faleceu no dia 10 de maio de 2007. Cf. MOTTER, M. Bibliografia sobre telenovela brasileira. *Comunicação & Educação*, Brasil, v. 12, n. 3, 2010. Disponível em: <http://www.revistas.univerciencia.org/index.php/comeduc/article/view/7124/6424>. Acesso em: 03 ago. 2010.

ficção. Lá, sempre pontualmente, a um simples acionar de botões, está o contador de histórias fazendo avançar uma narrativa dramatizada, com personagens conhecidas, vivenciando seus conflitos, domesticando circunstâncias hostis, driblando os azares da sorte na luta tenaz pela consecução de seus objetivos.

Sabemos da dificuldade de acesso a livros e jornais da maioria da população brasileira, excluída da cultura impressa, como dos bens de consumo em geral. Não será essa uma realidade da maior parte dos estudantes brasileiros? Será que não é o caso de tirar o máximo proveito dos bens a que eles têm acesso? E o bem mais visível na nossa sociedade não é a televisão? E o que se extrai da televisão, quando acontece ser levada em conta? Os produtos tidos como os de maior prestígio: o telejornal. Qualquer um? Não. O mais prestigiado, o mais nobre. Escolhido a dedo, em função do horário, da emissora, do entorno cenográfico etc. A visão que permanece quanto ao conceito de cultura em nossa tradição é a que a cinde em duas, uma do povo e outra dos letrados.

Dito desse modo, parece que estamos falando da Idade Média, mas a intenção é trazer para o presente o quanto de superado existe nessa visão em que cultura se confunde com música clássica, filmes de arte, teatro dos gregos ou de monstros sagrados e que, ironicamente, foram populares em sua época.

Nada há de origem mais popular do que a ópera italiana. São as formas que distinguem o popular do erudito? Será que a perenidade de algumas obras tem a ver com a forma ou com a universalidade atemporal do conteúdo humano que ela carrega? Classificar o mundo por formas não seria um modo fácil de mapeá-lo, de domesticar rebeldias, de misturar conteúdos, de embaralhar as cartas para confundir o jogador ingênuo? Para desqualificá-lo, tornando-o dócil à manipulação?

Não temos a pretensão de poder conseguir responder a estas perguntas. As respostas são importantes, mas persegui-las é o único modo possível de andar rumo ao conhecimento, um conhecimento que de abstrato só tem o ato de pensar enquanto atividade não exteriorizada, pois nosso objetivo último e permanente é compreender a concretude do real no qual estamos mergulhados.

Entre os indicadores de rejeição e de desqualificação da telenovela, ver estereótipos em tudo se converte em uma forma dissimulada de estereotipia. No cotidiano[1] governado pela fé e pela confiança, o estereótipo é um poderoso agente a serviço do engano para aqueles que se transformaram em caçadores de estereótipo. Confundem-se modelos, estruturas, modos de compor a realidade, bem como características próprias do gênero com generalização do que é válido apenas para um fazer específico. No âmbito da indústria cultural a crítica fácil busca, através de esquemas de análise incorporados, falar de tudo em geral, sem conhecimento suficiente para dar conta dos produtos particulares. Se há muito se firmou a necessidade de trabalhar o paradoxo de repetir e inovar dessa modalidade de cultura produzida industrialmente, não se admite que se desconsidere a dialética aí implicada. Nesse sentido, trabalhar o tempo todo com base na ideia de reprodução é tão indutor de erro como aceitar que a indústria cultural funda a inovação como característica maior de seus produtos.

Como se pode observar, a imprensa, enquanto formadora de opinião, define uma posição e irradia para a sociedade determinado modo de ver a telenovela que inibe, senão silencia ou inviabiliza, opiniões divergentes. Tem-se aí o que podemos classificar como discurso autoritário, na medida em que as críticas tendentes a avaliar aspectos positivos da telenovela são apagadas, dando a conhecer apenas a crítica desqualificadora hegemônica. Lembramos as observações de Pierre Bourdieu[2] sobre a conivência dos meios e a tendência de se protegerem enquanto meios de comunicação. Isto porque a crítica não age contra a audiência para competir com a televisão, antes a legitima como meio, ao difundi-la e realimentá-la com a tematização dos assuntos que lhe dizem respeito. Também vive dela – seu nutriente – a ponto de poder ser considerada um subproduto daquela. Tampouco interfere significativamente na audiência, pois estimula o *ver* televisão. Apenas e tão somente propõe seu modo de *ler* num viés desprestigiador do seu produto maior: a telenovela. Desse modo, orienta-se para que se a veja como mero entretenimento que não se deve levar a sério, na medida em que não acrescenta nada e às vezes pode fazer mal.

Todavia, o controle sobre a opinião se exerce no sentido do *laissez--faire,* ou seja, fazer a crítica que mantenha as coisas tal como estão. Essa posição gera desprezo ou indiferença, impedindo uma ação cidadã

---

[1] Ver sobre o assunto HELLER, Agnes. *O cotidiano e a história.* Rio de Janeiro: Paz e Terra, 1985. LEFEBVRE, H. *A vida cotidiana no mundo moderno.* São Paulo: Ática, 1991.

[2] Ver BOURDIEU, P. *Sobre a televisão.* Rio de Janeiro: Jorge Zahar Editor, 1998, e *Contrafogos:* táticas para enfrentar a invasão neoliberal. Rio de Janeiro: Jorge Zahar Editor, 1997.

por parte dos telespectadores, que deveriam ratificar e estimular as boas propostas, aumentar seu nível de exigência e cobrar um controle de qualidade sempre crescente. Não pretendemos responsabilizar a crítica pela oscilação da qualidade das telenovelas. Queremos apenas discutir sua contribuição para a permanência do descompromisso das partes envolvidas: produção e audiência.

Falar indistintamente em telespectador e audiência, como entidades vagas e abstratas, não esgota o estoque de consequências para um setor específico: a escola. Vítima e vilã, ela responde pela tarefa de formar as novas gerações, num contexto de despreparo dos que ensinam, das privações que cercam a instituição, envolvendo problemas de tantas e diversas ordens que seria impossível elencá-las.

As pesquisas mostram a TV, e sobretudo a telenovela, fora da sala de aula. Se há muitas razões para isso, uma delas, com certeza, é a falta de legitimidade. Como veículo destinado ao entretenimento prioritariamente, ela se distancia das questões *sérias* tratadas como conteúdos das disciplinas, numa visão de ensino que se cristalizou no tempo e enrijecida recebe os sopros e aragens de mudança. Agora, o trabalho é de erosão. E isso só se faz no tempo.

Assim, pelo controle exercido sobre a opinião, a crítica de TV assume, do ponto de vista de sua responsabilidade social, uma postura ideológica que reitera a tendência de simplificação própria da vida cotidiana, deforma conteúdos propondo um saber que na realidade resulta em não saber, na medida em que oblitera as possibilidades de uma percepção mais em consonância com o real da telenovela. Esta, por sua vez, com frequência, tem apresentado propostas de compreensão da realidade que constituem modos de inteligibilidade do nosso social concreto.

Consideramos seja tempo de essas publicações olharem para si próprias e entenderem que mais que alimentar um mercado é preciso ver a realidade que esta palavra encobre. Afinal, o mercado é constituído de consumidores, que são indivíduos, cidadãos a quem se deve respeitar. A nosso ver o respeito implica, no tocante às publicações e à crítica, que se assuma o caráter indissociável do par comunicação–educação, com a implícita reciprocidade de propósitos. O compromisso com o educar (de modo não formal) é inerente (ao) e independe do campo de conhecimento em que esteja inserido o veículo ou a crítica.

Embora a função mais visível da telenovela seja a de proporcionar distração, a isto ela não se limita e é evidente seu propósito de educar.

Se não por intenção do meio, pela integridade de certos autores que contam histórias porque têm algo a dizer. Dizer num sentido que se pode entender como mostrar, fazer ver, interferir.

Seria mesmo um desperdício usar a grande tribuna para não propor nada. Só um tolo, indigno do nome de autor e de ocupar tal espaço seria capaz de preenchê-lo por apreço apenas à fama e ao régio pagamento que recebe. Infelizmente isso acontece quando falta talento para compreender, rearticular e tornar compreensível um mundo que só deve ir bem para ele e seu entorno. Como afirmou várias vezes Dias Gomes, indignado, "quem não vem ao mundo para incomodar, não devia vir ao mundo". Está claro que incomodar tem exatamente o sentido de denunciar, fazer ver, fazer compreender para interferir e mudar. Afinal, conviver com problemas passa a ser para o mundo do senso comum, que não divisa outro horizonte além do presente, o habitual, o comum, o rotineiro, o cotidiano.

Tal qual no filme *O carteiro e o poeta*,[3] em que a população da Ilha Negra acostuma-se à falta de água e considera isso uma coisa normal. Nem sequer lhes ocorre tratar-se de uma situação absurda, de solução possível. A convivência, a familiaridade, incorporou o que deveria manter-se como problema em uma característica da vida local. Assim naturalizada, deixou de ser um problema. E, não havendo problema, nada mais há a fazer. No filme, como se sabe, o carteiro irá mudar essa situação e outras na Ilha, graças à convivência frequente com o poeta Pablo Neruda, ele mesmo um exilado que incomodava em seu país, com quem aprendeu que o homem só adquire a qualidade humana se for capaz de transformar.[4]

Referências bibliográficas

BOURDIEU, P. *Sobre a televisão*. Rio de Janeiro: Jorge Zahar Editor, 1998.

_____. *Contrafogos*: táticas para enfrentar a invasão neoliberal. Rio de Janeiro: Jorge Zahar Editor, 1997.

HELLER, Agnes. *O cotidiano e a história*. Rio de Janeiro: Paz e Terra, 1985.

LEFEBVRE, H. *A vida cotidiana no mundo moderno*. São Paulo: Ática, 1991.

---

[3] O CARTEIRO e o poeta (Il Postino). Direção: Michael Radford. Itália, 1994 (109 min). Concorreu ao Oscar em 1997 e foi premiado por melhor trilha sonora.

[4] Ver MOTTER, M. L. O carteiro e o poeta: a força da poesia. *Comunicação & Educação*, São Paulo: CCA-ECA-USP/Moderna, n. 8, jan./abr. 1997.

O CARTEIRO e o poeta (Il Postino). Direção: Michael Radford. Itália, 1994 (109 min).

Endereços eletrônicos

MOTTER, M. Bibliografia sobre telenovela brasileira. *Comunicação & Educação*, Brasil, v. 12, n. 3, 2010. Disponível em: <http://www.revistas. univerciencia.org/index.php/comeduc/article/view/7124/6424>. Acessado em 03 ago. 2010.

_____. O carteiro e o poeta: a força da poesia. *Comunicação & Educação*, Brasil, v. 3, n. 8, 1997. Disponível em: <http://www.revistas.univerciencia. org/index.php/comeduc/article/view/4050>. Acesso em: 03 ago. 2010.

Artigos internacionais

Desafios atuais da área da comunicação*

DELIA CROVI DRUETTA**

Professora doutora comunicóloga e latino-americanista. Professora e pesquisadora da Facultad de Ciencias Políticas y Sociales da Universidad Nacional Autónoma de México – UNAM. Pesquisadora nacional do Sistema Nacional de Investigadores, do Consejo Nacional de Ciencia y Tecnología – CONACYT. É coordenadora do Programa de Pesquisa Social em Tecnologias da Informação do macroprojeto da UNAM, Tecnologias para a Universidade da Informação e da computação.

Quais são os problemas enfrentados atualmente pelos profissionais e acadêmicos da área da Comunicação na América Latina? Esta é a pergunta que tentamos responder, de modo muito geral, com estas reflexões. Partiremos da premissa de que tal campo vem se transformando de maneira significativa, desde os anos 1970, sob três eixos: as novas Tecnologias da Informação e da Comunicação – TIC; o modelo político-econômico neoliberal; e o paradigma da Sociedade da Informação e do Conhecimento – SIC. Com essas transformações, a Comunicação se redimensiona e passa a atuar em atividades impensáveis até então. Assim, as inovações tecnológicas determinam novas formas de produção, transmissão e recepção de mensagens, ao passo que as práticas culturais dos cidadãos e de seu meio social modificam-se, gerando novos modos de comunicar-se.

Distinguimos dois grandes universos de ocupação no campo da Comunicação: o profissional e o acadêmico. Neste texto, vamos nos referir especificamente ao segundo, ainda que muitos profissionais atuem nos dois universos. Esses âmbitos podem compartilhar os mesmos desafios, como a atualização permanente e a operação das TIC; ou podem ter

---

* Texto publicado originalmente na revista *Comunicação & Educação*, ano XII, n. 3, set./dez. 2007.

** Publicou diversos artigos e livros sobre temas de Comunicação e novas tecnologias. Atualmente, é responsável pela pesquisa "Meios de Comunicação e construção social da incerteza", financiada pelo Programa de Apoio a Projetos de Pesquisa e Inovação tecnológica da Unam.

desafios específicos como, por exemplo, os novos modos de produção para meios audiovisuais e impressos, ou a manipulação de um enorme volume de informação entre os pesquisadores.

Esse contexto permite-nos sustentar que, enquanto conjunto, o campo da Comunicação apresenta desafios de ordem endógena e exógena. Vamos nos referir brevemente a eles a fim de apontar alguns dos principais desafios atuais.

A juventude da área e sua falta de identidade como desafios endógenos

Existem desafios próprios da Comunicação e que repercutem na formação acadêmica e profissional, assim como no modo de entender essa formação. Talvez o maior deles seja a falta de identidade. Como sabemos, a identidade é relacional, isto é, constitui-se a partir do olhar dos demais. Nesse sentido, a Comunicação padece daquilo que Enrique Sánchez Ruiz e Raúl Fuentes Navarro denominaram anos atrás como a tríplice exclusão: da área das ciências sociais, da área das ciências em geral e do saber científico. Como resultado dessa falta de visibilidade científica, a Comunicação foi relegada dos pressupostos oficiais e do pensamento positivista.

A pouca idade da Comunicação, que começou a ser estudada na década de 1920, é outro fator que contribui para a frágil identidade da área. Por outro lado, os problemas da Comunicação sofrem uma espécie de migração, pela qual objetos próprios de seu campo de análise se deslocam para outras disciplinas no momento da pesquisa (por exemplo, as campanhas eleitorais passam para o campo da Ciência Política, os efeitos da mídia para o da Sociologia e as práticas de Comunicação para o terreno da Antropologia). Assim, dependendo de quem analisa, a área é objeto de avaliações e reconhecimentos diversos.

Se partirmos de sua juventude, o campo de conhecimento da Comunicação participa de algumas das características do processo de construção de identidade que os jovens experimentam. Carles Feixa indica que existem três elementos centrais que determinam as identidades juvenis: as culturas hegemônicas, nas quais engloba a escola, o trabalho, a religião etc.; as culturas parentais, ou seja, família, amigos e vizinhança; a biografia, com suas raízes, posicionamento e território. O período da vida denominado juventude caracteriza-se pela ruptura, por modos de expressão diferentes e, em muitos casos, pela rebeldia. Trata-se, em suma, de ir estabelecendo-se uma nova ordem de significações, através de um processo de autodeterminação.

Transpondo a mesma argumentação de Feixa para a identidade da juventude, veremos que, no âmbito da Comunicação, as culturas hegemônicas são representadas pelas práticas profissionais tradicionais, por um exercício tradicional do ensino, bem como pela própria concepção dos conteúdos dos planos de ensino. Os currículos dessa carreira na América Latina foram criados pelo Ciespal (Centro Internacional de Estudos Superiores de Comunicação para a América Latina), instituição que no final dos anos 1960 e no princípio dos anos 1970 estabeleceria as tendências na região. A partir de sua sede, no Equador, o Ciespal foi orientando a criação de carreiras com conteúdos amplos e de pouca especialização, bem como com uma acentuada preferência pela mídia impressa. Mesmo que isso se tenha transformado, a marca inicial perdura no modo de ser da carreira e configura um horizonte hegemônico no conteúdo de suas disciplinas.

Sociologia, Antropologia, Ciência Política, Psicologia, Economia e, em menor medida, Matemática e Engenharia são as disciplinas que configuram a cultura parental da Comunicação. Sua contribuição para o desenvolvimento do campo teórico e metodológico da Comunicação é fundamental e pode ser reconhecida em sua evolução histórica e nas perspectivas a partir das quais ela for analisada.

Finalmente, suas diversas raízes – o posicionamento ambíguo no âmbito científico e um território de ocupação bem pouco definido – têm impedido que a Comunicação conte com uma biografia sólida. Com base em culturas hegemônica e parental fortes, ficou difícil para a Comunicação alcançar sua autodeterminação, construindo uma biografia que delimite fontes, territórios e objetos de análise.

Carles Feixa utiliza uma excelente metáfora para explicar a situação dos jovens ante os adultos: a ampulheta.[1] Coloca na parte superior da ampulheta a cultura hegemônica, a cultura parental e as condições sociais que determinam a geração, o gênero, a classe, a etnia e o território. A fina areia, que lentamente vai escorrendo para a parte inferior da ampulheta, filtra-se naquilo que o autor identifica com o estilo (de ser, de se expressar). A passagem é feita através de duas técnicas: homologia e bricolagem. As imagens culturais que resultam dessa passagem para a

---

[1] FEIXA, Carles. *El reloj de arena*: culturas juveniles en México. México: Causa Joven, Centro de Investigación y Estudios sobre la juventud, 1998. (Colección Jóvenes, n. 4).

parte inferior da ampulheta traduzem-se na linguagem, na estética, na música, nas produções culturais e nas atividades focais. Quando toda a areia tiver sido filtrada, a ampulheta torna a ser invertida e com isso se inicia um novo processo.

É possível aplicar essa metáfora à Comunicação? Se aceitarmos que a Comunicação é jovem e ainda passa por um processo de construção identitária, pode-se traçar um paralelo. Mas, nesse processo, a fina areia que lhe permitiria autodeterminar-se não está fluindo como deveria, e isso é que lhe impede de delimitar sua identidade, estabelecer-se como campo independente de conhecimento. Sem dúvida, não se trata somente de vontade própria, há também elementos externos que levam a Comunicação a propor-se, enquanto campo, ao menos três desafios:

a) É preciso delimitar suas próprias formas de ser e fazer, a fim de alcançar sua autodeterminação enquanto campo.

b) É preciso relacionar-se e conviver em condições de igualdade com disciplinas afins e com aquelas das quais surgiu e se alimenta.

c) É preciso escrever e contar sua própria história, construindo assim uma biografia que permita à Comunicação identificar-se e narrar-se enquanto campo de conhecimento. Como os jovens, torna-se necessário ir estabelecendo uma nova ordem de significações.

Desafios exógenos: novas tecnologias, novo modelo político-econômico

Vale a pena recordar brevemente os antecedentes do momento que vivemos. Tanto o surgimento das TIC como do paradigma da SIC afetaram de maneira determinante a Comunicação, reposicionando-a e confrontando-a socialmente. Mas isso significou, ao mesmo tempo, o surgimento de desafios difíceis de enfrentar para uma disciplina jovem, com uma identidade frágil.

Para a América Latina, a década de 1980 foi particularmente importante porque nesse período iniciaram-se as políticas neoliberais e, com elas, as reformas do Estado. Nesse panorama destacam-se duas instituições: o Fundo Monetário Internacional – FMI – e o Banco Mundial – BM, que alcançaram o papel de protagonistas diante da crise latino-americana que eclodiu nessa década pelo pagamento da dívida externa.

Como sabemos, ante a ameaça que a crise representava para os Estados Unidos e seu sistema financeiro, surgem os pacotes de ajuste, segundo os quais é a população que assume os maiores custos. Nesse contexto, vai surgindo um novo tipo de sociedade e, também, um Estado com novas características: passa-se de um Estado de bem-estar, preocupado com a proteção dos empregos, a indústria nacional e o mercado interno, para um *Estado Mínimo*, o qual passa a ceder ao mercado suas responsabilidades como regulador da ordem social.

O FMI havia sido criado para corrigir a curto prazo os desequilíbrios monetários, mas não tinha capacidade para resolver problemas a longo prazo, como a já mencionada passagem de um Estado de bem-estar a um Estado mínimo. Então, surge o Banco Mundial como instituição encarregada de consolidar as reformas estruturais do Estado.

Foi em 1989, quando o economista John Williamson elaborou, baseado nesse contexto, o documento que logo ficou conhecido como *Consenso de Washington*, que iniciou uma mudança de rumo na economia mundial. A partir de então, as principais instituições econômicas internacionais estabeleceram, pela primeira vez, uma série de medidas que os países da América Latina deveriam aplicar. Essas medidas, supostamente, foram pensadas para garantir o crescimento econômico e o desenvolvimento da região, mediante diretrizes que orientavam a transição dos países para uma economia de mercado com inserção mundial.

Esse documento é considerado o ponto de partida da sociedade da informação e do conhecimento. Entretanto, trabalhos anteriores já haviam associado conhecimento e produção de riqueza. Com efeito, em 1945, Friedrich Hayek (posteriormente Prêmio Nobel de Economia) publicou um artigo intitulado *The use of knowledge in society*,[2] no qual argumenta que o sistema econômico mais eficiente era aquele que fazia uso pleno do conhecimento existente.[3] Em 1975, o conceito é empregado no contexto da Organização para a Cooperação e o Desenvolvimento Econômico – OCDE, inspirado na capacidade de armazenamento e transmissão da informação pelos processos de digitalização. Peter Drucker retomaria essas ideias no início dos anos 1990, afirmando que é possível aplicar conhecimento ao conhecimento com o propósito de

---

[2] HAYEK, Friedrich. The use of knowledge in society. *American Economic Review*, 35:4, September, 1945, 519-30.

[3] MONTUSCHI, Luisa. *Datos, información y conocimiento, de la sociedad de la información a la sociedad del conocimiento*. 2006. Disponível em: <http://www.cema.edu.arg/publicaciones>.

chegar a um conhecimento superior.[4] Passados dezessete anos, podemos afirmar que a realidade nos diz algo bem diferente sobre o novo tipo de governo mundial proposto pelo Consenso de Washington. Longe de haver posto fim às diferenças digitais de conhecimento entre os países desenvolvidos e os mais pobres, foi origem de profundas crises nos países latino-americanos.

Do nosso ponto de vista, a liderança do FMI e do Banco Mundial tem uma importância crucial pelo fato de que essas instituições são as que se encarregam de aportar o conteúdo simbólico e a explicação das transformações que estavam acontecendo. O trabalho que desempenharam, além das orientações de caráter econômico por si só fundamentais, localiza-se no plano discursivo e simbólico, o que lhes permite ressignificar alguns conceitos e preencher de sentido outros que até então não existiam. Sua própria argumentação se transforma no *modo de ser* dos Estados e chega a ser conceito condicionante das políticas públicas e das ações governamentais.

Nessa realidade, a Comunicação intervém de maneira fundamental no novo modelo de sociedade proposto no fim do século passado. Por um lado, tanto informação como conhecimento têm uma dimensão social graças ao fato de que são compartilhados e comunicados, o que levou a Comunicação a reposicionar-se no mundo atual. Para alguns autores, esse reposicionamento permite à Comunicação integrar-se aos processos produtivos e constitui um fator de riqueza, abrindo numerosos desafios para a área. Por outro lado, no processo de construção simbólica do novo modelo social, os meios de Comunicação têm papel fundamental. Mas, para que essa missão se cumprisse de acordo com as mudanças propostas, foi necessário reconfigurar o setor, começando por sua economia política e chegando até o tipo de comunicadores e comunicólogos que deveriam ser formados.

Dentre as ações levadas a cabo para mudar esse universo, destaca-se o processo de privatização dos meios públicos, que passam a mãos de operadores privados, alimentando a concentração desses recursos entre poucas empresas. Destaca-se também uma *re-regulamentação*, segundo a qual o dispositivo legal responde às exigências das privatizações, bem como à convergência tecnológica e de capitais. Esse novo marco

---

4   DRUCKER, Peter apud Micheli Thirión, Jordi. Digitofactura: flexibilización, internet y trabajadores del conocimiento. *Revista Comercio Exterior*, México, v. 52, n. 6, p. 522-536, 2002.

jurídico permitiu ainda uma flexibilização trabalhista motivada pelo uso dos recursos digitais. No conjunto, as mudanças criam novas formas de produzir mensagens e novas aplicações dos processos de Comunicação, que exigem um tipo de profissional afinado com tais necessidades.

Especificamente no campo acadêmico, ganha força a educação a distância e, em geral, o ensino mediado pelas TIC. Ao mesmo tempo, longe de fortalecer-se uma tendência à especialização do comunicador ou do jornalista, as escolas voltam-se para um trabalhador de *banda larga* ou *pau para toda obra*, que pode tanto trabalhar na imprensa como nos meios audiovisuais ou digitais.

Além disso, os processos de privatização chegam ao setor da educação produzindo uma explosão de instituições de ensino superior, que podem ser agrupadas em universidades humanísticas (entre as quais a educação religiosa), universidades de negócios (a educação entendida como oportunidade de negócio), ou universidades coorporativas (educação instrumental a serviço da corporação, que a planeja, organiza e oferece). Nesse contexto, produz-se um enfraquecimento das posições tradicionais que tinham as universidades públicas, cujas funções vão muito além da docência para ocupar-se também da pesquisa e da difusão do conhecimento e das artes. A produção de quadros científicos, tecnológicos e artísticos para a reprodução do sistema se privatiza ao privatizarem-se o ensino e a produção do conhecimento.

> Não se trata, desde já, de uma privatização grosseira que pretenda desembocar na compra das universidades públicas pelo capital privado, como se elas fossem um capital rentável; trata-se sim de uma privatização sutil que vai criando todos os mecanismos possíveis para que os três produtos das universidades públicas (formandos, conhecimentos e valores) sejam canalizados de acordo com as necessidades competitivas diferenciadas do capital privado.[5]

As transformações na educação superior foram devidamente orientadas pela Unesco, primeiro através do Relatório Delors,[6] *A educação encerra um tesouro*, e dois anos depois pela Conferência Mundial sobre

---

[5] VILLASEÑOR, Apud COMBONI, Sonia; JUÁREZ, José Manuel; PARÍS POMBO, María Dolores. *Hacia dónde va la Universidad Pública?* La educación superior en el siglo XXI. Universidad Autónoma Metropolitana, Unidad Xochimilco, México, 2002. p. 61.

[6] DELORS, Jacques (Coord.). La educación encierra un tesoro. Informe a la Unesco de la Comisión Internacional sobre la Educación para el siglo XXI. *Correo de la Unesco*, México, Ed. Unesco, 1996.

114 • Delia Crovi Druetta

educação superior.[7] Ambos os documentos refletiriam em ações concretas levadas a cabo pelos países latino-americanos.

Enquanto os documentos da Unesco enfatizam o ensino, um relatório de 1999 produzido pelo Banco Mundial, e denominado *O conhecimento a serviço do desenvolvimento*,[8]vai além, identificando também pesquisa e divulgação. Argumenta que se a maior parte da população do mundo tivesse acesso à informação, não só se reduziriam as diferenças em matéria de conhecimento, mas até mesmo seria um fator decisivo para elevar o crescimento econômico e a qualidade de vida nos países de menor desenvolvimento. De acordo com esse organismo, três passos permitiriam cobrir tal tipo de necessidades: a aquisição de conhecimentos, sua absorção e a Comunicação desses conhecimentos. A aquisição de conhecimentos está ligada à pesquisa científica, a absorção de conhecimentos está associada aos processos educativos e a Comunicação de conhecimentos refere-se ao uso otimizado das TIC nos processos de difusão.

Essas transformações, relacionadas ao surgimento de novas mídias e recursos (internet, telefonia celular, rádio e TV digital, entre outros), implicam a recolocação teórica e metodológica da área. Impõe-se a atualização dos professores através de uma profunda formação nos novos parâmetros impostos pelas tecnologias, mas, acima de tudo, pelo novo modelo político-econômico neoliberal. Em matéria de pesquisa, os temas emergentes são vastos e é impossível atender a todos, já que o grupo de acadêmicos dedicados a analisá-los é pequeno.

Apesar de ter-se produzido um crescimento desmedido no número de escolas de Comunicação, elas não são adequadas para responder aos problemas emergentes. Isso se deve a suas diversas origens, propósitos e qualidade. Segundo Antonio Pasquali,[9] a América Latina conta com cerca de mil escolas e faculdades de Comunicação, das quais cerca de 600 localizam-se no Brasil e no México. Essas escolas atendem a uma população estudantil de cerca de 400 mil alunos. A Associação Nacional

---

[7] UNESCO. Organización de las Naciones Unidas para la Educación, la Ciencia y la Cultura. Conferencia Mundial sobre Educación superior. Declaración Mundial sobre la Educación Superior en el Siglo XXI: Visión y Acción. ED-98CONF.202/3, París, 9 octubre 1998.

[8] BANCO Mundial. *El conocimiento al servicio del desarrollo*. Informe sobre el desarrollo mundial. Washington, 1999. Disponível em: <http://www.bancomundial.org>.

[9] PINEDA, Migdalia. Antonio Pasquali: el maestro y su utopía. *Revista Latinoamericana de Investigación de la Comunicación*. Brasil, Asociación Latinoamericana de Investigadores de la Comunicación – ALAIC, ano II, n. 2, p. 86-94, jan./jun. 2005.

de Universidades e Instituições de Educação Superior – Anuies, do México, reconhece a existência de 315 programas de Comunicação em todo o país. Setenta por cento desses programas responde às denominações dadas pela Ciespal no final dos anos 1960: Jornalismo, Jornalismo e Comunicação, Ciências e Técnicas da Informação, Ciências da Comunicação e Comunicação.[10]

Parece que, em matéria de formação de comunicadores e comunicólogos, muitas escolas estão olhando para o passado em vez de olhar para o presente ou para o futuro. E isso se deve ao fato de que a área é percebida como um nicho a ser explorado dentro do mercado da educação e, portanto, no lugar de se investir para criar novos conteúdos de acordo com os tempos atuais, copiam-se os existentes em programas tradicionais, mas que não se atualizaram suficientemente. Assim, apesar de ser necessária uma depuração da oferta, é também indispensável a adequação dos programas tradicionais às necessidades de hoje.

Rumo à formação de um novo profissional

Em matéria de formação de um novo tipo de profissional de Comunicação, as universidades têm diante de si o enorme desafio de capacitar os trabalhadores da era digital. No cerne da modificação que atravessa a organização sociotécnica do trabalho, os profissionais hoje em dia são corresponsáveis pelo funcionamento dos processos produtivos ou serviços. Devem ser formados para trabalhar em equipe, para se adaptar às condições de mudança e para identificar e resolver problemas. Capacidade de abstração, raciocínio e habilidade para tomar decisões em tempo real são algumas das características necessárias na nova concepção dos processos de trabalho.

Por outro lado, no exercício do jornalismo, a evolução tecnológica tem reunido em um só sujeito atividades que antes eram realizadas por vários: fotografar, entrevistar, coletar informação e processá-la. O enorme volume de informação disponível na internet representa uma mudança substancial na forma de elaborar os textos.

De modo geral, estamos diante de uma nova cultura do trabalho que inclui um reduzido número de trabalhadores altamente qualificados, preparados em sua maioria pelas universidades. Alguns desses profissionais são analistas simbólicos, entre os quais se destacam aqueles que

---

[10] Disponível em: <http://www.anuies.mx>.

manejam profissionalmente a informação. Esses trabalhadores estão sujeitos também a duas demandas: no interior de seu espaço de trabalho existe uma nova divisão técnica das funções ligada à formação sistemática e a um processo de atualização permanente; e fora do mercado de trabalho, há um universo restritivo, altamente competitivo, em que até mesmo as TIC podem intervir negativamente, ao eliminar postos de trabalho que foram substituídos por processos automatizados.

> [...] grande parte do capital intangível constitui-se de investimentos em capacitação, instrução, atividades de pesquisa e desenvolvimento, informação e coordenação, ou seja, por investimentos consagrados à produção e à transmissão do conhecimento.[11]

Esses investimentos respondem à diferença substancial que existe entre informação e conhecimento. Apesar de muitas vezes ambos serem equiparados, há divergências: a informação é apenas um conjunto de dados que não se atualizam até que sejam empregados por quem esteja em condições de interpretá-los, de dar-lhes uma forma e de comunicá-los socialmente. O conhecimento, por outro lado, nos remete à capacidade de realizar atividades de ordem intelectual ou manual e, portanto, é fundamentalmente uma capacidade cognitiva.[12] Sua reprodução e conservação respondem a um modelo educativo que, como vimos, está mudando, assim como os novos instrumentos técnicos para armazená-lo e fazê-lo circular. Além disso, estão se modificando as formas tradicionais de transmissão do conhecimento do professor ao aluno, e há inclusive uma alteração na relação entre as gerações, já que muitos jovens conhecem mais sobre as TIC do que os professores e os mais velhos.

Se as instituições de educação superior não superarem esses desafios impostos pelas mudanças tecnológicas e pelo modelo neoliberal, a perda de saber pode ser iminente. Por isso e nesse contexto, é razoável que nos perguntemos se as universidades estão fazendo o suficiente para produzir uma transformação de magnitude similar em seus professores, pesquisadores e divulgadores de conhecimento. As TIC já não são uma revolução tecnológica; são inovações que se inscrevem em um novo modelo de sociedade para o qual as universidades devem formar seus

---

[11] DAVID, Paul A.; FORAY, Dominique. *Una introducción a la economía y a la sociedad del saber.* 2002. Disponível em: <http://www.campus-oei.org/salactsi/david.pdf>.

[12] Ibid.

egressos, mas antes precisam formar também seus próprios docentes, pesquisadores e divulgadores.

A pesquisa

A pesquisa em Comunicação esteve sempre dividida em dois grandes universos:

a) A instrumental ou aplicada.

b) A acadêmica ou científica.

Em matéria de pesquisa instrumental ou aplicada, a Comunicação conta com dois segmentos visíveis: a publicitária, em todas as suas variantes, e a administrativa, realizada por encomenda. O conhecimento que se produz nessas áreas é muito importante. Entretanto, fica encerrado nos limites do mercado, que impede sua divulgação.

Quanto à pesquisa acadêmica ou científica, a partir dos processos de privatização, está sujeita a orçamentos públicos exíguos, bem como às tendências que marcam os financiamentos nacionais e internacionais. As mudanças experimentadas pelos setores produtivos, a concentração econômica, a *re-regulamentação* marcam de fato uma agenda de pesquisas que vai deixando de lado outros temas igualmente importantes, diante da impossibilidade de englobar a todos com tão poucos recursos para análise ou pela falta de apoio para realizá-la.

Assim, no panorama atual, a formação de quadros para a pesquisa da área ficou nas mãos das universidades públicas e de algumas poucas de caráter humanístico. O pensamento crítico, a autorreflexão e a pesquisa, instrumentos essenciais para fortalecer a identidade da Comunicação, se perdem diante da abundância de programas cujo fim é a operação de equipamentos midiáticos, mas não de seus conteúdos. Isso não quer dizer que não existam instituições de educação superior com uma missão clara: a formação de pessoal para trabalhar na mídia de acordo com o sistema vigente, isto é, pessoal apto para sustentar sua reprodução simbólica.

O sinal vermelho que se acendeu nos últimos anos diante das propostas de transformação na educação superior não nos deve levar a pensar que as universidades públicas não necessitem modificar-se. Pelo contrário, enfrentar os desafios do presente implica começar por essas mudanças. Além disso, nem todas essas transformações foram negativas. Destaque-se, por exemplo, o forte impulso à pesquisa acadêmica dado através das pós-graduações em Comunicação, que se iniciaram na América Latina no final dos anos 1970 e começo dos 1980. Desde então, a pesquisa, dispersa e não legitimada, começa com um processo ascendente de institucionalização. Os sistemas de avaliação, a força que adquire o trabalho do orientador, o controle da eficiência na conclusão e os programas de bolsa são fatores que contribuem para tal institucionalização.

As teses, enquanto trabalhos acadêmicos, alcançaram rigor e cuidado teórico-metodológicos, enriquecendo os estudos empíricos escassos em anos anteriores ao desenvolvimento dos programas de pós-graduação. A tradição anterior baseava-se no ensaio e manifestava um aberto entrecruzamento entre o exercício jornalístico e a pesquisa. Atualmente esses campos estão separados e a investigação empírica faz parte da história ainda não escrita do campo da Comunicação no México. Algo parecido tem ocorrido em outros países da região.

Apesar do critério da eficiência, medido numericamente, sob o qual se orientam na atualidade os processos de avaliação e controle da educação superior, pode-se atribuir a eles um impulso à pesquisa que, entretanto, é efêmero. Numerosos estudantes de pós-graduação, ao defenderem suas teses, buscam a inserção no campo acadêmico, mas as restrições em matéria de vagas os levam a optar por outros caminhos em sua vida profissional. Nesse contexto, os quadros docentes e de pesquisadores padecem de pouca renovação, o que paulatinamente levará a um empobrecimento da área em termos teóricos e metodológicos.

Conclusão

Em matéria de construção da área de conhecimento da Comunicação, assim como da formação de seus profissionais, a América Latina tem seguido os mesmos passos e enfrentado desafios semelhantes. Desde a semente plantada pela Ciespal no final dos anos 1960, passando pela tríplice exclusão da qual a Comunicação tem sido historicamente objeto, até chegar a um redimensionamento ideológico e tecnológico como o atual, esse caminho vem sendo atravessado pelos poderes corporativos que os meios de Comunicação têm construído através da integração de monopólios e oligopólios. Também têm sido atores fundamentais os grupos no poder aliados a esses poderes corporativos.

Se a falta de identidade da área constitui, em grande medida, um problema endógeno, o reconhecimento dos demais, o olhar em condições de igualdade de outras disciplinas e de outras áreas do saber, é um desafio exógeno. Ao faltar validade científica à Comunicação, subestimam-se os argumentos de sua importância social, seu peso político e econômico. Alcançar a autodeterminação implica necessariamente o reconhecimento exterior. Consideramos que escrever a história da área, construí-la histórica e socialmente, é uma tarefa que pode contribuir para enfrentar os desafios que se apresentam na alvorada do século XXI.

Assim e para além da disputa pelo estatuto científico da Comunicação, no México e na América Latina, a emergência de problemas nos quais esta área está envolvida exige uma atenção adequada e imediata. A influência da Comunicação e das mediações simbólicas, com uso de tecnologias ou não, cresce e é incontornável. Nesse contexto, os desafios endógenos e exógenos da Comunicação se potencializam entre si, integrando-se em um discurso único que deve lutar por alcançar um lugar na agenda das Ciências Sociais e da Ciência em seu conjunto. Com a Comunicação, o problema da cultura está em jogo. Também está em jogo o desafio da difusão do conhecimento. E enquanto pensarmos que seu universo se reduz e se delineia na informação disponível ou nas mensagens das mídias, estaremos deixando de lado a importância central que tem a construção simbólica do mundo em que vivemos.

Referências bibliográficas

DELORS, Jacques (Coord.). La educación encierra un tesoro. Informe a la Unesco de la Comisión Internacional sobre la Educación para el siglo XXI. *Correo de la Unesco*, México: Ed. Unesco, 1996.

DRUCKER, Peter apud MICHELI THIRIÓN, Jordi. Digitofactura: flexibilización, Internet y trabajadores del conocimiento. *Revista Comercio Exterior*, México, v. 52, n. 6.

FEIXA, Carles. *El reloj de arena*: culturas juveniles en México. México: Causa Joven, Centro de Investigación y Estudios sobre la juventud, 1998. (Colección Jóvenes, n. 4.)

HAYEK, Friedrich. The use of knowledge in society. *American Economic Review*, 35:4, September, 1945.

PINEDA, Migdalia. Antonio Pasquali: el maestro y su utopía. *Revista Latinoamericana de Investigación de la Comunicación*, Brasil: Asociación Latinoamericana de Investigadores de la Comunicación – ALAIC, ano II, n. 2, p. 86-94, jan./jun. 2005.

UNESCO. Organización de las Naciones Unidas para la Educación, la Ciencia y la Cultura. Conferencia Mundial sobre Educación superior. Declaración Mundial sobre la Educación Superior en el Siglo XXI: Visión y Acción. ED-98CONF.202/3, París, 9 octubre 1998.

VILLASEÑOR, apud Comboni, Sonia; JUÁREZ, José Manuel; PARÍS POMBO, María Dolores. *¿Hacia dónde va la Universidad Pública?* La educación superior en el siglo XXI. México: Universidad Autónoma Metropolitana, Unidad Xochimilco, 2002.

Endereços eletrônicos

BANCO Mundial. *El conocimiento al servicio del desarrollo. Informe sobre el desarrollo mundial.* Washington, 1999. Disponível em: <http://www.bancomundial.org>.

DAVID, Paul A.; FORAY, Dominique. *Una introducción a la economía y a la sociedad del saber.* 2002. Disponível em: <http://www.campus-oei.org/salactsi/david.pdf>.

MONTUSCHI, Luisa. *Datos información y conocimiento, de la sociedad de la información a la sociedad del conocimiento.* 2006. Disponível em: <http://www.cema.edu.arg/publicaciones>.

Desafios culturais: da comunicação à educomunicação[*]

Jesús Martín-Barbero

Filósofo. Assessor do Instituto de Estudos sobre Culturas e Comunicação da Universidade Nacional, Colômbia.

Inovações no Campo da Comunicação colocam desafios para a Educação que não devem ser menosprezados, quando se pretende a construção da cidadania.

A ausência tanto do mundo dos meios massivos – exceção feita ao cinema, porque é arte – quanto do mundo da educação na Lei da Cultura é o indício mais forte da pertinaz esquizofrenia de que padecem a concepção e as políticas oficiais de cultura. A mais ingênua explicitação dessa esquizofrenia ocorreu por conta de um membro da Comissão Nacional de Televisão da Colômbia, quando perguntado acerca do que pensava sobre a última programação de Señal Colômbia;[1] respondeu esse senhor que era perfeita: educação pela manhã e cultura à tarde!

Na Colômbia do fim do século, parece que as melhores relações entre cultura e educação seriam aquelas que não lhes permitam encontrar-se. Já as relações de ambas com a televisão não podem ser mais anacrônicas e instrumentais: a TV não é vista como um meio para fazer/criar cultura, mas apenas para transmitir, difundir, divulgar. Para o brilhante Ministério da Cultura, os meios massivos de comunicação continuam sendo qualquer coisa menos cultura, embora seja pelo rádio e, sobretudo, pela televisão que se efetuam, hoje em dia, algumas das mais profundas transformações na sensibilidade e na identidade das maiorias. Por isso, não é de estranhar que nós, os colombianos, não tenhamos um canal cultural durante todo o dia, mas sim apenas alguns programas soltos e as três horinhas de La Franja,[2]

---

[*] Texto publicado originalmente na revista *Comunicação & Educação*, n. 18, maio/ago. 2000.

[1] Canal cultural e educativo estatal da Colômbia, criado em 1968, reformulado em 1992, passando a denominar-se *Canal 3, mais para ver*. Atualmente é chamado *Señal Colômbia, tudo o que somos*, da RTVC (Radio Televisión Nacional de Colombia), organismo estatal que gerencia as rádios e TVs que fazem parte do patrimônio do governo federal, com uma rede de estações regionais de TVs públicas, bem como TVs e rádios comunitárias e canais universitários. Disponível em: <http://www.senalcolombia.tv/>. (N.E.)

[2] *La Franja* é o nome dado ao horário destinado ao conjunto de programas do Ministério da Cultura no canal educativo Señal Colombia. (N.E.)

que, aliás, se transmite num horário inconveniente para os colombianos, uma vez que, no dia seguinte, têm de madrugar para ir ao trabalho. Para o Ministério da Educação, o que acontece na cultura é assunto de outros e o que acontece na mídia, também; isso sem ignorarmos a retórica vazia sobre a modernização tecnológica da escola, ou esse *angu* de programação televisiva que se faz passar por educativa.

Pouco importa se a concepção de cultura que guia os currículos e os ensinamentos escolares é tão radicalmente anacrônica – e socialmente perigosa –, que nela não cabem senão as artes e as letras, ficando de fora a ciência e a tecnologia. Os países ricos que inventem, que criem, e que a nós nos deixem continuar copiando e aplicando.

Para o Ministério das Comunicações – com exceção do esforçado e desvalorizado trabalho da Divisão de Comunicação Social –, a cultura parece não ter nada a ver com o desenvolvimento tecnológico dos meios; o que, no caso, importa é a divisão política e economicamente adequada das permissões de transmissão. O mesmo acontece em relação à educação: o que tem a ver o avançadíssimo e riquíssimo mundo das telecomunicações com a nossa atrasada e paupérrima educação? Não obstante, o que o país está jogando aí, na ausência de políticas conjuntas de Cultura/Comunicação/Educação, é sua própria viabilidade como nação, tanto política quanto cultural, tanto social quanto laboral, já que tudo isso passa pela necessidade de que o ecossistema comunicacional se articule e se organize com as dinâmicas da cultura e da educação. Isso, porém, não é possível a partir de políticas governamentais que são conjunturais e imediatistas; o que se necessita são políticas de Estado de longo alcance. Dentre os múltiplos desafios que verdadeiras políticas de Estado carregam consigo, num campo de tal envergadura, vou referir-me apenas a uma, configurada pelos desafios culturais apresentados pela comunicação para a educação. Para prevenir contra as decepções, aviso que no segmento deste artigo não se devem esperar fórmulas políticas, pois a única maneira de escapar à acumulação conjuntural e fragmentária de diagnósticos está em arriscar-se a formular problemas.

Desencontro da educação com o país

Comecemos pelo princípio: antes de falar do papel dos meios de difusão na escola, ou de como introduzir cultura e educação nesses meios, vamos ter a coragem de colocar o problema fundamental: o que tem de mudar no sistema educacional – do Ministério às faculdades de educação, do ensino fundamental até a universidade – para que a escola se comunique com o país? Ou, de outro modo: o que tem de mudar no sistema educativo para que este possa incumbir-se de mostrar o que a Colômbia está vivendo e sofrendo, produzindo e criando; para que a escola possibilite às crianças e aos jovens uma compreensão do seu país que os capacite para ajudar a mudá-lo?

Contrariamente aos que veem nos meios de comunicação e na tecnologia de informação uma das causas do desastre moral e cultural do país, ou seu oposto, uma espécie de panaceia, de solução mágica para os problemas da educação, sou dos que pensam que nada pode prejudicar mais a educação do que nela introduzir modernizações tecnológicas sem antes mudar o modelo de comunicação que está por debaixo do sistema escolar.

O modelo predominante é vertical, autoritário na relação professor--aluno e linearmente sequencial no aprendizado. Introduzir nesse modelo meios e tecnologias modernizantes é reforçar ainda mais os obstáculos que a escola tem para se inserir na complexa e desconcertante realidade de nossa sociedade. Ao colocar como ponto de partida as mudanças que são necessárias à escola para que ela possa interagir com o país, e não simplesmente para a utilização dos meios de comunicação, estou enfrentando um mal-entendido que o sistema escolar não parece interessado em desfazer: a obstinada crença de que os problemas da escola podem ser solucionados sem que se transforme o seu modelo comunicativo--pedagógico, isto é, com uma simples ajuda de tipo tecnológico. E isso é um autoengano. Enquanto permanecer a verticalidade na relação docente e a sequencialidade no modelo pedagógico, não haverá tecnologia capaz de tirar a escola do autismo em que vive. Por isso, é indispensável partir dos problemas de comunicação antes de falar sobre os meios.

Papel da informação e do conhecimento

Falar de comunicação significa, em primeiro lugar, reconhecer que estamos numa sociedade em que o conhecimento e a informação têm tido um papel fundamental, tanto nos processos de desenvolvimento econômico quanto nos processos de democratização política e social.

A informação e o conhecimento são hoje o eixo central do desenvolvimento social, e isso ainda mais nos países do chamado Terceiro Mundo, em países como a Colômbia, nos quais uma industrialização precária não impede que estejamos entrando numa sociedade cuja competitividade produtiva depende mais da informação e do conhecimento do que das máquinas, mais da inteligência do que da força.

Isso está implicando uma transformação profunda das condições de trabalho, tanto nas indústrias de ponta como na automobilística, ou mesmo em indústrias tão antigas como a têxtil. As funções cumpridas pelos operários neste tipo de indústria estão mudando radicalmente: da relação entre a força da mão de obra e a energia produzida pelas máquinas, estamos passando a um novo tipo de relação, mediada, cada vez mais, pela informação e pela automatização dos processos.

Também no campo político, como tem sido demonstrado pelo Processo 8.000,[3] as coisas estão mudando de forma muito mais acelerada do que supõem os politicólogos deste país, cuja imensa maioria tem desconhecido a trama comunicativa da política e relegado a ação dos meios televisivos a uma função puramente instrumental. Entre outras coisas, o Processo 8.000 tem servido para que o país comece a perceber que a informação e a visibilidade têm hoje um papel constitutivo, tanto na formação do discurso político (que não é só o discurso dos políticos) como na própria ação política. Isso quer dizer que a informação passou a ter um papel tão estratégico na política que, sem ela, dificilmente teria sido possível desenvolver-se um julgamento da corrupção dos políticos e da política. Papel fundamental tanto por seus aspectos positivos quanto negativos, tais como a transformação de jornalistas em juízes que abusam do poder da informação para condenar ou absolver, prejudicando, às vezes irreparavelmente, as pessoas e o país.

Mas é preciso reconhecer igualmente que sem essa informação – às vezes mal-usada – não teria existido o Processo 8.000. Portanto, o ponto de partida para pensar as relações da educação com a comunicação está aqui: na centralidade que o conhecimento e a informação têm ainda em países como o nosso, nos quais existem outras necessidades estruturais, que consideramos básicas, como as de moradia e saúde para as maiorias. Essa é a trágica peculiaridade desses países, que são atravessados pelas transformações da comunicação e da informação, enquanto a divisão social cresce e a precária classe média sofre uma forte crise; tudo isso afetando seu sistema produtivo, político e educativo.

---

[3] O Processo 8.000 foi aquele no qual a Fiscalia General de la Nación (Procuradoria-Geral da Nação) investigou o presidente colombiano Ernesto Samper (1994-1998) e outros políticos do Partido Liberal que receberam dinheiro do cartel de narcotraficantes de Cali para a eleição presidencial. O Processo durou dois anos e culminou com a prisão de grande número de políticos do PL. (N.E.)

Desgraçadamente, algumas dessas transformações vieram aumentar a brecha entre países ricos e países pobres, e entre pobres e ricos de um mesmo país, não só no que diz respeito a bens materiais, como também a bens simbólicos.

Há uma grande diferença entre as pessoas que podem estar conectadas com a Internet, beneficiando-se de uma grande quantidade de informações, de experimentação, de conhecimentos ou experiências estéticas, e a imensa maioria excluída, desligada desse mundo de bens e experiências. Mas não podemos permitir que nos bastem a constatação e o lamento. Precisamos compreender como essa mesma sociedade dividida está sendo transformada pela centralidade das tecnologias e dos sistemas de comunicação.

Ecossistema comunicativo

Para enfrentar esse desafio, devemos estar conscientes de dois tipos de dinâmica que movem as mudanças na sociedade de que falamos. Num primeiro movimento, o que aparece como estratégico, mais do que a intervenção de cada meio, é a aparição de um ecossistema comunicativo, que se está transformando em alguma coisa tão vital como o ecossistema verde, ambiental.

A primeira manifestação e materialização do ecossistema comunicativo é a relação com as novas tecnologias – desde o cartão que substitui ou dá acesso ao dinheiro, até as grandes avenidas da Internet –, com sensibilidades novas, claramente visíveis entre os mais jovens. Eles têm maior empatia cognitiva e expressiva com as tecnologias e com os novos modos de perceber o espaço e o tempo, a velocidade e a lentidão, o próximo e o distante. Trata-se de uma experiência cultural nova, ou, como chamou Walter Benjamin, um *sensorium* novo. Novos modos de perceber e de sentir; uma nova sensibilidade que, em muitos aspectos, se choca e rompe com o *sensorium* dos adultos.

Um bom campo de experimentação dessas mudanças e de sua capacidade de distanciar os jovens de seus próprios pais está na velocidade e na sonoridade. Não apenas na velocidade dos automóveis, mas também na das imagens, na velocidade do discurso televisivo, especialmente na publicidade e nos videoclipes, e na velocidade dos relatos audiovisuais. O mesmo acontece com a sonoridade, a maneira como os jovens se movem entre as novas sonoridades: essas novas articulações sonoras que, para a maioria dos adultos, marcam a fronteira entre a música e o ruído, são, para os jovens, o começo de sua experiência musical.

Uma segunda dinâmica, que faz parte desse novo ecossistema no qual vivemos, e que é a dinâmica da comunicação, liga-se ao âmbito dos grandes meios, ultrapassando-os, porém. Ela se concretiza com o surgimento de um ambiente educacional difuso e descentrado, no qual estamos imersos. Um ambiente de informação e de conhecimentos múltiplos, não centrado em relação ao sistema educativo que ainda nos rege e que tem muito claros seus dois centros: a escola e o livro.

As sociedades centralizaram sempre o saber, porque o saber foi sempre fonte de poder, desde os sacerdotes egípcios aos monges medievais ou, atualmente, aos assessores dos políticos. Dos mosteiros medievais às escolas de hoje, o saber conservou esse duplo caráter de ser, ao mesmo tempo, centralizado e personificado em figuras sociais determinadas.

A essa centralização, que implicava a circunscrição do saber a alguns lugares por onde circulava legitimamente, correspondiam personagens que detinham o saber, tal como os sacerdotes, até a reforma protestante, que ostentavam o poder de ser os únicos com capacidade para ler e interpretar o livro dos livros, a Bíblia.

Nós, pessoas que temos certa idade, passamos a maioria da nossa vida junto a uma Igreja que falava latim, não só linguística mas ideologicamente, isto é, que usava um discurso que tinha muito pouco a ver com o mundo das gentes e da cultura da cidade. Vem daí que uma transformação nos modos de circulação do saber é uma das mais profundas transformações que podem sofrer uma sociedade. E é aí que se situa a segunda dinâmica que configura o ecossistema comunicativo no qual estamos imersos: o saber é disperso e fragmentado e pode circular fora dos lugares sagrados nos quais antes estava circunscrito e longe das figuras sociais que antes o administravam.

A escola deixou de ser o único lugar de legitimação do saber, pois existe uma multiplicidade de saberes que circulam por outros canais, difusos e descentralizados. Essa diversificação e difusão do saber, fora da escola, é um dos desafios mais fortes que o mundo da comunicação apresenta ao sistema educacional.

Diante do professor que sabe recitar muito bem sua lição, hoje, senta-se um alunado que, por osmose com o meio ambiente comunicativo, está embebido de outras linguagens, saberes e escrituras que circulam pela sociedade. Estes configuram os saberes-mosaico, como os chamou A. Moles, porque são feitos de pedaços, de fragmentos, o que não impede os jovens de ter, com frequência, um conhecimento mais atualizado em física ou em geografia que seu próprio professor. Isso está trazendo para a escola um fortalecimento do autoritarismo, como reação à perda de autoridade do professor, e não uma abertura para esses novos saberes. Em lugar de ser percebida como uma chamada a que se reformule o modelo pedagógico, a difusão descentralizada de saberes, possibilitada pelo ecossistema comunicativo, resulta no endurecimento da disciplina do colégio para controlar esses jovens, cada vez mais frívolos e desrespeitosos com o sistema sagrado do saber escolar.

Esquizofrenia cultural

A partir destas duas dinâmicas: a de uma comunicação que se converte em ecossistema e a de uma forte diversificação e descentralização do saber, manifesta-se cada dia mais a esquizofrenia cultural de que sofrem hoje muitos cidadãos. Eles estão divididos entre aquele saber que lhes outorga um diploma oficial e lhes vai servir para a inserção nos modos habituais de ascensão social e de consecução de um *status*, e aquele outro saber que lhes vai servir para introduzir-se nas novas modalidades do sistema produtivo e inovador da sociedade. Saber este que coincide com aquilo de que a sociedade necessita para formar um cidadão capaz de autodeterminação e, por consequência, apto a respeitar, conviver, harmonizar.

Infelizmente, nossa escola não é um espaço para a autodeterminação; consequentemente, não é um lugar para aprender a conviver e a harmonizar. Então, muito do saber difuso e descentrado que hoje circula na sociedade é a via de acesso a uma concepção mais democrática e eficiente, isto é, criadora e produtiva. Não estou desconhecendo as buscas pessoais de alguns professores e de algumas poucas instituições, estou falando do sistema educativo colombiano.

Estou questionando uma escola que, no seu dia a dia, não educa democraticamente, por mais que dê cursos de educação cívica e de urbanidade. Não se aprende a ser democrático em cursos sobre a democracia; aprende-se a ser democrático em famílias que admitem pais e filhos não convencionais, em escolas que assumem a dissidência e a diferença como riqueza, com meios de comunicação capazes de dar, verdadeiramente, a palavra aos cidadãos.

Essa realidade produz uma defasagem muito grande entre o modelo de comunicação que vigora, hoje em dia, fora da escola, na sociedade da comunicação, e o modelo ainda hegemônico de comunicação no qual se baseia o saber escolar. Qual seria, então, a reação do sistema educativo a essa experiência cotidiana da defasagem ou, em outras palavras, qual é a reação do sistema educativo da escola à brecha cada vez maior que existe entre a cultura da qual falam os professores e a cultura e sensibilidade apreendidas pelos alunos? É certo que isto não é um problema colombiano; é um problema que a própria Unesco não tem sabido enfrentar.

A Unesco, em boa quantidade de documentos, mostra a visão que continua prevalecendo e que é puramente instrumental: usar os meios televisivos para que mais gente possa estudar; porém, estudar sempre a mesma coisa, ou seja, permitir, por exemplo, que os alunos vejam uma ameba numa tela gigantesca.

Estou fazendo uma caricatura, mas é fato que muitos dos documentos da Unesco perpetuam uma concepção incapaz de enfrentar os desafios culturais que o ecossistema comunicativo apresenta ao sistema educativo em seu conjunto. E é por isso que nossas escolas continuam vendo nesses meios unicamente uma possibilidade de ilustrar o que se diz, de tornar menos aborrecida a lição, de amenizar algumas jornadas de trabalho, presas da inércia mais insuportável.

A atitude defensiva da escola e do sistema educativo está levando-os a desconhecer ou disfarçar o fato de que o problema de fundo está no desafio que lhe é apresentado por um ecossistema comunicativo, do qual emerge outra cultura, outro modo de ver e ler, de aprender e de conhecer.

A atitude defensiva limita-se a identificar o melhor do modelo pedagógico tradicional com o livro e anatematizar o mundo audiovisual como o mundo da frivolidade, da alienação, da manipulação. Oxalá o livro fosse um meio de reflexão e de argumentação, mas, infelizmente, não o é! Como demonstra uma pesquisa da Universidad del Valle sobre hábitos de leitura e usos sociais da televisão, a imensa maioria das pessoas, de todas as classes sociais de Cali, identifica livro com dever escolar. Dessa forma, uma vez terminado o período escolar da vida das pessoas, o livro deixaria de ter função.

Nossas escolas não estão sendo um espaço no qual a leitura seja um meio de criatividade e de prazer, mas sim o espaço no qual leitura e escrita se associam a tarefa obrigatória e chata. Castradora, inclusive.

Confundindo qualquer manifestação de estilo próprio com anormalidade ou com plágio, os professores sentem-se no direito de reprimir a criatividade. É o efeito dos hábitos e da inércia do ensino legitimado pelo modelo imperante de comunicação escolar.

Um jovem psicólogo que está fazendo tese sobre essa situação em Ciudad Bolivar, falava-me acerca de sua triste descoberta: nos setores populares, o aprendizado da leitura, em vez de enriquecer, está empobrecendo o vocabulário das crianças, pois, ao tentar falar como se escreve, as crianças perdem grande parte da riqueza do seu mundo oral, inclusive sua espontaneidade narrativa. Ou seja, temos um sistema escolar que não só não leva os jovens adolescentes a uma leitura e uma escrita criativas, como também ignora a existência de uma cultura oral que tem um idioma próprio, especialmente nos setores populares; o que não pode ser, de modo algum, confundido com analfabetismo. Essa é a outra cultura que desafia a escola e diante da qual a escola está tão desprovida de modos de interação, e tão na defensiva quanto ocorre com o audiovisual.

Sociedade multicultural

O quadro não pode ser mais significativo: enquanto o ensino transcorre através do mundo do manual, o professor sente-se fortalecido; mas quando aparece o mundo da imagem, o professor perde a estabilidade, porque o aluno sabe muito mais e, sobretudo, porque maneja muito melhor a língua da imagem que o professor. Ante esse desmoronamento de sua autoridade diante do aluno, o professor reage desautorizando os saberes que passam pela imagem. De outro lado, a oralidade cultural das maiorias também não cabe na escola, pois o mundo das piadas e das narrativas orais, o mundo dos provérbios e dos ditos populares, o mundo da música popular narrativa e do *rap* deslocam, também, a partir de suas próprias gramáticas, ritmos e prazeres, o ascetismo triste do autismo livresco.

A escola desconhece tudo o que de cultura se produz e transcorre pelo mundo audiovisual e da cultura oral: dois mundos que vivem, justamente, do hibridismo e da mestiçagem, da mistura de memórias territoriais com imaginários deslocados. Enfrentemos o mal-entendido. Reconhecer que vivemos numa sociedade multicultural significa não só aceitar as diferenças étnicas, raciais ou de gênero, mas também que em nossas sociedades convivem hoje indígenas da cultura letrada com outros da cultura oral e da audiovisual.

E isto ocorre num sentido forte, pois essas três culturas configuram modos muito diferentes de ver e de pensar, de sentir e de fruir. E, ao reivindicar a existência da cultura oral e audiovisual, não estamos desconhecendo, de modo algum, a cultura letrada, mas sim desmontando a sua pretensão de ser a única cultura digna desse nome e o eixo cultural de nossa sociedade.

O livro continua sendo chave, pois nos abre para a primeira alfabetização, essa que deveria possibilitar o acesso não só à cultura letrada, mas também às múltiplas escritas que hoje conformam o mundo da informática e o audiovisual. O paradoxo é que, se o livro foi o eixo cultural das sociedades europeias, não o foi nunca das sociedades latino-americanas, salvo como ingrediente de exclusão, muralha que deixava as maiorias fora da cidade letrada.

Aos que pensam que o mundo do livro está se acabando, pode-se dizer que nunca, neste país chamado Colômbia, se publicou tanto e leu-se tanto. O livro não está acabando e não vai acabar, ao contrário, cada vez se vão ler mais livros, incluídos aí os textos de multimídia, que não são o contrário do livro, mas sim outro modo de escrita e outro objeto de leitura.

O problema está em saber se a escola vai ser capaz de ensinar a ler livros não só como ponto de chegada, mas também de partida para outra alfabetização, a da informática e das multimídias. Isso implica pensar se a escola está formando o cidadão que não só sabe ler livros, mas também noticiários de televisão e hipertextos informáticos.

O cidadão de hoje pede ao sistema educativo que o capacite a ter acesso à multiplicidade de escritas, linguagens e discursos nos quais se produzem as decisões que o afetam, seja no campo de trabalho, seja no âmbito familiar, político e econômico. Isso significa que o cidadão deveria poder distinguir entre um telejornal independente e confiável e um outro que seja mero porta-voz de um partido ou de um grupo econômico, entre uma telenovela que esteja ligada ao seu país, inovando na linguagem e nos temas, e uma telenovela repetitiva e simplória. Para tanto, necessitamos de uma escola na qual aprender a ler signifique aprender a distinguir, a tornar evidente, a ponderar e escolher onde e como se fortalecem os preconceitos ou se renovam as concepções que temos sobre política, família, cultura e sexualidade.

Precisamos de uma educação que não deixe os cidadãos inermes diante dos poderosos estratagemas de que, hoje, dispõem os meios de comunicação para camuflar seus interesses e fazê-los passar por opinião pública.

Para ajudar-nos a entender a profundidade da mudança cultural que hoje se dá no mundo da comunicação e da transformação tecnológica, Margaret Mead afirma:

> Nosso pensamento ainda nos amarra ao passado, ao mundo tal como existia na época de nossa infância e juventude; nascidos e criados antes da revolução eletrônica, a maioria de nós não entende o que esta significa. Os jovens da nova geração, ao contrário, assemelham-se aos membros da primeira geração nascida em um país novo. Devemos aprender junto com os jovens a forma de dar os próximos passos.[4]

Esta reflexão põe em cena um novo tipo de cultura. Aquela que é experimentada pela juventude contemporânea da revolução eletrônica e à qual Mead chama prefigurativa, por ser uma cultura que ainda não tem clara sua figura, tendo começado a emergir apenas nos finais dos anos 1960, caracterizando-se por ser aquela na qual os pares substituem os pais, instaurando-se assim uma ruptura sem correspondente na história. Essa ruptura representa não uma mudança de velhos conteúdos em novas formas ou vice-versa, mas sim uma transformação na natureza do processo: a aparição de uma comunidade mundial, na qual os homens de tradições culturais muito diferentes emigram no tempo, todos partilhando as mesmas lendas e sem modelos para o futuro. Um futuro apenas balbuciado pelos relatos da ficção científica, na qual os jovens encontram narrada sua experiência de habitantes de um mundo cuja complexa heterogeneidade "não se deixa expressar em sequências lineares tais como as que eram ditadas pela palavra impressa".[5] E que remete, por conseguinte, a um aprendizado fundado menos na dependência dos adultos que na própria exploração, feita pelos habitantes do novo mundo tecnocultural, da visão, da audição, do tato ou da velocidade.

Daí a importância estratégica que adquire hoje uma escola capaz do uso criativo e crítico dos meios audiovisuais e das tecnologias informáticas. Isso, porém, só será possível numa escola que transforme seu modelo (e sua práxis) de comunicação, isto é, que torne admissível a passagem de um modelo centrado na sequência linear – que encadeia de

---

[4] MEAD, Margaret. *Cultura y compromiso*. Barcelona: Granica, 1972.

[5] Ibid.

forma unidirecional graus, idades e grupos de conhecimentos – a outro descentralizado e plural, cuja chave é o encontro do palimpsesto e do hipertexto. Entendo por palimpsesto esse texto no qual um passado que foi apagado emerge tenazmente, embora difuso, nas entrelinhas da escrita presente; e por hipertexto, uma escrita não sequencial, mas sim montagem de conexões em rede que, ao permitir exigir uma multiplicidade de percursos, transforma a leitura em escrita.

Enquanto o tecido do palimpsesto nos põe em contato com a memória, com a pluralidade de tempos carregada, acumulada por qualquer texto, o hipertexto remete à enciclopédia, às possibilidades presentes de intertextualidade e intermedialidade, duplo e imbricado movimento que está exigindo que substituamos o lamento moralista por um projeto ético: o do fortalecimento da consciência histórica, única possibilidade de uma memória que não seja mera moda *retrô*, nem evasão às complexidades do presente.

Só assumindo a tecnicidade midiática como dimensão estratégica da cultura é que a escola poderá inserir-se de novo nos processos de mudança atravessados pela nossa sociedade e interagir com os campos de experiência em que se processam essas mudanças.

Tais mudanças estão materializadas na desterritorialização/relocalização das identidades, hibridações da ciência e da arte, das literaturas escritas e das audiovisuais, reorganização dos saberes e do mapa dos ofícios. A partir de fluxos e redes através dos quais se mobiliza não só a informação como o trabalho, o intercâmbio e a concretização conjunta de projetos, de pesquisas científicas e de experimentações estéticas. Só se encarregando dessas transformações poderá a escola interagir com as novas formas de participação cidadã que o novo ambiente comunicacional abre, hoje, à educação.

Um dos maiores desafios que o ecossistema comunicativo faz à educação é: ou se dá a sua apropriação pelas maiorias ou se dá o reforçamento da divisão social e a exclusão cultural e política que ele produz.

Pois, enquanto os filhos das classes favorecidas entram em interação com o ecossistema informacional e comunicativo a partir de seu próprio lar, os filhos das classes populares – cujas escolas públicas não têm, em sua imensa maioria, a menor interação com o ambiente informático; escolas que são para eles o espaço decisivo de acesso às novas formas de conhecimento – estão ficando excluídos do novo espaço laboral e profissional que a cultura tecnológica propõe. Vemos, portanto, que há uma carência de demandas de comunicação no espaço educativo e que o acesso a elas não é democrático.

É a partir do entendimento de que há uma carência dessas demandas que se verá a necessidade de diferenciar a televisão educativa dos diversos modos de fazer educação pela televisão. Se é necessário pensar num tipo de presença da educação escolar nos meios televisivos, são igualmente ou mais necessárias outras modalidades de educação, dentre as quais, para a Colômbia, destacaria duas: uma formação continuada de adultos, que os capacite justamente para colocar-se ante as novas linguagens e saberes que circulam na sociedade e diante dos quais a imensa maioria está desprovida de capacidade de leitura e de seu aproveitamento. Esse desconhecimento está agravando a exclusão social, começando-se pela do trabalho. Em segundo lugar, um âmbito estratégico de educação de adultos que existe na Colômbia, e que é decisivo para nossas possibilidades de convivência. Este consiste na construção de uma história do país que articule suas múltiplas memórias, tanto étnicas como raciais, locais e de gênero, e em cuja construção audiovisual deveriam trabalhar os melhores historiadores, os melhores roteiristas e diretores de televisão, capazes de proporcionar-nos os elementos básicos com os quais construir identidades novas e, ao mesmo tempo, arraigadas, porém, sem narcisismo, sem provincianismo; identidades que possam dialogar e atuar entre si e com o resto das identidades do mundo.

Entre a educação, entendida de forma ampliada pelo ecossistema comunicativo, e o lugar da escola, o chileno Martin Hopenhayn traduz em três objetivos básicos os códigos de modernidade.[6] Esses objetivos são: formar recursos humanos, construir cidadãos e desenvolver sujeitos autônomos. Em primeiro lugar, a educação não pode dar as costas às transformações do mundo do trabalho, dos novos saberes que a produção mobiliza, das novas figuras que recompõem aceleradamente o campo e o mercado das profissões. Não se trata de subordinar a formação à adequação de recursos humanos para a produção, mas sim de a escola assumir os desafios que as inovações tecnoprodutivas e relativas ao trabalho apresentam ao cidadão em termos de novas linguagens e saberes. Pois seria suicida para uma sociedade alfabetizar-se sem levar em conta o novo país que está aparecendo no campo da produção. Em segundo lugar, construção de cidadãos significa que a educação tem de ensinar as pessoas a ler o mundo de maneira cidadã.

---

[6] HOPENHAYN, Martin. *Ni apocalípticos ni integrados*. Santiago: F.C.E., 1994.

A educação tem de ajudar a criar nos jovens uma mentalidade crítica, questionadora, desajustadora da inércia na qual as pessoas vivem, desajustadora da acomodação na riqueza e da resignação na pobreza.

É muito o que resta por mobilizar, a partir da educação, para renovar a cultura política de maneira que a sociedade não procure salvadores, mas sim crie sociabilidades para conviver, harmonizar, respeitar as regras do jogo cidadão, desde as do tráfego até as do pagamento dos impostos. E, em terceiro lugar, a educação é moderna à medida que é capaz de desenvolver sujeitos autônomos. Ante uma sociedade que massifica estruturalmente, que tende a homogeneizar, inclusive quando cria possibilidades de diferenciação, a possibilidade de sermos cidadãos é diretamente proporcional ao desenvolvimento de sujeitos autônomos, isto é, de gente livre, tanto interiormente como em suas tomadas de posição.

Gente livre significa gente capaz de saber ler a publicidade e entender para que serve, e não gente que deixa massagear o próprio cérebro; gente que seja capaz de distanciar-se da arte que está na moda, dos livros que estão na moda; gente que pense com a própria cabeça, e não com as ideias que circulam ao seu redor.

Referências bibliográficas

HOPENHAYN, Martin. *Ni apocalípticos ni integrados*. Santiago: F.C.E., 1994.

MEAD, Margaret. *Cultura y compromiso*. Barcelona: Granica, 1972.

Avaliação de metodologias na educação para os meios[*]

José Martinez de Toda y Terrero, sj

Professor doutor, pesquisador do Centro Interdisciplinar de Comunicação Social da Pontifícia Universidade Gregoriana, Itália.

Processo de avaliação expõe as diferentes dimensões do sujeito receptor, observáveis a partir da educação para os meios.

Existe uma preocupação crescente, de caráter mundial, com a educação para os meios, ou seja, com a preparação das novas gerações para receber as mensagens dos meios massivos, especialmente da televisão. Para satisfazer esta necessidade, nos últimos trinta anos, tem aparecido uma grande variedade de enfoques teóricos, com objetivos e metodologias específicos.

A principal preocupação sempre foi defender a audiência[1] dos meios massivos que se supunha fossem quase onipotentes. E assim prevaleceu, nos primeiros tempos, o paradigma estímulo-resposta, vindo do criticismo literário,[2] da tradição dos efeitos do texto e do modelo hipodérmico.[3] Lazarsfeld[4] reagiu a este modelo abrindo novos caminhos. O paradigma do estímulo-resposta foi seguido pelo das artes populares, nos anos 1960. Por volta dos anos 1970, apareceu o paradigma do

---

[*] A versão inicial deste artigo foi apresentada no Encontro Mundial de Educação e Meios Audiovisuais, Espanha, 3-8 jul. 1995.

[1] Cabe salientar sobre o conceito de audiência a sua vinculação ao quadro referencial de tradição funcionalista de pesquisas empíricas, principalmente norte-americanas. No Brasil, tem sido adotado o conceito de Recepção, no sentido de ser ele capaz de abarcar o processo comunicativo de forma mais ampla. (N.E.)

[2] F. R. Leavis, Inglaterra, década de 1930, organizador da revista Scrutny, 1932, foi precursor dos estudos literários críticos aos meios de comunicação. Ver mais sobre o tema em: MATTELART, Armand; MATTELART, Michelle. *História das teorias de comunicação*. 3. ed. São Paulo: Loyola, 2000. (N.E.)

[3] Harold Lasswell é o iniciador das pesquisas em comunicação nos EUA na década de 1930. Criador da Teoria Hipodérmica (estímulo-resposta) com influência behaviorista, também conhecida como Teoria da Propaganda. (N.E.)

[4] Paul Lazarsfeld, década de 1940, EUA, precursor do Funcionalismo e das pesquisas de audiência de rádio, bem como da Communication Research. (N.E.)

136 • José Martinez de Toda y Terrero

telespectador crítico, que provinha da tradição dos *usos e gratificações*, ou seja, com uma base forte na audiência.

Como reação a esta tradição e partindo da influência do marxismo, via Althusser[5] e da psicanálise de Lacan,[6] a teoria da Escola britânica do filme desenvolveu o paradigma da Educação *Screen* (tela). Tomado, do mesmo modo, da semiótica, da semiologia de Roland Barthes,[7] do estruturalismo,[8] da linguística e da ideologia (principalmente da tradição dos estudos críticos culturais da Inglaterra e Estados Unidos[9]), produziu-se a teoria codificadora/decodificadora. Na América Latina, cresceu a tendência da *leitura crítica*.[10] Ao amparo de novas teorias da audiência, apareceu o paradigma representacional[11] que enfatiza a autonomia crítica, influenciado por Althusser, Paulo Freire, Barthes e outros.

Outras teorias da audiência também têm interferido na questão, tais como a tradição simbólica interacionista dos Estados Unidos, a dos estudos culturais consensuais, a da cultura popular, a ativa e interpretativa, a das mediações e a da democratização.[12]

De tais teorias surgiram novos enfoques na educação para os meios, especialmente o progressista. Além da dimensão pioneira – a crítica –, buscava-se ver o sujeito a partir de novos aspectos ou dimensões, como ativo, conhecedor, maduro, social e criativo. Assim se tem construído um sujeito multidimensional. Junto com os novos enfoques,

---

[5] A obra mais influente de Louis Althusser é *Aparelhos ideológicos de estado*. 7. ed. Rio de janeiro: Graal, 1988. (N.E.)

[6] LACAN, Jacques. *Escritos*. 4. ed. Rio de Janeiro: Jorge Zahar Editor, 1998. (N.E.)

[7] BARTHES, Roland. *Elementos de Semiologia*. 11. ed. São Paulo: Cultrix, 1996. (N.E.)

[8] Movimento que nasce na Europa, na década de 1960, com base nos estudos linguísticos e torna-se influente nas ciências sociais, principalmente através das contribuições de Claude Lévi-Strauss. Ver mais sobre o assunto em ECO, Umberto. *A estrutura ausente*. São Paulo: Perspectiva, 1976. (N.E.)

[9] Ver os trabalhos de Stuart Hall entre 1968 e 1979, com grande presença na Escola de Birmingham. HALL, S. Cultural Studies: two paradigms. *Media Culture and Society*, n. 2, 1980. (N.E.)

[10] MARTÍNEZ DE TODA Y TERRERO, J. Latin American approaches on media education. *Communication Research Trends*, St. Louis University, USA: CSCC, n. 3, 1995.

[11] MASTERMAN, Len. The media education revolution. *Canadian Journal of Educational Communication*, v. 22, n. 1, Spring, 1993.

[12] Outras classificações podem ser encontradas em FLEMING, Dan. *Media teaching*. Oxford UK & Cambridge, USA: Blackwell, 1993. p. 210. Ver também WHITE, R. A. Recepção: a abordagem dos estudos culturais. *Comunicação & Educação*, São Paulo: CCA-ECA-USP/ Moderna, n. 12, maio/ago. 1998; Tendência dos estudos de recepção. *Comunicação & Educação*, São Paulo: CCA-ECA-USP/Moderna, n. 13, set./dez. 1998. (N.E.)

iniciou-se um grande debate, que dura até hoje, sobre as metodologias que se deviam usar no campo de pesquisas da educação para os meios. O debate Bukingham[13]/Bazalgette[14] *versus* Masterman[15] é famoso neste campo. Em geral, as teorias de educação para os meios não explicam, ou explicam em termos muito gerais, por que se fazem as coisas ou como é que X conduz a Y.

Este é o problema geral: alguns afirmam que se apoiam em Paulo Freire, porém ele é muito vago no que diz respeito à personalidade, à cultura, enfim, a tudo aquilo que se dá nas audiências e sobre a construção de significados. Por isso, pergunta-se: que metodologia é a mais eficaz? Ou seja, que metodologia consegue os resultados que ela mesma anuncia? Até que ponto é útil ou significativo o material de conhecimento acadêmico que se dá aos estudantes de educação para os meios? Tudo isso implica que certo método produza determinados resultados e que possa ser avaliado. No entanto, embora pareça estranho, quase nenhum de tais métodos tem algum instrumento de avaliação.

Não existe nenhum instrumento mais ou menos generalizado para determinar se tais metodologias obtêm de fato os resultados que asseguram obter ou se realmente diferem entre si.

Mariet, na Inglaterra, desenvolveu formas para medir a audiência ativa.[16] Quin e McMahon,[17] na Austrália, tentaram avaliar o nível de conhecimento conceitual.

Fuenzalida e Hermosilla,[18] no Chile, avaliaram o material educativo que produziam, as oficinas de treinamento e a sequência do seu programa. Bowker,[19] do British Film Institute (Instituto Britânico de Filme), estabeleceu algumas estratégias e princípios de avaliação para o aprendizado dos meios. Mas a avaliação da metodologia usada não é

---

[13] BUCKINGHAM, D. Against demystification. *Screen*, v. 27, n. 5, p. 80-95, 1987.

[14] BAZALGETTE, Cary. The politics of media education. In: ALVARADO, M.; BOYD-BARRET, O. (Ed.). *Media education*: an introduction. London: British Film Institute, 1992.

[15] MASTERMAN, Len. The media education..., cit.

[16] MASTERMAN, Len; MARIET, F. Media education in 1990's Europe. *Council of Europe Press*, 1994.

[17] QUIN, R.; MCMAHON, B. Evaluating standards in media. *Canadian Journal of Educational Communication*, v. 22, n. 1, Spring, 1993.

[18] FUENZALIDA, V.; HERMOSILLA, M. E. *El televidente activo*: manual para la recepción activa de TV. Santiago do Chile: CPU, 1991. p. 275.

[19] BOWKER, Julian. *Secondary media education*: a curriculum statement. London: British Film Institute, 1991.

pensada como se deveria, quando se busca o sujeito ideal da educação para os meios em todas as suas dimensões. Como podemos escolher o melhor método, se não existem instrumentos que meçam sua validade? Que método tem mais validade? Esta é a pergunta crucial.

O presente artigo resume a minha modesta pesquisa, que trata de desenvolver um instrumento para avaliar a eficácia dos métodos que se usam entre os estudantes do ensino médio de Roma (jovens entre 11 e 14 anos de idade). Baseio-me em seis dimensões que assumem a maioria dos enfoques citados anteriormente. Cada metodologia está unida a uma determinada teoria da audiência, que, portanto, deve ser levada em conta.

Dificuldades de avaliação

Segundo Buckingham,[20] apesar da aparente confiança nas metas que se devem propor para obter resultados na educação para os meios, ainda temos pouco claro o que podemos esperar das crianças no que tange ao seu conhecimento sobre os meios. Não existe nenhum modelo aceito de progressão, nem uma relação definitiva sobre a natureza do aprendizado, na qual possa basear-se tal relação.

a) É difícil avaliar metodologias, porque a maior parte dos enfoques pedagógicos é uma mistura de métodos.

b) Não é fácil achar dados válidos, extremos e observáveis das dimensões a serem medidas, especialmente quando se retratam jovens adolescentes.

c) Há muitas e variadas metodologias, e cada uma delas reclama o direito de ser a metodologia válida.

d) A avaliação dos estudantes é considerada pelos seus professores como um exercício rotineiro e intuitivo, que raramente se questiona.

e) Avaliar e qualificar com notas os estudantes é uma fonte crucial de poder para os professores.

f) Para fazer uma avaliação, necessita de critérios explícitos sobre se houve um aprendizado. Tais critérios ainda não foram formalizados ou foram definidos de uma forma muito vaga e, em muitos casos, chegam a ser contraditórios. Houve debates

---

[20] BUCKINGHAM, D.; SEFTON-GREEN, J. *Cultural studies goes to school*. London: Taylor & Francis, 1994.

intensos, mas ainda inconclusivos, sobre quais critérios utilizar na avaliação.

Por exemplo: o que se pode tomar como evidência de que alguém tenha uma perspectiva verdadeiramente crítica? O enfoque denominado *criterion – referenced assessment* poderia resultar útil relativamente aos critérios para julgar o aprendizado de uma pessoa.

g) Enfatiza-se muito a autoavaliação, embora se tenha pouca orientação sobre como fazê-la. Os professores não sabem na realidade o que estão procurando nos modelos que utilizam. A autoavaliação de estudantes pode se transformar num processo artificial.

h) Servirá a avaliação do aprendizado de conceitos acadêmicos também como uma medida da sua compreensão? Conforme Buckingham, com certeza pode-se medir a habilidade do estudante para repetir aquilo que o professor lhe apresentou, mas tal habilidade não permite saber muito sobre o grau de compreensão de fato.

i) Finalmente, os professores devem tomar cuidado com alguns comentários supostamente avaliativos no *final feliz* de um programa de educação para os meios. Frases como "jamais prestarei atenção a um comercial como fazia antes" podem ser ditas para agradar o professor.

Principais metodologias

Os enfoques anteriormente mencionados utilizam diversas metodologias básicas, que são expostas a seguir e que se distinguem umas das outras por razões de clareza e análise. Seria, no entanto, difícil encontrar um professor que use qualquer uma delas na sua forma mais pura. A maioria se serve de todas, valendo-se de umas superpostas a outras, segundo a realidade do momento. Da mesma forma, eles ensinam as diversas dimensões, mas com ênfase e sob perspectivas diferentes.

Metodologia repetitiva

O estudante tem de repetir tudo o que é ensinado pelo professor. Para Fleming,[21] é um enfoque analítico demais, didático ou com excessiva

---

[21] FLEMING, op. cit., p. 28-29.

140 • José Martinez de Toda y Terrero

informação, que pode fazer com que as crianças fujam de um programa que, a princípio, pareceria excitante e motivador.

Metodologia radical

Tal metodologia supõe que os estudantes são passivos e que, portanto, o professor deve torná-los ativos. Se não são, devem aprender como proteger-se dos doentios meios massivos. Fixam-se especialmente nos aspectos negativos dos meios. Sua maior ênfase está no conteúdo da TV e menos no que acontece na audiência. Alguns a chamam também de metodologia crítica. Baseia-se no paradigma estímulo-resposta e no das artes populares; na teoria dos efeitos – a teoria *screen* (tela) – e na tradição crítico-democratizante. Preocupa-se em evitar a manipulação, especialmente a ideológica.

Dentro dessa metodologia, a figura mais importante na aula é o professor, que supõe ter muito a ensinar aos estudantes. Tende a desvalorizar o conhecimento que os estudantes já têm ou a considerá-lo como simplesmente inadequado, sem validade. Seu objetivo central (como o da educação tradicional para os meios) é substituir o conhecimento falso e ideologizado do jovem pelo verdadeiro e *objetivo*, que provém, na sua maior parte, da pesquisa acadêmica.

As habilidades receptivas ensinadas com a metodologia radical são regras de quando ver, como ver e por quanto tempo. São imposições de noções elitistas de valores intrínsecos. A este método corresponde o da educação formal, utilizada por muitas escolas e pela família. Como destaca Giovanni,[22] é um método tradicionalmente autoritário e dogmático. Seu uso é cada vez menor na educação para os meios. Foi suavizado nos anos 1980, centrando-se mais no estudante.

Metodologia progressista

A educação para a TV, segundo este método, seria o processo de preparação para o desenvolvimento das capacidades cognitivas, afetivas e conativas de alguém, a partir da TV, em benefício da sua comunidade. Ele fixa-se mais nas formas pelas quais os textos (dos programas de TV) circulam socialmente e são utilizados do que propriamente nos textos em si.

---

[22] GIOVANNI, G. *Storia della pedagogia*: fondamenti filosofici, basi scientifiche, orientamenti didattici, problemática pedagógica. Roma: Armando Editore, 1984. p. 5-10.

Propõe um diálogo aberto, construtivo, com os meios. Começa com aquilo que agrada os jovens. O professor programa as atividades junto com os estudantes, de acordo com suas necessidades.

Seu objetivo pedagógico é estender o processo *natural* de ver TV. Parte da realidade do sujeito, daquilo que o jovem conhece, de suas preferências e necessidades. Confronta isso com os significados dos programas e ajuda a recriar novos textos de acordo com a própria identidade.[23]

É um método que integra vários aspectos: o crítico, o estético, o moral. Esse método procura formar uma consciência crítica, desenvolver uma atitude ativa e liberar a criatividade grupal.[24] Trata não só de alertar sobre os aspectos negativos dos meios massivos, como também de estimular a criatividade e a expressão através deles, mediante jogos e atividades grupais. Ensina a conhecer o processo e as técnicas complicadas usadas pelos meios, a ver como eles nos apresentam a realidade, mas uma realidade mediada pelos próprios meios. Assim se aprende a ser uma audiência inteligente, capaz de distinguir, de assimilar ou de rejeitar dita realidade mediada. Supõe que a audiência é independente e responsável e que pode estabelecer seus próprios objetivos educativos.

Essa metodologia tem três etapas:

> [...] envolver os estudantes, tornando explícito o conhecimento que eles já têm; capacitá-los para sistematizar e generalizar dito conhecimento; e animá-los também a questionar a base de tal conhecimento, para se autoavaliarem e ir além dele. Trabalha-se de maneira a concretizá-las ao mesmo tempo, através do encontro com os colegas e através do conhecimento acadêmico do professor.[25]

Vigotsky oferece uma teoria social, ao mesmo tempo de consciência e aprendizado. Tenta fazer com que os jovens reflitam sobre suas experiências de cultura popular e, para isso, ele propõe que os alunos escrevam e leiam (ou façam suas próprias produções); que reflitam sobre a relação entre o subjetivo e o social; que se convertam em pesquisadores; e que pensem sobre o seu processo de pesquisa e entendam o racional teórico

---

[23] QUIROZ, María Teresa. Proyecto de recepción activa de TV. Estrategias educativas. In: MIRANDA, Martín (Ed.). *Educación para la comunicación:* manual latinoamericano. Santiago de Chile: Ceneca, 1992. p. 307-308.

[24] Id. *Educación para la comunicación,* cit., p. 21.

[25] BUCKINGHAM; SEFTON-GREEN, *Cultural...,* cit., p. 148.

do que estão fazendo, provocando debates sobre os textos. "Os temas de ideologia e poder social são centrais na nossa análise, especialmente no relativo ao masculino/feminino e à etnia."[26]

A metodologia progressista tem em comum alguns dos aspectos do modelo construtivista que Fleming[27] considera eficaz. Também se pode chamá-lo pedagogia crítica, "como uma forma de produção cultural mais do que como a transmissão de uma habilidade especial, de um corpo de conhecimentos, ou de uma série de valores".[28]

A este método ativo corresponde especialmente o método educativo da Educação para a Socialização e a Cultura,[29] embora também o mencionado anteriormente seja importante aqui. Os dois métodos se complementam e juntos asseguram o desenvolvimento equilibrado da pessoa e da cultura.

Existem várias experiências significativas que seguem o método progressista, ao menos na Inglaterra – Buckingham e o seu grupo – e na América Latina, com Ceneca no Chile, Cicosul em Lima, Peru, e a Universidade Nacional de Córdoba, na Argentina.

Metodologia celebratória

"Também não podemos simplesmente celebrar aquilo que já é conhecido pelos estudantes, colocando-os na categoria de peritos e a nós, professores, na de simples aprendizes[30] [...]." "O enfoque celebratório dirigido à cultura popular emergiu em alguns escritos recentes, em Fiske,[31] por exemplo."[32] Também é chamado de *suave*. A maior parte das metodologias pode ser resumida em dois tipos principais: a radical e a progressista. O estado geral da arte, especialmente o conhecimento sobre como as audiências constroem seus significados, sugere que o método progressista ajuda mais a conseguir entender as diferentes dimensões do sujeito.

---

[26] Ibid., p. 108.

[27] FLEMING, op. cit., cap. I, p. 7.

[28] GIROUX, H. A. Resisting difference: cultural studies and the discourse of critical pedagogy. In: GROSSBERG; NELSON; TEICHLER (Ed.). *Cultural studies*, Routledge, p. 202, 1992.

[29] GIOVANNI, op. cit.

[30] BUCKINGHAM; SEFTON-GREEN, *Cultural...*, cit., p. 117-118.

[31] FISKE, J. *Television culture*. New York: Methuen, 1994.

[32] BUCKINGHAM; SEFTON-GREEN, *Cultural...*, cit., p. 108n-109.

Sujeito multidimensional

Para poder avaliar a eficácia das diferentes metodologias e ver se produzem ou não os resultados que anunciam, é preciso que se tenha um *perfil ideal do sujeito* da educação para os meios. Em geral, é um ser consciente, segundo o conciso dicionário de Oxford: "[...] um indivíduo que sente que é um agente, que atua livremente segundo os ditados do seu ego coerente. O sujeito é o sentido construído do indivíduo em uma rede de relações sociais".[33]

Quais são as características do sujeito antes da educação para os meios? Quiçá pós-moderno, fragmentado, consumista, pragmático. Como é o sujeito depois da educação para os meios? A mais importante literatura mundial sobre a educação para os meios e as conversas com muitos professores e práticos indicam que este sujeito estaria caracterizado por seis dimensões. Elas provêm de conceito, objetivos e métodos da educação para os meios. Ao longo dos anos cada teoria da audiência e cada metodologia detectou e construiu diferentes atividades realizadas pelos receptores[34] e as isolou, de forma que fossem tidas em conta na educação para os meios. Cada dimensão pode continuar sendo analisada através de suas subdimensões. Isto ajudaria a estabelecer uma definição operativa e eventualmente um questionário com dados observáveis.

Um instrumento válido de pesquisa deveria incluir todas as seis dimensões, de forma que todas as metodologias pudessem ser avaliadas.

De fato, algumas metodologias enfatizam umas dimensões sobre outras, mas todas elas tratam de todas as seis dimensões. Estas têm se colocado dentro de uma teoria integrativa, na qual a cada uma segue-se outra. Isso faz com que cada uma seja parte de um processo, em que todas as atividades (interpretação, criatividade etc.) estão interconectadas. Dessa forma, tem surgido uma nova *construção* multidimensional. Na realidade, tais atividades não estão isoladas, porque todas elas pertencem à mesma pessoa. A primeira percepção do receptor já educado é *ativa*. A educação para os meios torna o receptor um *conhecedor*. A identidade do adolescente cresce e *amadurece* diante do televisor. O adolescente começa também a se

---

[33] FISKE, op. cit., p. 48.

[34] Adotamos o termo receptores onde o autor usa televidentes. (N.E.)

relacionar com outros, que medeiam e influem na interpretação de seus programas de TV (dimensão social). Tantas representações precisam ser julgadas e *criticadas* – até que se *crie* o último e definitivo texto. O seguinte gráfico representa esta teoria, que trata de ligar as seis dimensões, apesar de sua complexidade.

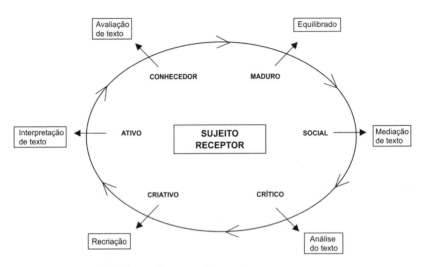

Teoria integrativa da audiência

Ativo

A dimensão de ser *ativo* perante os meios de comunicação foi iniciada e tem sido especialmente analisada pela tradição dos Estudos Críticos Culturais da Inglaterra e Estados Unidos.[35] O receptor faz a comparação do *texto* da TV com seu próprio contexto, quer dizer, com outros textos que vêm de sua identidade pessoal, de seu próprio conceito de si mesmo, de suas próprias prioridades, de sua cultura, de suas estratégias de processamento, de suas estratégias sociais e domésticas, de suas estratégias de conflito e solidariedade (isto é, eventualmente de poder). É muito importante o conceito que o sujeito tenha de si próprio.[36]

---

[35] WHITE, R. A. Audience interpretation of media: emerging perspectives. *Communication Research Trends*, St. Louis University, USA: CSCC, v. 14, n. 3, p. 3-13, 1994. Publicado em português em duas partes: Recepção: a abordagem dos Estudos Culturais. *Comunicação & Educação*, São Paulo: CCA-ECA-USP/Moderna, n. 12, p. 56-76, maio/ago. 1998; Tendências dos Estudos de Recepção. *Comunicação & Educação*, São Paulo: CCA-ECA-USP/Moderna, n. 13, p. 56-76, set./dez., 1998.

[36] LIVINGSTONE, S. M. *Making sense of television*: the psychology of audience interpretation. Oxford: Pergamon Press, 1990.

O texto primário se enriquece com o texto secundário, até chegar a se converter no texto terciário, definitivo, com intertextualidades horizontais e verticais.

Subdimensões do ser ativo

a) Decodificador livre: o primeiro contato do receptor com o televisor é de um processo codificador/decodificador para a *compreensão* do texto, pois os programas de TV têm códigos sociais, técnicos, convencionais, representacionais e ideológicos com uma polissemia copiosa.

b) Reativo: as formas de percepção dos receptores jovens são variadas. Ver TV pode ser uma atividade primária: reagiriam à TV mesmo quando absolutamente embebidos (isolados em seus próprios quartos). Outras vezes, reagiriam com comentários, perguntas, brincadeiras, jogos de simulação, mudando continuamente o canal com o controle remoto, com ironias, gestos, imitações. Também poderia ser uma atividade secundária, enquanto realizam outras atividades. Outros são sumamente organizados: só veem determinados programas e depois se dedicam a seus deveres escolares.

c) Seletivo: só percebem partes do texto, não todo ele na sua integralidade. Por razões sólidas ou aleatórias, alguns mudam de canal continuamente com o controle remoto.

d) Único: aquilo que um indivíduo compreende do texto é diferente do que compreendem outros. Coisas diversas chamam a atenção de cada um, de acordo com o momento psíquico que vivem então. O nível de profundidade é distinto. Alguns captam imediatamente o significado dos símbolos nos comerciais e filmes, outros precisam de mais prática e treino.

e) Reflexivo.

f) Recoletores textuais: os receptores contumazes de TV são produtores ativos. Eles são coletores ou recolhedores (*poachers*) textuais e nômades, que *cruzam terras de outros*, tomam só o que lhes resulta útil ou agradável, constroem sua identidade cultural e social tomando emprestado de outros, torcendo as imagens da cultura massiva e articulando preocupações em que quase sempre os meios massivos nem tocam.[37]

g) Pioneiro.

h) Negociador de significados.

i) Manipulador de significados, a serviço de outros interesses.

j) Construtor de significados. Os televidentes mais contumazes desenvolvem, além disso, ao menos cinco níveis de atividade.[38] O receptor ativo tem outras subdimensões cognitivas, de atitude e de conduta, que também se acham, como as anteriores, nas dimensões a seguir.

Conhecedor

O receptor *conhecedor* tem um grande conhecimento sobre a TV. Este conhecimento coloca-o em nível de igualdade para com ela, condição excelente para qualquer dimensão crítica. Também o ajuda a conseguir as dimensões sequenciais, mas é insuficiente para mudar suas atitudes. Agora já se tem em conta que os jovens conhecem muito sobre os meios massivos. De fato, em alguns aspectos, conhecem mesmo mais do que seus próprios professores.

Não obstante, têm limitações nesse conhecimento. Seria bom que desenvolvessem novas intuições e compreensões; que fossem capazes de refletir sobre o que já conhecem e praticam, sistematizando, aprofundando e avançando o conhecido.

Todo esse conhecimento, confrontado de novo com a sua própria identidade e a sua experiência no dia a dia, ajudaria o sujeito a generalizar e, eventualmente, a avaliar o texto. Essa dimensão cognitiva é crucial para as outras dimensões, como a crítica,[39] a criativa etc.

Conteúdo do conhecimento

O que ensinar? A alfabetização audiovisual é típica nos programas de educação para os meios da maioria dos países. Essa alfabetização deveria capacitar os estudantes a apreender o seguinte:

---

[37] JENKINS, Henry. *Textual proachers*: television fans & participatory culture. London: Routledge, 1992. p. 12s, 23.

[38] JENKINS, op. cit., p. 277-281.

[39] FLEMING, op. cit.

- Como ler palavras, imagens e sons com seus códigos.
- Como compreender o processo de produção de mensagens e signos.
- Como descobrir e interpretar os significados ocultos.
- Como identificar a quem se dirige a mensagem e o que pretende.
- Como manusear catálogos, manuais, perguntas e conceitos-
-chave.
- A história dos meios massivos.
- A estrutura dos sistemas dos meios.
- Os objetivos e interesses políticos, ideológicos, econômicos e pessoais de proprietários, produtores, atores, publicistas etc.
- A entender a diferença entre ficção e realidade.

Subdimensões do receptor conhecedor

a) Equilibrado, profundo, sistemático: o receptor necessita de novo conhecimento com essas características. Conhecimento multifacetado de todos os aspectos da TV (intuições e compreensões).

b) Científico: avançar a partir dos conceitos do sentido comum e espontâneo para os científicos,[40] e até a uma compreensão mais conceitual.

c) Reflexivo e metacognitivo: necessitam de um tipo de reflexão que os psicólogos chamam metaconhecimento, isto é, observar não só o objeto a que se refere o conceito, mas também o processo usado ao pensar nele.

d) Alfabetizado pelos meios: *essa alfabetização* deve relacionar-se com a cultura de hoje, que está, na sua maior parte, mediada eletronicamente. Daí os termos *alfabetização cultural* e *alfabetização mediada eletronicamente*.

e) Intérprete.

f) Avaliador técnico.

g) Desmistificador dos meios massivos.

h) Explorador, descobridor, analítico.

i) Perceptivo racional.

---

[40] VYGOSTKY, L. *Thought and language*. Cambridge: MIT Press, 1962.

Algumas destas subdimensões se acham também nas demais dimensões.

Maduro

Esta dimensão deve muito à tradição simbólica interacionista e[41] ao criticismo cultural.[42]

Problemas dos adolescentes entre 11 e 14 anos de idade, e o que a TV e os meios lhes oferecem:

1) O problema mais importante dos adolescentes é o crescimento e sua identidade. As crianças aceitam tudo o que vier de seus pais. Mas, ao crescerem, eles querem estabelecer pessoal e coletivamente seu próprio sistema de valores. A adolescência é o momento do desenvolvimento da própria identidade. Sua identidade e subjetividade estão muito relacionadas com as variáveis demográficas (idade, sexo, classe social, etnia). Querem saber como superar as frustrações da vida, como desenvolver sua autoestima, como viver em família e, em muitos casos, como enfrentar problemas como o álcool, as drogas, desvios sexuais, a violência, o racismo. (Certamente estes problemas são mais urgentes para eles que os da ideologia política.) Por sua parte a TV promove modelos que confrontam situações similares às vividas pelos adolescentes. Apresenta soluções (verdadeiras ou falsas) a seus problemas diários e oferece respostas sobre sua identidade pessoal, social e sobre seu destino.

2) A formação da afetividade é importante nessa idade. Isto também se relaciona com a TV, pela qual sentem grande simpatia; como demonstraram várias pesquisas, a TV é um amigo para eles. A imagem e o som têm um poder emotivo e sedutor importante.

A TV é uma arte popular, com belos artistas. A TV dá às audiências o que elas buscam: prazer, alegria, um sentimento de grupo, satisfação. O aprendizado sobre a cultura popular pode proporcionar aos adolescentes a oportunidade para refletir e olhar a si próprios e desenvolver suas capacidades afetivas e sociais.

---

[41] WHITE, R. A. Audience interpretation..., op. cit., p. 13-18.

[42] Ibid., p. 19.

3) Os adolescentes são admiradores contumazes dos ídolos famosos: cantores, futebolistas, campeões de *motocross*, atores de filmes de ficção científica, vários tipos de *madonas*. Estes são seus heróis, com os quais se identificam e aos quais querem imitar. As paredes de seus quartos estão cobertas com fotos deles. Pertencem à *"Cultura do quarto do jovem*: onde os meios e as identidades se encontram".[43] As audiências conseguem ter uma impressão de poder, quando fazem o papel de outra pessoa. A relação emotiva com a TV se comparte, se discute e se constrói também em seus grupos[44] em suas *subculturas* e nos grupos de *fan-borde*.[45] Assim como psicologicamente a publicidade cria os receptores, eles também criam a si próprios na publicidade. A semiologia e a psicologia parecem estar interconectadas de uma forma inseparável.

4) Os adolescentes querem informação sobre o mundo dos jovens de maior idade. Isto lhes interessa especialmente nas etapas de intensa mudança e de rápido crescimento, quando às vezes não se obtém informação fácil da família, dos amigos ou da escola. Nestes casos a TV é a grande iniciadora. Se a TV era antes simplesmente uma lanterna, nos momentos de crescimento pode chegar a ser um potente jorro de luz (positivo ou negativo).

Outras idades, além da adolescência, também têm seus problemas. O jovem atual tem características diversas das dos jovens de quinze anos atrás. E essas características têm muito a ver com os meios de comunicação social de hoje.

Subdimensões do receptor maduro

a) Reflexivo.

b) Pode desenvolver suas capacidades afetivas e sociais.

c) Cresce de forma equilibrada.

d) Admirador consciente e equilibrado de seus heróis.

e) A educação para os meios pode ajudar os adolescentes a liberar e a controlar, ao mesmo tempo, sua imaginação, excitada pela TV.

---

[43] BROWN, et al. Teenage room culture: where media and identifies intersect. *Communication Research*, v. 21, n. 6, 1994.

[44] FUENZALIDA; HERMOSILLA, op. cit., p. 224.

[45] JENKINS, op. cit., p. 1-3.

Social

Esta dimensão é devida à tradição das mediações,[46] à tradição simbólica interacionista e à tradição dos estudos culturais consensuais.

Processo natural: o adolescente está passando de uma atitude de certa forma egoísta a outra mais sociável, abrindo-se ao contexto social. Passa a fazer parte de grupos e comunidades, onde encontra um sentido de conjunto.

Subdimensões do receptor social

a) Consciente das mediações sociais: se ele comentar o que viu no programa de TV com outros na casa, com os amigos, na escola, no trabalho, em reuniões, talvez possa mudar a interpretação que tinha feito por conta própria, criando uma nova.[47]

Esta é a teoria das mediações, desenvolvida por Jesús Martín--Barbero, Orozco-Gómez, Leoncio Barrios (Venezuela).

b) Consciente das mútuas influências: compreende como pode influir em outros, e como outros podem influir nele próprio, criando assim novos significados sociais. As diferentes instituições sociais tentarão propagar valores e condutas, às vezes gerando contradições entre si. O

---

[46] WHITE, Audience interpretation..., cit., p. 22-25.
[47] MARTÍNEZ DE TODAY TERRERO, J. La audiencia ante los medios. *Temas de comunicación*, Caracas: UCAB, n. 7, 1994.

adolescente deve conhecer por que tal pessoa ou instituição interpreta as coisas daquela forma tão diferente. Isto o fará também se perguntar: em quem posso confiar mais?

c) Os adolescentes amam o *rock*, não pela letra (que não entendem se estiver em uma língua estrangeira), mas porque lhes cria um *espaço* onde podem ser livremente eles mesmos. Outros espaços são as discotecas, a noite, a moda, os modernos supermercados, programas preferidos de TV.

A educação para os meios pode mediar ou criar um *lugar* para este rito, que pode atrair os adolescentes para a companhia e camaradagem, onde se cria, se modifica e se transforma uma cultura compartilhada.

d) Os indivíduos são membros (ou criadores) de diferentes comunidades de apropriação (e reapropriação) das mensagens que eles recebem. O receptor faz o intercâmbio das próprias interpretações com as de outros membros. Assim surge uma *comunidade interpretativa*, que dará um significado especial ao programa de TV. Para alguns, este é o objetivo primário perseguido pela educação para os meios: a criação de *lugares* onde os participantes possam *explorar* e se aproveitar das funções estéticas, rituais, éticas e ideológicas dos meios para a mudança social e cultural. Dita comunidade, guiada por seus valores culturais, pela razão e pela educação para os meios, poderá robustecer a cultura e a identidade de seus membros.

A educação para os meios tenta preparar os indivíduos para conhecer e manter a cosmovisão, a cultura e o *éthos* de sua comunidade; tenta ajudá-los a viver em sociedade, a adaptarem-se às mudanças que devem fazer, a contribuir para a conservação de sua identidade cultural, a resolver conflitos e a buscar soluções para os problemas comuns.

e) Os receptores julgam e avaliam os programas de TV segundo os principais valores do grupo.

f) A educação para os meios oferece uma grande oportunidade aos adolescentes para desenvolver suas habilidades de participação.

Crítico

Esta dimensão deve muito a cada um dos autores da tradição dos estudos críticos e culturais da Inglaterra e dos Estados Unidos, e à tradição dos estudos culturais consensuais. Este é um passo adiante na descrição das dimensões do sujeito da educação para os meios. O receptor ativo teve uma primeira confrontação com o *texto* da TV. Depois recebeu ajuda do conhecimento técnico (dimensão cognitiva), confrontou-o com sua identidade pessoal (dimensão de maturidade), com as mediações (dimensão social). Agora ele analisa o *texto* de novo e o confronta mais profundamente com sua identidade cultural.

Conceito de crítico

A palavra crítico pode enfatizar diversos aspectos:

1) Valores e critérios sociais e éticos.
2) Dignidade humana.
3) Identidade cultural.
4) Coerência moral.
5) Alguns enfatizam o aspecto ideológico.
6) Bourdieu fala de uma espécie de capital cultural, consciente da distribuição do poder dentro da sociedade.
7) Formas compartilhadas de experiência.

Como chegar a ser crítico?

Através da identificação do sujeito com sua própria cultura, valores e significados.

Quanto maior for a identificação cultural e ética do receptor, mais crítico chegará a ser quando estiver diante de um texto que seja oposto a seus valores. A coerência moral brota da identidade, do seu senso genuíno de dignidade humana. Não poderemos chegar a ser críticos sem antes ter uma identidade cultural à qual podemos nos referir.

A educação para os meios é um foro, em que os participantes confrontam as provocações morais dos meios, e no qual se clarificam, se purificam e afirmam seus próprios valores.

Subdimensões do receptor crítico

a) Reflexivo: a reflexão também ajuda a ser crítico. Alguns têm desenvolvido esta subdimensão. O estudante pergunta a si próprio e a outros: por que vejo tais programas? Será que percebo que as mensagens dos meios não são simplesmente *janelas* para o mundo, mas *construções*, influenciadas por muitas mediações? Dessa forma, o estudante adquire mais consciência.

b) É capaz de discernir a falsificação, os preconceitos e as ausências na reportagem dos fatos e nas representações da realidade. Conhece as limitações de cada fonte.

c) Ela ou ele tornam-se mais claramente conscientes de sua identidade cultural.

d) As habilidades perceptivas ensinarão as crianças a distinguir entre o conteúdo do programa e sua intenção comercial. No entanto, esse treinamento não pode ficar na escola primária. A hábil análise da informação (com as limitações de cada fonte) é um requisito de aprendizagem permanente para uma cidadania informada.

e) Em algum momento o estudante se converte em juiz e decide a favor ou contra o texto. Terá de apoiar o que a TV tem de educativo, ou terá de dar novos significados e canalizar o que a TV tiver de negativo.

f) A comunidade interpretativa clarifica, purifica e afirma seus próprios valores morais, quando fica diante de mensagens provocadoras.

g) A compreensão crítica oferece ao indivíduo um grau de poder e controle sobre seus processos de interpretação.

h) O indivíduo será menos manipulado e explorado. Para muitos o desenvolvimento das faculdades críticas dos estudantes tem sido o objetivo central da educação para os meios, pensando que uma audiência treinada pode ser menos explorada.

i) Criticamente autônomo, fora da aula e quando se considera adulto.

Criativo

Esta dimensão também deve muito a cada um dos autores da tradição dos estudos críticos culturais da Inglaterra e dos Estados Unidos.

Subdimensões do receptor criativo

a) É criativo individualmente. Torna-se fonte de mensagens para outros.

b) É membro de uma *comunidade criativa*. O objetivo final das dimensões anteriores é promover, através da educação para os meios, baseada na audiência, a formação de uma comunidade criativa. Este é o lugar onde os jovens podem aprender a utilizar os meios para a *recriação* simbólica e para expressões de sua astúcia cultural partilhada. Pode ser também um *Areópago* (do grego, reunião de sábios, homens ilustres) para a negociação e síntese ideológica.

Uma boa metodologia da educação para os meios tenta criar uma atmosfera natural, na qual os receptores possam ter a oportunidade de escrever seu próprio texto. Treina-os para que se apropriem criativamente dos significados propostos pelo grupo. Essa apropriação dos meios começa com a apropriação do significado, que se constrói desde a própria realidade histórica e cultural do grupo. Tenta desenvolver os talentos pessoais de seus membros com uma metodologia educativa baseada na comunicação grupal, nos jogos e nas produções.

A focalização lúdica permite também aos adolescentes aprender a separar a ficção da realidade. A educação para os meios treina os alunos para usar criativamente os diversos meios de expressar sentimentos e ideias, e de criar objetos úteis ou de satisfação estética. Essa criação não se faz somente por indivíduos, mas também por grupos.[48]

c) Alguns diferenciam produtividade semiótica e enunciativa.

d) Essa criatividade manifesta-se de diversas formas. Não só se recriam textos, mas também se escrevem novas histórias (arte popular).

e) A criatividade se fomenta com uma focalização lúdica. O prazer com que o receptor frui um programa de TV é parte dessa dimensão criativa. O relato, as piadas, os jogos de simulação, a comunicação grupal, as perguntas para a discussão do grupo, a produção de um formato de TV (telenovela, série de TV, comerciais, notícias etc.) oferecem oportunidades para

---

[48] MIRANDA (Ed.). *Educación...*, cit.; CHARLES CREEL, Mercedes; OROZCO-GÓMEZ, Guillermo (Ed.). *Del sujeto individual al sujeto colectivo en la educación para la recepción.* México, DF: Universidad Iberoamericana, 1990. p. 29.

a criatividade. Pede-se ao telespectador, de diversas maneiras, que se converta em fonte criadora de mensagens para os outros. Depois do exercício e do jogo, pode haver discussão e síntese.

f) Os fãs produzem personagens e séries completas em cartas aos produtores e a outros fãs.[49]

g) Os grupos subordinados fruem o prazer vulgar como um símbolo subversivo de sua independência com referência aos grupos dominantes. O *rock* e as telenovelas geram um prazer típico.

h) A dimensão criativa também considera (especialmente para os adultos) o desejo de influir no sistema dos meios e nas políticas de comunicação, quando estes não satisfazem às necessidades sociais de comunicação. A Educação para a Comunicação (especialmente desenvolvida na América Latina) significa: educação para uma comunicação democrática, participativa e alternativa na escola e na sociedade civil; especialmente por aqueles que não podem desfrutar dos seus direitos e estão privados de poder. Também significa educação para a recepção organizada em grupos, atividades escolares etc. Este trabalho não se faz de forma isolada, mas integrada a outros objetivos: educação, organização (movimentos sociais), ação, mudança etc.

Nesse sentido, o educador é um animador cultural, educomunicador, mediador, gestor de processos comunicacionais (no sentido de que inter-relaciona cultura, comunicação e educação) ou dos processos democratizadores da comunicação.[50]

Instrumento multidimensional de avaliação

Todos os professores gostariam de saber, ao final de seu programa de educação para os meios, se seus alunos obtiveram as dimensões que acabam de ser descritas. Isto avaliaria a metodologia que foi usada. Para tal empreendimento, as dimensões expostas anteriormente formam a base para construir esse instrumento de avaliação. Por conseguinte, este seria um instrumento multidimensional, que poderia medir e quantificar, ao

---

[49] JENKINS, op. cit., p. 279-280.

[50] SOARES, Ismar de Oliveira. Manifiesto de la educación para la comunicación en los países en vías de desarrollo. *Encuentro mundial de educación y media audiencia*. España: La Coruña, 3-8 julio, 1995. Ver também Educomunicação: um campo de mediações. *Comunicação & educação*, São Paulo, CCAECA-USP/Segmento, n. 19, p. 12-24, set./dez. 2000. (N.E.)

mesmo tempo, as seis dimensões já citadas. Tal instrumento avaliador requer que se determinem previamente as metodologias de cada professor. Estas serão, de alguma forma, parecidas às metodologias teóricas mencionadas antes. Mas provavelmente elas estarão bem mais mescladas e serão diferentes, levando em conta a prática concreta de cada professor. Os resultados obtidos, a partir das entrevistas com professores e estudantes, indicarão que metodologias têm sido mais eficazes.

As entrevistas servirão também para determinar se outras variáveis (diferentes das metodologias) têm influenciado nos resultados. O instrumento consiste em um questionário, que deve ser respondido pelos mesmos professores: pede-se a eles que avaliem cada pergunta, desde Nada (0) até Muito Pouco (1), Pouco (2), Bastante (3), Muito (4) e Muitíssimo (5). Os estudantes recebem outra série semelhante de perguntas para sua autoavaliação. O instrumento será válido, medindo aquilo que pretende realmente medir, se corresponder ao estado geral do conhecimento sobre como as audiências constroem os seus significados. As perguntas são baseadas nas definições conceituais e operativas das dimensões, explicitadas anteriormente; elas recolhem dados observáveis, externos e visíveis. Para obter tais dados, ademais do trabalho teórico, cujo sumário foi apresentado antes, são necessárias muitas entrevistas com professores e estudantes, em um estilo de pesquisa qualitativa. O questionário tem de ser feito com ajuda de grupos de controle, de observação participante, de informantes-chave e de documentos históricos. Deve-se, também, comprovar sua consistência ou garantia (*reliability*), de modo que possa ser útil a outros.

Referências bibliográficas

BAZALGETTE, Cary. The politics of media education. In: ALVARADO, M.; BOYD-BARRET, O. (Ed.). *Media education*: an introduction. London: British Film Institute, 1992.

BOWKER, Julian. *Secondary media education*: a curriculum statement. London: British Film Institute, 1991.

BROWN, et al. Teenage room culture: where media and identifies intersect. *Communication Research*, v. 21, n. 6, 1994.

BUCKINGHAM, D. Against demystification. *Screen*, v. 27, n. 5, 1987.

_____; SEFTON-GREEN, J. *Cultural studies goes to school*. London: Taylor & Francis, 1994.

CHARLES CREEL, Mercedes; OROZCO-GÓMEZ, Guillermo (Ed.). *Del sujeto individual al sujeto colectivo en la educación para la recepción*. México, DF: Universidad Iberoamericana, 1990.

FISKE, J. *Television culture*. New York: Methuen, 1994.

FUENZALIDA, V.; HERMOSILLA, M. E. *El televidente activo*: manual para la recepción activa de TV. Santiago do Chile: CPU, 1991.

GIOVANNI, G. *Storia della pedagogia*: fondamenti filosofici, basi scientifiche, orientamenti didattici, problemática pedagógica. Roma: Armando Editore, 1984.

GIROUX, H. A. Resisting difference: cultural studies and the discourse of critical pedagogy. In: GROSSBERG; NELSON; TEICHLER (Ed.). *Cultural studies*. London: Routledge, 1992.

JENKINS, Henry. *Textual poachers*: television fans & participatory culture. London: Routledge, 1992.

LIVINGSTONE, S. M. *Making sense of television*: the psychology of audience interpretation. Oxford: Pergamon Press, 1990.

MARTÍNEZ DE TODA Y TERRERO, J. Latin American approaches on media education. *Communication Research Trends*, St. Louis University, USA: CSCC, n. 3, 1995.

_____. La audiencia ante los medios. *Temas de comunicación*, Caracas: UCAB, n. 7, 1994.

MASTERMAN, Len. The media education revolution. *Canadian Journal of Educational Communication*, v. 22, n. 1, Spring, 1993.

_____; MARIET, F. Media education in 1990's Europe. *Council of Europe Press*, 1994.

MIRANDA, Martín (Ed.). *Educación para la comunicación*: manual latinoamericano. Santiago de Chile: Ceneca, 1992.

QUIN, R.; MCMAHON, B. Evaluating standards in media. *Canadian Journal of Educational Communication*, v. 22, n. 1, Spring, 1993.

QUIROZ, María Teresa. Proyecto de recepción activa de TV: estrategias educativas. In: MIRANDA, Martín (Ed.). *Educación para la comunicación*: manual latinoamericano. Santiago de Chile: Ceneca, 1992.

SOARES, Ismar de Oliveira. Manifiesto de la educación para la comunicación en los países en vías de desarrollo. *Encuentro mundial de educación y media audiencia*, España: La Coruña, 3-8 julio, 1995.

VYGOSTKY, L. *Thought and language*. Cambridge: MIT Press, 1962.

WHITE, R. A. Audience interpretation of media: emerging perspectives. *Communication Research Trends*, St. Louis University, USA: CSCC, v. 14, n. 3, 1994.

Comunicação, educação e novas tecnologias: tríade do século XXI[*]

Transformar a escola vai além da incorporação das novas tecnologias, exige a desnaturalização da lógica do mercado que orienta seu uso e desenvolvimento.

GUILLERMO OROZCO-GÓMEZ[**]

Professor titular do Departamento de Estudos da Comunicação Social da Universidade de Guadalajara, México.

Neste trabalho parto das premissas de que as novas tecnologias de informação apresentam um desafio substantivo, e não só e simplesmente instrumental ou de modernização à educação e à comunicação, e de que a abundância de benefícios e facilidades que prometem mais que abrir uma série de possibilidades reais simplesmente nos fazem pensar com mais exatidão que poderiam contribuir para a democratização da comunicação, da educação e do conhecimento. Nesse sentido, argumento para afirmar que a vinculação que deve se estabelecer entre comunicação, educação e novas tecnologias comporta uma dupla dimensão. Por uma parte, as novas tecnologias devem se articular como suporte de uma comunicação educativa mais diversificada, através do aproveitamento de variadas linguagens, formatações e canais de produção e circulação de novos conhecimentos. Por outra parte, as novas tecnologias devem constituir-se também em objetos de análise e estudo, através de processos de pesquisas dos seus efeitos, usos e representações culturais. Sobretudo, através do planejamento de estratégias de educação dos usuários que tenham como objetivo formar interlocutores capacitados para uma recepção e produção comunicativa ao mesmo tempo múltipla, seletiva e crítica.

A tríade comunicação, educação e novas tecnologias resume uma das problemáticas substantivas do novo milênio. Constitui um desafio central, não só para os comunicadores e os educadores preocupados

---

[*] Texto publicado originalmente na revista *Comunicação & Educação*, n. 23, p. 57-70, jan./abr. 2002.

[**] Palestra realizada por Guillermo Orozco-Gómez na abertura do V Simpósio de Pesquisa em Comunicação da Região Centro-Oeste, Goiânia, Brasil, Universidade Federal de Goiás, maio 1999.

pelo avanço da tecnologia telemática e digital e suas múltiplas vinculações mútuas, mas também para a democracia e, claro, para a cultura, como processos maiores que contextualizam e condicionam a geração, circulação e consumo do conhecimento.

Nunca como agora o aparato tecnológico, sempre presente ao longo da história, havia desafiado tanto os diversos campos disciplinares e condicionado tão profundamente o acontecer cotidiano das sociedades, os grupos e os indivíduos. Neste novo século as novas tecnologias de informação, ao mesmo tempo que abrem uma série de possibilidades para um intercâmbio mais eficiente e variado de conhecimentos, revelam também um cenário preocupante para o futuro de nossas sociedades. É um cenário preocupante porque, quanto mais benefícios e promessas de desenvolvimento humano podemos inferir das novas tecnologias, mais esferas da vida cotidiana, política, econômica, profissional, cultural e social são afetadas e, portanto, requerem mais nossa atenção.

A promessa dos benefícios que as novas tecnologias oferecem continua sendo só uma promessa para a maioria das sociedades contemporâneas. Segundo cifras recentes do Instituto Nacional de Estatística do México (Inegi, 1999), 60% de todos os computadores do mundo conectados à Internet estão localizados num só país, os Estados Unidos. Enquanto inferimos e até antecipamos os múltiplos benefícios oferecidos pela tecnologia, constatamos as enormes diferenças que estas tecnologias estão abrindo para a maioria dos seres humanos.[1]

A pergunta-chave não é mais se são ou não desejáveis as novas tecnologias, por exemplo, no campo educativo e comunicativo, mas sobre os modos específicos de incorporação da tecnologia nestas e em outras esferas da vida.

Atualmente já não é possível prescindir das novas tecnologias. Fazê-lo significaria um retrocesso histórico de proporções incalculáveis. Mas também não se trata de acolher a tecnologia tal e como ela nos é oferecida pelo mercado, nem para os fins que os mesmos produtores e comerciantes da tecnologia desejam. Não se trata de incorporar acriticamente a tecnologia no tecido social, educativo e comunicativo. O que estamos requerendo, sobretudo nos países consumidores, não produtores de novas tecnologias, como os latino-americanos, é uma série de estratégias que permitam a nossas sociedades aproveitar o potencial da tecnologia

---

[1] VENTURELLI, S. Human rights and democracy in cyberspace: frameworks, standards and obstacles. *Journal of International Communication*, v. 5, n. 1 e 2, p. 11-24, jun./dez. 1998.

para nossos próprios fins e de acordo com as nossas peculiaridades culturais, científicas e tecnológicas. E isto é fácil de dizer, mas bastante difícil de pôr em prática, porque supõe consciência e vontade políticas muito firmes por parte dos estados nacionais, e uma sensibilidade e decisão de exigência também muito firmes e claras da sociedade no seu conjunto, particularmente de todos os grupos, instituições e organizações democráticas. É aqui que deveria se manifestar a ação das instituições sociais, culturais e educativas, que, sem serem as únicas instituições sociais, mas por suas características próprias e por seu peso específico na produção de conhecimentos e na educação e intercomunicação dos sujeitos sociais, têm alta responsabilidade e, ao mesmo tempo, oportunidade para influir no curso futuro do desenvolvimento das novas tecnologias.

Não estou sugerindo que tudo depende de tais instituições sociais. O problema transcende qualquer tipo de instituição, já que é um problema geral, globalizado. No entanto, quero colocar a ideia de que as instituições sociais, em especial as educativas e culturais, e todas as instituições de comunicação, acadêmicas e de mercado, têm de assumir e enfrentar o desafio a partir de sua própria especificidade, com o objetivo de contribuir para um futuro mais humanizado que o presente e, esperamos, um pouco mais democrático também. Na sequência, queria referir-me especificamente à função da educação e da comunicação ante as novas tecnologias. Para isso abordarei rapidamente a origem do desenvolvimento tecnológico, para situar aí as possibilidades intrínsecas que o fato tecnológico carrega consigo, como meio de transformação. Depois tratarei do tipo de vínculo desejável entre a educação e as novas tecnologias. Finalmente, refiro-me ao papel possível e desejável dos comunicadores nessa vinculação.

Tecnologias: resultado de decisões políticas e econômicas

O sociólogo inglês da cultura, Raymond Williams, em seu livro *O ano 2000*,[2] afirma que o desenvolvimento tecnológico tem dependido

---

[2] WILLIAMS, Raymond. *The year 2000*. A radical look at the future and what we can do to change it. New York: Panteon Books, 1983. p. 275.

162 • Guillermo Orozco-Gómez

historicamente não de decisões técnicas, mas de decisões políticas e econômicas, e nos últimos anos tem dependido – eu agregaria –, sobretudo, de um particular tipo de decisões econômicas: decisões do mercado, dos mercados internacionais. Esta compreensão crítica do desenvolvimento tecnológico na história mundial supõe entender que o motor da tecnologia não é a descoberta científica nem sequer a descoberta tecnológica em si mesma, mas sim a particular mediação política no desenvolvimento dos mercados das forças de poder operantes, tanto em nível local, regional, como, sobretudo agora, em nível mundial.[3] Repassando a história da introdução de novas tecnologias no campo da comunicação, achamos no Canadá um primeiro caso muito ilustrativo: caso da TV em cores dos anos 1960. A TV em cores já existia como tecnologia e era usada em países europeus e nos Estados Unidos, mas sua introdução no Canadá retardou-se em alguns anos, não obstante a demanda da sociedade canadense por fruí-la. Esse atraso deveu-se precisamente ao fato de que a programação televisiva norte-americana em branco e preto precisava do mercado canadense para produzir os lucros esperados pelos produtores, os quais consideravam que, se introduzida a TV em cores no Canadá, iriam perder muito dinheiro, tendo em vista que não poderiam extrair dessa programação em branco e preto o lucro que esperavam.[4]

Outro caso eloquente é o da maneira como se realizou, em princípio da década de 1950, a introdução da TV no México. Nesse ano, o presidente mexicano de plantão encomendou a dois prestigiados intelectuais que viajassem por diversos países onde já havia televisão, para pesquisar sobre as vantagens e desvantagens dos diferentes sistemas televisivos vigentes. Os intelectuais mexicanos regressaram da sua viagem e recomendaram ao presidente do México um sistema de TV parecido ao sistema alemão, com uma TV de serviço público, cultural, que incorporasse as expressões das diferentes regiões do país. O presidente não fez caso das recomendações e decidiu, então, incorporar a TV ao México, copiando o modelo dos Estados Unidos, o que significou a outorga em concessão da TV a um grupo privado para o seu usufruto comercial, dentro de um modelo de TV orientado para a obtenção dos máximos ganhos para seus donos. Ainda mais, o mesmo presidente

---

[3] OROZCO-GÓMEZ, G. *La investigación de la comunicación dentro y fuera de América Latina*. Tendencias, perspectivas y desafíos del estudio de los medios. Facultad de Periodismo y Comunicación Social. Universidad Nacional de la Plata, Argentina, 1997. p. 235.

[4] Id. La computadora en la educación: dos racionalidades en pugna. *Diálogos de la Comunicación*, Lima: Felafacs, n. 37, p. 29-37, 1993.

converteu-se num dos principais acionistas da nova empresa televisiva, que se chamou Telesistema Mexicano, beneficiando-se economicamente do novo negócio.

Este caso mostra como uma decisão política do representante do poder estabelecido determina o curso do desenvolvimento tecnológico, no caso, o da TV.

O caso mexicano que comento não acabou, no entanto, por aí. Ao copiar o modelo dos Estados Unidos, copiou-se tudo, menos sua competitividade. Ou seja, não se deram concessões, mas uma concessão única, a um só grupo. Assim, os presidentes mexicanos seguintes continuaram preservando e alentaram o monopólio do que, com os anos, chegou a ser a Televisa do México, em benefício do qual eliminaram os interesses de competição de outros grupos, que procuravam obter também concessões para abrir outros canais.

O resultado desta quase inacreditável história foi que os mexicanos, até cinco anos atrás, não tiveram opções televisivas reais. Houve só a ditadura do modelo Televisa, baseado no espetáculo e no estímulo do consumo dos telespectadores. Na verdade existiu outra empresa televisiva do governo mexicano: o Canal 13, empresa que também assumiu o mesmo modelo da Televisa. Seus objetivos não foram oferecer uma alternativa à Televisa, mas sim um canal de televisão criado com um fim político, devido a um conflito entre a elite política, objetivando o manejo da imagem do governo nos conflitos da América Central durante os anos 1970. O Canal 13, posteriormente, terminou assumindo, quando foi vendido a outro grupo privado no início dos anos 1990, as políticas neoliberais, pelas quais o Estado foi se desfazendo de muitas empresas que anteriormente eram de sua propriedade. Poderia continuar citando casos similares, ilustrativos das forças e decisões reais que têm movimentado o desenvolvimento tecnológico na história moderna em muitos outros países, como no caso da telefonia inglesa, também retardada para que se pudesse explorar mercadologicamente o sistema de cabeamento de telegrafia, que tinha sido completado justamente quando já havia a tecnologia telefônica. Ou o caso mais recente, da Internet, que, como tecnologia, existia dentro do sistema militar dos Estados Unidos vários anos antes de ter seu acesso generalizado a outros grupos sociais.

Com estes e outros muitos exemplos que existem, quero dizer que uma nova tecnologia só chega a ser tal quando é mercadologicamente viável e politicamente conveniente. E isto tem muitas implicações para nós, comunicadores, cidadãos preocupados por instaurar a democracia.

Uma primeira implicação é que nenhuma das tecnologias que vemos surgir no mercado obedece a uma necessidade histórica.

A tecnologia não é um resultado inevitável, nem natural, do avanço científico. Toda tecnologia podia e pode ser diferente, podia e pode ser outra, diversa.

Um exemplo que evidencia a anterior afirmação é, outra vez, um caso mexicano. Um engenheiro inventou, no México, um sistema de TV em cores no fim dos anos 1950. Esse sistema era muito mais nítido e perfeito do que o vigente na TV aberta tradicional (na TV *broadcasting*). A qualidade desse sistema de TV colorida era semelhante à da TV a cabo, da qual agora desfrutamos. Mas as grandes empresas multinacionais (General Electric, Phillips, RCA Victor etc.), que já estavam fabricando milhões de aparelhos de televisão para receber e projetar a imagem em cores, consideraram que o sistema do engenheiro mexicano supunha um componente que tornava mais caro o aparelho, e isso provocaria o efeito de que a compra e o uso da TV em cores no mundo não se expandiria tão rapidamente como se planejava.

Este caso impactou negativamente no possível desenvolvimento alternativo da TV em cores no mundo. O resultado foi que a grande maioria da população teve de contentar-se com um sistema de TV colorida menos perfeito do que poderia usufruir, e só uma porção minoritária da população, a que pode pagar, teve acesso aos sistemas por cabo ou codificados, desfrutando assim da imagem de melhor qualidade. Este caso nos leva à segunda implicação das novas tecnologias. Devido a razões de mercado, grandes setores ficam fora dos benefícios tecnológicos ou têm de se contentar com os de menor qualidade, quando, tecnicamente, poderiam aproveitar o mesmo que as minorias mais afortunadas.

Assim, as novas tecnologias, ao serem inseridas e definidas pelas leis do mercado, fazem, agora sim de maneira inevitável dentro dessa lógica, que uma de suas principais consequências seja a exclusão de muitos e a inclusão de poucos. Isto, por sua vez, apresenta aos Estados nacionais atuais a necessidade de implementar medidas que equilibrem as diferenças no acesso e uso das mesmas tecnologias por todos os cidadãos. Não obstante, este é um esforço sempre atrasado, sempre incompleto, sempre por atingir.

Uma terceira implicação que quero comentar aqui é que o desafio concreto que as novas tecnologias apresentam, em particular à educação, é a necessidade de instrumentar uma estratégia pedagógico-política que permita modificar aquilo que, aparentemente, é o curso natural e necessário das novas tecnologias, para daí influir no seu desenvolvimento posterior.

Participar do desenvolvimento futuro de uma nova tecnologia supõe possibilitar que, a partir de usos alternativos de uma mesma tecnologia, se transforme a demanda social por essa mesma tecnologia, para ser encaminhada a outras, diferentes das que existem atualmente no mercado, mas que possam responder melhor às necessidades próprias dos mesmos usuários, e não só às dos comerciantes da tecnologia.

Sobre este ponto de transformação da demanda, permitam-me contar-lhes o caso da produção de vinhos tinto e branco na Califórnia, que é uma boa metáfora do que estou argumentando aqui.

Os empresários de vinho daquela região perceberam que não podiam competir com os vinhos tradicionais europeus, como o St. Emilion, o Beaujoulais, o Chateau Laffitte etc., porque estes estavam respaldados por região particular, por uma casa ou castelo e por uma família especial. Na Califórnia não havia castelos nem famílias com nomes legendários na fabricação de vinho. Aliás, os californianos perceberam que a mistura de uvas, nesses vinhos famosos, sempre era um segredo. Então idealizaram uma estratégia realmente genial.[5]

Em seus vinhos, os produtores começaram a dizer qual era a mistura e a porcentagem de uvas de cada marca de vinho, e basearam a classificação vinícola nos tipos de uva: cabernet, sauvignon malbec, chardonay etc. Ao mudar a classificação tradicional dos castelos pelos dez tipos de uva, o que conseguiram os californianos foi reorientar a demanda social pelo vinho. A maioria, agora, pede o vinho pelo tipo de uva, valoriza o vinho pelo tipo de uva, classifica o vinho pelo tipo de uva.

A transformação da demanda social por novas tecnologias é um processo longo e difícil, só sendo possível através de uma educação diferente das sociedades que, entre outros objetivos, esteja o de fortalecer sua própria cultura.[6]

Outros exemplos simples para ilustrar a possibilidade de transformação que quero aqui referir são dois casos que eu mesmo presenciei na

---

[5] A descrição completa desta história foi dada pela antropóloga britânica Mary Douglas, em seu livro *How Instituitions thinks*. New York: Syracuse University Press, 1986. p. 150.

[6] OLIVEIRA, I. Génesis de la comunicación en el espacio educativo. In: GUTIERREZ, A. (Coord.) *Formación del profesorado en la era de la información.* España: Universidad de Valla Dolid, 1998. p. 33-43.

Alemanha, há mais de vinte anos, os quais explicam o que quero dizer com usos alternativos das novas tecnologias.

O primeiro exemplo é o da nova tecnologia de então, a dos sensores eletrônicos, isso que vemos agora nos elevadores ou nas portas de lojas e hotéis. Na Alemanha, o primeiro uso que deram a esta tecnologia foi nos banheiros, para regular a saída da água, enquanto nos Estados Unidos, o uso foi nas portas dos *shoppings centers*. A diferença é enorme. Na Alemanha esta tecnologia foi adotada com a finalidade de poupar água, enquanto nos Estados Unidos se aplicou para facilitar e estimular o consumo, ao permitir que as pessoas que entravam para comprar, pudessem sair do *shopping center* sem serem incomodadas com as portas, pois estavam carregadas com sua mercadoria.

O outro caso tem a ver com o café. Na Alemanha há cafeterias nas quais as pessoas que andam pela rua podem entrar e, sem sentar-se, tomar uma xícara de café, de pé, apoiadas em uma pequena mesa, onde colocam sua xícara. Essas cafeterias tinham a mais nova tecnologia para a preparação do café, mas continuavam servindo o café em xícaras de porcelana, ou seja, xícaras não descartáveis, não obstante os recipientes descartáveis já existirem, evitando a lavagem das xícaras. Em outros países, o café, o vinho, são servidos em qualquer recipiente, contanto que se facilite o seu consumo. Na Alemanha, não; o que reflete que o avanço tecnológico se adapta parcialmente ou com matizes próprios, na medida em que o uso de um processo tecnológico não se contextualiza culturalmente pela facilidade de consumir, mas se orienta de acordo com objetivos sociais, não consumistas.

Estes exemplos aludem à importância das finalidades com as quais se incorpora uma tecnologia e, ao mesmo tempo, falam do peso da cultura no uso de uma tecnologia; cultura que, nestes casos, principalmente no que tange aos alemães, não ficava aniquilada pela modernidade, mas, precisamente, limitava a modernidade, conformando-a de um jeito próprio e particular.

Vínculo das novas tecnologias à educação

Tendo como contexto a discussão anterior, agora quero referir-me às duas grandes racionalidades coexistentes na atualidade para vincular as novas tecnologias de informação aos processos educativos.

Racionalidade eficientista

A racionalidade hegemônica, até agora, consistiu em incorporar, simplesmente agregando ao já estabelecido, as novas tecnologias informáticas ao processo educativo, sem modificar o próprio processo, nem seus componentes nem a instituição educativa que o realiza.

Os sistemas educativos têm assumido, nos nossos países latino--americanos, a ideia de que uma educação "moderna" tem de incorporar meios e tecnologias de informação. Podemos observar como se têm enviado satélites ao espaço para fazer subir sinais, oriundos dos ministérios de educação, ou de comunicação, ou de cultura, que possam depois descer às escolas. O governo mexicano, e com certeza o brasileiro também, realizou um esforço importante para instrumentar redes eletrônicas e digitais, para enviar conteúdos educativos via televisão e computador aos centros escolares.

Este esforço é feito tanto para complementar o plano de estudos quanto, em alguns casos, para substituí-lo, mas se endereça só a uma parte do processo, que é o ensino, deixando o aprendizado um tanto à deriva, ou assumindo que o aprendizado se dará ou melhorará só com a modernização de um único dos seus insumos: os conteúdos transmitidos através dos novos meios e tecnologias usados.

Dentro dessa mesma racionalidade, que chamo de eficiência, a principal finalidade perseguida pelas autoridades educativas (quase sempre bem-intencionadas) é justamente a modernização do sistema educativo. Porém, com este afã modernista, o objeto de atenção prioritário centra-se em melhorar a oferta educativa, seja alargando a cobertura do serviço prestado através das novas redes e satélites, seja complementando o discurso dos docentes com informação adicional e mais variada sobre os temas do plano de estudos, ou introduzindo novos temas para os estudos dos educandos, ou simplesmente levando a mensagem educativa aonde não se pode levar um docente profissional de carne e osso, para que realize uma educação de corpo presente. O termo que resume este esforço de incorporação da tecnologia à educação é o de educação a distância.

Se a oferta educativa, ao se modernizar com a introdução das novas tecnologias, se alarga e até melhora, a aprendizagem, no entanto, continua uma dúvida.

168 • Guillermo Orozco-Gómez

Pelas poucas evidências emergentes da avaliação sobre a aprendizagem conseguida por educandos que estão em contato com esta nova oferta de educação midiática, fica manifesto, pelo menos neste caso mexicano, que a aprendizagem não se modifica, ou se modifica minimamente, e que inclusive em alguns casos é até menor à que usualmente se realiza sem as novas tecnologias.[7]

Isto me leva a concluir que o tecnicismo da oferta educativa por si só não garante melhor educação.

É certo que se poderia argumentar que, devido ao caráter de novidade da educação midiática no sistema educativo mexicano, tanto com relação ao uso do vídeo educativo quanto do *software* interativo para computador, ainda há aspectos que não estão suficientemente afinados ou que os recursos técnicos ainda têm muitas falhas na sua utilização. Falta uma pesquisa detalhada para poder averiguar o que realmente acontece.

No entanto, considero que, no caso mexicano, e mesmo supondo que a falta de sucesso da educação a distância tradicional se deva em parte a falhas técnicas em seus sistemas, como as mencionadas, o que se pode constatar é que não há uma estratégia articulada de sensibilização dos usuários a esta educação midiática; nem mesmo as autoridades educativas correspondentes estão cabalmente convencidas de que tal sensibilização seja necessária.

No México, pelo menos, parece que ainda não há consenso no setor educativo público sobre o fato de que cada tecnologia e cada meio supõem – além da sensibilização para seu bom uso com propósitos educativos, o que seria o mínimo – também uma alfabetização, nos códigos característicos, próprios dos meios e tecnologias a serem usados. Até agora, não foram definidos critérios para oferecer esse tipo de alfabetização. Definiram-se manuais e guias para vincular o conteúdo transmitido com os planos de estudo, mas esses guias não proporcionam esclarecimentos que digam respeito ao meio ou à tecnologia através dos quais se produzem e transmitem esses conteúdos.[8]

A falta de uma estratégia para o uso educativo de novos meios e tecnologias provoca a perda de seu potencial para os fins que se procuram, pois o processo através do qual os educandos e os professores

---

[7] SEP. Análisis de los resultados del piloteo de la Unidad EMSAD. Unidad TV educativa. México, 1999. p. 23. (Documento interno.)

[8] SEP. *Guías de lectura audiovisual*. Historia de las cosas. Unidad TV Educativa. México, 1998. p. 18.

devem apropriar-se adequadamente dos novos meios e tecnologias não é automático nem autodidata. O trânsito de um determinado uso dos meios e tecnologias da diversão e entretenimento para um uso destinado a objetivos de aprendizado e análise também não é espontâneo. Requer capacitação específica e especializada. Há múltiplas evidências na pesquisa internacional, pelo menos com a utilização do vídeo educativo, atinentes ao fato de que a situação de aprendizagem em contato com o vídeo é diferente da que se necessita para o contato com o livro ou os materiais impressos. Isto não obstante a universalidade do código visual.[9]

Vídeo-ver ou tele-ver não é o mesmo que ver, como não é o mesmo que ler ou ouvir.[10] Cada meio e cada tecnologia exercem uma mediação particular nas pessoas com as quais interatuam e na estruturação dos próprios conteúdos que transmitem.

Nenhum meio ou tecnologia, por mais visual ou singelo que pareça, pode ser remediado ou tomado por sabido, enquanto dispositivo de estruturação de seus próprios conteúdos e enquanto fonte distintiva de mediação.

Racionalidade da relevância

A outra racionalidade possível para a incorporação das novas tecnologias à educação é uma racionalidade da relevância. Ela parte de tomar explicitamente o meio ou tecnologia aplicada como objeto de estudo e análise, proporcionando uma orientação específica para seu uso como tal e não somente como transmissor (*carrier*), e também uma orientação para uma adequada interação com os formatos e códigos técnicos e linguísticos dos quais se compõe, na perspectiva de estimular a aprendizagem e não a diversão.

Dentro desta racionalidade, o objetivo principal não estaria no ensino, mas no aprendizado, entendido aqui não somente como um resultado a partir de certos insumos, mas sim como processo realizado em situações específicas que procuram abertamente estimulá-lo. Um processo, também, sempre contextualizado na cultura dos educandos,

---

[9] RODRÍGUEZ, J. *El espacio audiovisual en la sociedad de la imagen.* Santa Fé de Bogotá: ACOTV, 1993. p. 180. FERRÉS, J. Televisión y educación. *Pardos Papeles de Pedagogía,* Barcelona, n. 18, p. 235, 1995.

[10] OROZCO-GÓMEZ, G. Hacia una pedagogía de la televidencia. *Comunicación y Sociedad,* México: Universidad de Guadalajara, n. 32, p. 147-169, 1998. MARTÍN-BARBERO, J. Heredando el futuro. Pensar la educación desde la Comunicación. *Nomadas,* Bogotá: Universidad Central, n. 5, p. 12-26, 1997.

que leve em conta seus anteriores hábitos de aprendizagem e de comunicação, suas destrezas para conseguir inferir, sintetizar, associar, formular hipóteses, abstrair, explorar. Destrezas que, por sua vez, requerem desenvolvimento paralelo à sua interação com os novos meios e tecnologias.

Ao mesmo tempo, demanda uma orientação que também considere a historicidade dos setores específicos de educandos/usuários com o meio ou tecnologia de informação particular. Por historicidade entendo os hábitos e rituais que se vão gerando com a experiência no uso de meios e tecnologias para outros fins, não necessariamente educativos.

A pesquisa internacional sobre este subcampo de estudos traz resultados que sugerem a importância das representações mentais sobre as tecnologias que os diversos grupos sociais vão gerando, tanto sobre a tecnologia como tal como seus possíveis usos e finalidades.[11]

As práticas e hábitos de trabalho intelectual dos usuários/educandos constituem também mediações na sua vinculação educativa com as novas tecnologias. Destas práticas surgem estereótipos, que se faz necessário conhecer e antecipar para potenciar o adequado uso de qualquer meio ou tecnologia com fins educativos.

Assim, esta racionalidade da relevância para a incorporação das novas tecnologias aos processos educativos exige uma transformação dos processos de ensino-aprendizagem, da estruturação dos conteúdos, das situações de interação com eles e, em geral, da orientação pedagógica do esforço educativo no seu conjunto. Todas essas transformações conduzem necessariamente a uma modificação da estrutura pedagógica tradicional da instituição escolar. Transformar a pedagogia tradicional vigente supõe, entre outras coisas, primeiro mudar o ponto de partida e o ponto de chegada. Isto é, supõe alterar o endereçamento do processo educativo no seu conjunto.

Tradicionalmente, parte-se do conteúdo a ser aprendido pelo aluno, que é o conteúdo a ser ensinado pelo professor ao aluno. Em uma nova pedagogia se partiria do sujeito educando e do seu contexto. Isso significa que, em uma nova perspectiva, o conteúdo seria sempre o ponto de chegada. O que supõe, aliás, para sermos coerentes com a dinâmica própria das novas tecnologias, tal qual o hipertexto, que os conteúdos não existam independentemente dos sujeitos que os constroem. Os

---

[11] VIVEROS, F. El carácter pedagógico del uso de la computadora en la escuela. Una mirada desde las representaciones sociales. *Comunicación y Sociedad*, México: Universidad de Guadalajara, n. 29, p. 119-144, 1997.

conteúdos são o resultado de um processo naturalmente estimulado por certos conteúdos iniciais, mas nunca determinado em uma forma única.

Tudo o que foi dito é facilmente exposto, mas supõe uma enorme transformação da escola e dos sujeitos que participam no processo educativo: educadores e educandos, administradores e autoridades. Assumir e ser coerente, na prática, com o fato de que os conteúdos são o resultado e não o ponto de partida, não somente modifica a direcionamento do esforço educativo, mas questiona a função central da instituição escolar.

Historicamente, a escola tem sido a instituição educativa principal e nela tem se depositado a legitimidade para educar as novas gerações de cidadãos e a formação e o conhecimento aprovados socialmente para serem transmitidos e ensinados, geralmente através dos livros de texto.

A escola, em nova perspectiva, já não seria o centro depositário do conhecimento e do saber, mas teria que se transformar em centro de reconhecimento e articulação de múltiplos conhecimentos e informações que circulam usualmente, para orientar os educandos sobre como associá-los para seus fins de aprendizado.

A escola preservará sua função como a instituição educativa principal à medida que for capaz de orientar os diversos aprendizados dos seus estudantes. Aprendizados que têm lugar dentro e fora dela, sobretudo e cada vez em maior proporção, estimulados pelos novos meios e tecnologias de informação existentes, tanto dentro dos sistemas educativos quanto por aqueles que estão fora e são os meios e tecnologias com os quais cotidianamente interagem os sujeitos sociais. Esses aprendizados, além do mais, são produtos de processos formais e não formais de educação.

Portanto, o que ficou dito permite sustentar que, em uma escola do futuro, a diferenciação entre o que é uma educação formal e outra que não o é, não terá cabimento.

Uma escola, sustentada em uma racionalidade relevante ante as novas tecnologias de informação, assumiria que a aprendizagem se realiza em múltiplas situações e cenários da vida cotidiana, e que, por isso, essa aprendizagem varia em sua importância, formalidade e legitimidade. O que a escola deve assegurar, em todo caso, é que a aprendizagem resultante de um processo educativo seja relevante para o sujeito ou os sujeitos que aprendem, relevante para o seu desenvolvimento como ser humano e social, que participa de comunidades e de países específicos.

Volta para o futuro: papel do comunicador

Em uma vinculação adequada das novas tecnologias de informação com a educação, o papel dos comunicadores profissionais é múltiplo. Por uma parte, os comunicadores seriam os profissionais encarregados do projeto das estratégias de produção dos materiais comunicativos, bases de dados, formatos audiovisuais e redes para a intercomunicação, levando em conta principalmente as características comunicativas dos potenciais usuários/educandos.

Uma produção comunicativa a partir das características dos sujeitos, não dos conteúdos nem dos meios, é um dos desafios principais para os comunicadores do século XXI. Do mesmo modo, os comunicadores profissionais seriam os especialistas no desenho das lógicas midiáticas para vincular diversos conhecimentos e informações, por uma parte e por outra, para ligar os educandos/usuários com essa informação.

Mas, sobretudo, seriam os comunicadores os peritos no acompanhamento do processo educativo, a partir dos sujeitos educandos/usuários, através da exploração de todos aqueles elementos que incidem na sua recepção ou interação com a informação e os novos meios e tecnologias que a rodeiam. Dessa maneira, os comunicadores retroalimentariam os educadores com a informação de tipo comunicacional que se requer para estabelecer o diálogo educativo, a negociação de significados, a apropriação e produção comunicativa através da qual se manifestarão os aprendizados dos sujeitos partícipes nos diversos processos educativos.

O papel do comunicador nas interações educativas do século XXI é imenso e crucial, no sentido de tornar realidade aquilo que, talvez, os professores, educadores profissionais – por suas limitações precisamente profissionais – não serão capazes de realizar.

Da mesma maneira que os educadores deveriam descentrar sua preocupação principal dos conteúdos e focalizar mais os processos, os comunicadores também deveriam desviar sua preocupação dos meios e focalizar mais os processos ao redor dos meios, dos receptores, das interações que os mesmos meios possibilitam e dos contextos nos quais se realizam estas interações, já que é no contexto que, afinal, nasce o sentido da comunicação, e também é daí que se pode apreciar a relevância dos aprendizados realizados.

Desejo concluir enfatizando que, neste novo século, a educação cada vez mais estará vinculada aos meios e tecnologias de informação e que, cedo ou tarde, isto vai modificar de maneira substancial os processos educativos e comunicativos. O cenário do futuro não é estático, muito pelo contrário. Por isso é importante antecipar o papel que tanto educadores quanto comunicadores devemos tomar, para que o sentido e a direção das inevitáveis transformações sejam as mais relevantes para nossas sociedades.

Referências bibliográficas

DOUGLAS, Mary. *How Institutions thinks*. New York: Syracuse University Press, 1986.

FERRÉS, J. Televisión y educación. *Pardos Papeles de Pedagogía*, Barcelona, n. 18, 1995.

MARTÍN-BARBERO, J. Heredando el futuro. Pensar la educación desde la Comunicación. *Nomadas*, Bogotá: Universidad Central, n. 5, 1997.

OLIVEIRA, I. Génesis de la comunicación en el espacio educativo. In: GUTIERREZ, A. (Coord.). *Formación del profesorado en la era de la información*. España: Universidad de Valla Dolid, 1998.

OROZCO-GÓMEZ, G. Hacia una pedagogía de la televidencia. *Comunicación y Sociedad*, México: Universidad de Guadalajara, n. 32, 1998.

_____. *La investigación de la comunicación dentro y fuera de América Latina*. Tendencias, perspectivas y desafíos del estudio de los medios. Facultad de Periodismo y Comunicación Social/Universidad Nacional de la Plata, Argentina, 1997.

_____. La computadora en la educación: dos racionalidades en pugna. *Diálogos de la Comunicación*, Lima: Felafacs, n. 37, 1993.

RODRÍGUEZ, J. El espacio audiovisual en la sociedad de la imagen. Santa Fé de Bogotá: ACOTV, 1993. p. 180.

SEP. Análisis de los resultados del piloteo de la Unidad EMSAD. Unidad TV educativa. México, 1999. (Documento interno).

_____. Guías de lectura audiovisual. Historia de las cosas. Unidad TV Educativa. México, 1998.

VENTURELLI, S. Human rights and democracy in cyberspace: frameworks, standards and obstacles. *Journal of International Communication*, v. 5, n. 1 e 2, jun./dez. 1998.

VIVEROS, F. El carácter pedagógico del uso de la computadora en la escuela. Una mirada desde las representaciones sociales. *Comunicación y Sociedad*, México: Universidad de Guadalajara, n. 29, 1997.

WILLIAMS, Raymond. *The year 2000*. A radical look at the future and what we can do to change it. New York: Panteon Books, 1983.

Processos educativos
e canais de comunicação[*]

Paradigma informacional impede o diálogo, base da apropriação do conhecimento, transformando educação a distância em (in)comunicação.

MARIO KAPLÚN[**]

Especialista em Comunicação e consultor independente no Uruguai. Membro do Conselho de Colaboradores Internacionais de Comunicação e Educação.

> *Isso que vês, como expressarás com palavras?*
> *O mundo nos entra pelos olhos, porém,*
> *não adquire sentido até que desça a nossa boca.*
>
> Paul Auster

Convém começar situando o ponto de vista a partir do qual apresentaremos estas reflexões. Em sua prática, na definição de seus objetivos, na determinação de suas aplicações e suas relações, a Comunicação Educativa vem tendendo pronunciadamente a limitar seu âmbito à mídia; a estabelecer uma implícita equivalência em virtude da qual, quando enuncia Comunicação, automaticamente se refere a meios e tecnologias de comunicação.

Cremos que é fundamental ultrapassar esta visão redutora e postular que a Comunicação Educativa abarca certamente o campo da mídia, mas não apenas esta área: abarca também, e em lugar privilegiado, o tipo de comunicação presente em todo processo educativo, seja ele realizado com ou sem o emprego de meios. Isso implica considerar a Comunicação não como um mero instrumento midiático e tecnológico, e sim, antes de tudo, como um componente pedagógico. Enquanto interdisciplina e campo de conhecimento para a Comunicação Educativa, entendida desse

---

[*] Texto publicado originalmente na revista *Comunicação & Educação*, n. 14, jan./abr. 1998.

[**] Este artigo, sob o título de *Procesos educativos y canales de comunicación*, foi originalmente apresentado no I Congresso Internacional de Comunicação e Educação – Multimídia e Educação em um Mundo Globalizado –, em maio de 1998, em São Paulo, Brasil, e organizado pelo Núcleo de Comunicação e Educação, CCA-ECA-USP e pelo WCME – World Council for Media Education. O autor faleceu em 10 de novembro de 1998.

modo, convergem uma leitura da Pedagogia a partir da Comunicação e uma leitura da Comunicação a partir da Pedagogia.

Ao conceber essa dimensão ampla, chama-se a atenção para o fato de que ela enfrenta nesta hora uma encruzilhada na qual se jogam seu destino e sua conformação futura. Se o paradigma informacional atualmente no auge acaba por dominar, não restará à Comunicação Educativa presumivelmente outra função que a instrumental: a de prover de recursos didáticos e tecnológicos um modelo de educação cujas coordenadas pedagógicas estarão sendo determinadas sem sua participação.

Para caracterizar este paradigma que aparece como hegemônico, parece-nos bem representativa uma passagem de um artigo publicado recentemente em uma renomada revista latino-americana de Comunicação. Ao expor as potencialidades da informática no desenvolvimento da moderna sociedade do conhecimento, o autor vaticina para um futuro próximo – e o prognóstico parece bastante factível – a implantação da "educação a distância por meios eletrônicos",[1] isto é, "a possibilidade, tecnologicamente certa, da criação de aulas virtuais",[2] nas quais cada estudante em sua própria casa poderá dispor de

> [...] toda a informação necessária. A rede informática, o CD-ROM, a Internet e os novos softwares, constituídos em ferramentas de aprendizagem, lhe abrirão horizontes inusitados para suas tarefas educativas. O disco compacto, capaz de concentrar uma imensa quantidade de informação em forma de texto, imagem, gráficos e som, permitirá ao estudante "navegar" por suas informações.[3]

Por sua vez, "a Internet lhe proporcionará conhecimentos atuais sobre todos os temas imagináveis e lhe abrirá possibilidades infinitas de dados colaterais acerca deles".[4]

Educação e paradigmas

Se partirmos de um olhar fundamentado no ponto de vista tecnológico, não há dúvida de que a conformação deste ciberespaço educativo implica um espetacular avanço. Mas, a partir de uma racionalidade pedagógica, não representará também, por outro lado, um estancamento

---

[1] BORJA, R. La democracia del futuro. *Chasqui*, Quito, n. 56, dic. 1996.
[2] Ibid.
[3] Ibid.
[4] Ibid.

e inclusive, talvez, uma involução? Não estamos ante a velha "educação bancária"[5] tantas vezes condenada por Paulo Freire, só que agora em sua moderna versão de caixa automático dos bancos? Essa desejada aula virtual não é senão o ápice previsível de uma matriz que já se estava instaurando e vitalizando-se faz bastante tempo, e que se identifica com um de seus traços mais salientes, por seu caráter individualizado, isto é, por estar dirigida a indivíduos isolados, considerados como mônadas unitárias (em sentido figurado, aqueles indivíduos que vagam perdidos de seu grupo social), receptoras de instrução.

O ensino atual em todos os níveis – desde a escola primária até o terceiro grau – está marcado por esta matriz. Até recentemente, o caráter social e comunitário da educação era não só considerado como uma condição natural, inerente à mesma, mas também como um valor. A escola existia por uma razão pragmática – a necessidade de atender simultaneamente a uma quantidade de educandos em um mesmo espaço físico – mas, e não em menor medida, por uma razão pedagógica: como espaço gerador da socialização e possibilitador das interações grupais, valorizadas como um componente básico e imprescindível dos processos educativos. Recordem-se as propostas de Dewey[6] e sua valorização do trabalho em equipe; os aportes metodológicos de Freinet,[7] centrados no intercâmbio de jornais escolares produzidos e comunicados entre os alunos, organizados em redes de interlocução, como marco propício para o desenvolvimento da autoexpressão dos escolares; o construtivismo sociointeracionista de Vygotsky e Bruner, para quem a aprendizagem é sempre um produto social. Aprendemos dos outros e com os outros, sustentará Vygotsky:

> No desenvolvimento [do educando] toda função aparece duas vezes: primeiro em nível social e mais tarde em nível individual; primeiro entre pessoas (intersubjetiva) e depois no interior do próprio educando (intrassubjetiva). Todas as funções superiores da inteligência – seja a atenção voluntária, a memória lógica, a formação de conceitos – originam-se como relações entre os seres humanos.[8]

---

[5] FREIRE. P. *Pedagogia do oprimido*. 6. ed. Rio de Janeiro: Paz e Terra, 1978.

[6] DEWEY, J. Democracia e educação. São Paulo: Nacional, 1952. PITOMBO, M. I. *Conhecimento, valor e educação em John Dewey*. São Paulo: Pioneira, 1974. (N.E.)

[7] Para saber mais sobre o autor, ver: FREINET, C. *Método natural*. Lisboa: Estampa, 1977. *Técnicas da escola moderna*. 4. ed. Lisboa: Estampa, 1975. *Jornal escolar*, Lisboa: Estampa, 1974. (N.E.)

[8] VYGOTSKY, L. *El desarrollo de los procesos psicológicos superiores*. Barcelona: Crítica, 1978.

178 • Mario Kaplún

A isso Bruner acrescentará que, se a reflexão é indubitavelmente uma fase vital em todo autêntico processo de aprendizagem, ela "é muito mais fácil de iniciar em companhia que em solidão. O pensamento começa sendo um diálogo que depois se faz interior".[9] E eram tanto sociopolíticos quanto pedagógicos os fundamentos que levaram Paulo Freire a postular que "o grupo é a célula educativa básica".[10] Mas este paradigma já não parece predominar. Foi perdendo valor, peso, importância.

À medida que o ensino foi se massificando, restou cada vez menos espaço para a comunicação e os intercâmbios entre os educandos. Mas não só menos espaço: também menos interesse e menos vontade para propiciá-lo, menos consciência do alcance do diálogo como componente necessário da ação educativa. Dissimuladamente, sem apregoá-lo, foi sendo deslocado e substituído pelo paradigma informacional.

O deslocamento foi impulsionado pelo desenvolvimento da modalidade que hoje se encontra em mais rápida expansão em todo o mundo: o ensino a distância.[11] Com o crescimento dessa modalidade, a opção que já tomava conta de fato do ensino presencial instaura-se de pleno direito: para o modelo hegemônico de educação a distância, a individuação passa a ser um pressuposto intrínseco. "O ensino a distância serve expressamente ao estudante individual, no estudo que este realiza por si mesmo",[12] um de seus traços definidores é "o ensino aos estudantes como indivíduos e raramente em grupos",[13] já que "as oportunidades ocasionais de encontros com seus supervisores, com os professores e com outros estudantes"[14] constituem "um recurso caro"[15] e que "não está previsto".[16] Tais encontros podem dar-se circunstancialmente, mas não são reconhecidos, de modo algum, como condição específica do sistema.

Devido ao emprego intenso de meios, costuma vincular-se esta modalidade de ensino à comunicação. Mas quando os especialistas

---

[9] BRUNER, J. *Acción, pensamiento y lenguaje*. Barcelona: Alianza, 1984.

[10] FREIRE, op. cit.

[11] CAVANAGH, C. H. El aprendizaje de los adultos, los medios de comunicación, la cultura y las nuevas tecnologías de la información y la comunicación. *Educación de adultos y desarrollo*, Bonn, n. 49, 1997. KAYE, A. La enseñanza a distancia: situación actual. *Perspectivas*, Paris: Unesco, n. 65, 1988.

[12] HOLMBERG, B. *Educación a distancia*: situación y perspectivas. Buenos Aires: Kapelusz, 1985.

[13] KEEGAN, D. *The foundation of distance education*. London: Croom Helm, 1986.

[14] KAYE, op. cit.

[15] Ibid.

[16] Ibid.

Processos educativos e canais de comunicação • **179**

explicitam os fluxos comunicacionais do sistema, costumam defini-los em termos de bidirecionalidade, entendendo-a exclusivamente como "uma comunicação organizada de ida e volta entre o estudante e a organização de apoio" ,[17] isto é, como a existência de "meios de contato entre o estudante e seu supervisor", também chamado tutor.[18] Outros autores relativizam inclusive a real dimensão desse componente. Assim, por exemplo, Rowntree afirma que o estudo se realiza basicamente por meio dos materiais didáticos previamente preparados, enquanto "o contato direto com os professores é escasso".[19] Sarramona coincide em reconhecer a inviabilidade de estabelecer, na modalidade a distância, esta comunicação bidirecional docente/discente de forma fluida e frequente. Mas, ainda que assim não fosse, o que importa sublinhar é que, no melhor dos casos, o educando conta com um único interlocutor; e isso só para fazer-lhe perguntas e despejar dúvidas sobre aspectos que não estão suficientemente claros nos textos de estudo.

Não é de surpreender, então, que, com a revolução tecnológica, esse processo ascendente de individualização e de fortalecimento do paradigma da informação venha a culminar nessa sala de aula virtual, na qual um educando isolado, em total solidão, poderá abrir as comportas a um volume torrencial de informação, o que supostamente o habilitará a apropriar-se do conhecimento. Mesmo esse mínimo contato com um supervisor ou tutor, que alguns metodólogos tentaram preservar no ensino a distância, é eliminado, para ser substituído por bases de dados informatizadas.

Levando-se em consideração que, ao dar ênfase a determinadas práticas e desestimular e excluir outras, todo sistema de ensino supõe um currículo oculto,[20] indaguemos, em que reside o encoberto, o não dito, neste projeto de educação informatizada. Temos que considerar não só o que ele propõe, mas também o que caladamente torna supérfluo e mesmo subtrai ao estudante: o grupo e a palavra. A sala de aula virtual institui um educando que estuda sem ver ninguém, sem falar com ninguém: privado de interlocutores, fica confinado a um perene silêncio.

---

[17] HOLMBERG, op. cit.

[18] KAYE, op. cit.

[19] Apud: GARCIA ARETIO, L. *Un concepto integrador de educación a distancia*. Palestra apresentada na XV Conferência Mundial de Educação a Distância. Caracas, nov. 1990.

[20] JACKSON, P. *Life and classrooms*. New York: Holt, Rinehart & Winston, 1968. APPLE, M. *Ideologia y currículo*. Madrid: Akal, 1986; *Educación y poder*. Barcelona: Paidós, 1987.

(In)comunicação na educação a distância

Há duas perguntas para as quais a educação a distância, em seu modelo hegemônico, não dá resposta nem sequer as fórmulas. Uma: com quem se comunica – tomando o verbo comunicar-se em sua real dimensão – este navegante solitário do conhecimento? (O único que responde honestamente a essa pergunta é Sarramona, o qual reconhece que na educação a distância o estudante só se comunica e dialoga consigo mesmo.) A outra: que canais o sistema coloca à disposição para que o estudante exercite sua própria expressão? Isto é, que espaço lhe é oferecido para ser ele, por sua vez, lido e escutado, para dialogar com seus companheiros de navegação, enriquecer-se com suas contribuições e compartilhar e confrontar seu próprio pensamento? Perguntas que, por sua vez, suscitam outras: a comunicação só consiste em poder fazer consultas e aclarar dúvidas? O estudante não tem nada propriamente valioso para dizer? A única comunicação que importa preservar é a do aluno com o docente? A comunicação dos estudantes entre si não é um componente capital no processo da aprendizagem?

Assim, esta era da hipercomunicação e do ciberespaço, do teletrabalho e da sala de aula virtual dá lugar justificadamente a um duplo movimento: de entusiasmo e de desconfiança. O que estamos presenciando nesse setor não parece encaminhar-se para a concretização dessa aldeia global do sonho mcluhaniano, e sim para a instauração de um arquipélago global, composto de seres tecnologicamente hipercomunicados, mas socialmente isolados (veja-se a tão elogiada interatividade, plena de ambiguidade: no mais das vezes, refere-se à ida e à volta que se estabelece entre o ser humano e a máquina, e não entre pessoas). O que seus profetas omitem perguntar-se é o que poderão intercambiar e comunicar pessoas que vivam isoladas as 24 horas do dia. Tecnologicamente, terão mais possibilidades que nunca de interconectar-se; mas, esgotado o interesse pelos outros, extinta a prática da participação social e cidadã, vai lhes restar comunicar algo além do intercâmbio de pseudoexperiências virtuais?

Os saldos sociais e políticos dessa educação individualizada aparecem suficientemente evidentes: de estudantes educados em e para o silêncio cabe esperar cidadãos passivos e não participantes.[21] Talvez

---

[21] MARQUES DE MELO, J. Derecho a la información: agenda para el debate. *Chasqui*, Quito, n. 59, set. 1997.

Processos educativos e canais de comunicação • **181**

sejam menos percebidos, em contrapartida, os que concernem ao campo pedagógico.

Vamos nos limitar a assinalar dois, por estarem ambos particularmente vinculados ao campo da Comunicação Educativa.

Em todas as modernas teorias da aprendizagem, a linguagem desempenha uma função imprescindível: uma aprendizagem que leve à compreensão culmina com a aquisição e incorporação, por parte do educando, dos símbolos linguísticos representativos dos conceitos adquiridos. Como o sugere a frase de Auster na epígrafe destas notas, o conceito pode existir porque existem as palavras que o representam.

Em uma passagem de seu livro *Pensamento e linguagem*, Vygotsky cita uns versos do poeta russo Mandelstam: "Esqueci as palavras que queria pronunciar e meu pensamento, incorpóreo, regressa ao reino das sombras".[22] E comenta: "A relação entre pensamento e palavra é um processo vivente: o pensamento vive através das palavras. Uma palavra sem pensamento é uma coisa morta e um pensamento desprovido de palavras permanece na sombra".[23] As indagações psicogenéticas de Vygotsky revelaram o papel capital da linguagem no desenvolvimento das faculdades cognitivas:

> O desenvolvimento do pensamento está determinado pela linguagem [...]. O desenvolvimento da lógica é uma função direta da linguagem socializada [...]. O crescimento intelectual depende do domínio dos mediadores sociais do pensamento, isto é, do domínio das palavras. A linguagem é a ferramenta do pensamento.[24]

Então, vejamos: como o sujeito educando adquire sua competência linguística, isto é, o domínio e a apropriação dessa ferramenta indispensável para construir o pensamento e conceitualizar suas aprendizagens? A resposta se encontra novamente no pesquisador russo, quando assevera que "as categorias de estruturação do pensamento procedem do discurso e do intercâmbio",[25] mediante os quais o ser humano se apropria desses símbolos culturalmente elaborados – as palavras – que lhe permitem, por sua vez, comunicar-se e representar os objetos, quer dizer, pensar. A essa mesma dupla função da linguagem alude Bruner, quando ressalta sua natureza bifrontal: "É um meio de comunicação e por sua vez a

---

[22] VYGOTSKY, L. *Pensamento e linguagem*. São Paulo: Martins Fontes, 1987.

[23] Ibid.

[24] Ibid.

[25] Ibid.

182 • Mario Kaplún

forma de representar o mundo acerca do qual nos comunicamos. Não só transmite, mas também cria e constitui o conhecimento".[26]

A linguagem, matéria-prima para a construção do pensamento e instrumento essencial do desenvolvimento intelectual, adquire-se, pois, na comunicação, nesse constante intercâmbio entre as pessoas que torna possível exercitar o pensamento e, desse modo, apropriar-se dele. Não basta receber (ler ou ouvir) uma palavra para incorporá-la ao repertório pessoal; para que ocorra sua efetiva apropriação é preciso que o sujeito a use e a exercite, que a pronuncie, escreva, aplique. Esse exercício só pode dar-se na comunicação com outros sujeitos, escutando e lendo outros, falando e escrevendo para outros. Pensamos com palavras, mas a aquisição das palavras é um fato cultural, isto é, um produto do diálogo no espaço social. Esse instrumento imprescindível, que é o acervo linguístico, só se internaliza e se amplia na constante prática da interlocução.

Para cumprir seus objetivos, todo processo de ensino/aprendizagem deve, então, dar lugar à manifestação pessoal dos sujeitos educandos, desenvolver sua competência linguística, propiciar o exercício social através do qual se apropriarão dessa ferramenta indispensável para sua elaboração conceitual. Em lugar de confiná-los a um mero papel de receptores, é preciso criar as condições para que eles mesmos gerem mensagens próprias, pertinentes ao tema que estão aprendendo.

Do ponto de vista metodológico, há outra consequência importante desta relação entre aprendizagem e exercício da expressão. O postulado poderia ser enunciado assim: o sujeito educando consegue expressar uma ideia de modo que os outros possam compreendê-la, somente quando ele mesmo a compreende e a apreende verdadeiramente.[27]

Comunicar é conhecer. O sentido não é só um problema de compreensão, e, sim, sobretudo, um problema de expressão.[28] Chega-se ao pleno conhecimento de um conceito quando surge a oportunidade e, por sua vez, o compromisso de comunicá-lo a outros. Nós, educadores, experimentamos isso permanentemente: compare-se o grau de apropriação de um conhecimento que tínhamos quando, em nosso período de formação, estudávamos por nossa conta e o incomparavelmente maior

---

[26] BRUNER, op. cit.

[27] KAPLÚN, M. Del educando oyente al educando hablante. *Cuadernos de Diálogos de la comunicación*, Lima: FELAFACS, n. 37, 1993.

[28] GUTIERREZ, E; PRIETO CASTILLO, D. *La mediación pedagógica*. San José de Costa Rica: R.N.T.C., 1991. SERRANO, J. H. Hacia una cultura comunicativa. *Comunicar*, Andalucía (España), n. 8, 1997.

que alcançamos quando passamos a transmitir as mesmas noções a nossos alunos de modo claro, organizado e compreensível. A grande quantidade de informação é tão importante para o domínio de um tema quanto a prática de expressá-lo.

O grande narrador peruano Julio Rámon Ribeyro, referindo-se à comunicação escrita, resgata experiência similar:

> Escrever, mais que transmitir um conhecimento, é ter acesso a esse conhecimento. O ato de escrever nos permite apreender uma realidade que até o momento se apresentava para nós de forma incompleta, velada, fugidia ou caótica. Muitas coisas as compreendemos só quando as escrevemos[29] [isto é, quando as comunicamos].

A comunicação de suas aprendizagens, por parte do sujeito que aprende, apresenta-se assim como um componente básico do processo de cognição e não apenas como um produto subsidiário desse processo. A construção do conhecimento e sua comunicação não são, como costumamos imaginar, duas etapas sucessivas através das quais primeiro o sujeito se apropria dele e depois o enuncia.

São, isso sim, o resultado de uma interação: alcança-se a organização e a clareza desse conhecimento ao convertê-lo em um produto comunicável e efetivamente comunicado.

Mas para que o educando se sinta motivado e estimulado a empreender o esforço de intelecção que essa tarefa supõe, necessita de destinatários, interlocutores reais: escrever sabendo que vai ser lido, preparar suas comunicações orais com a expectativa de que será ouvido.

Educar-se é envolver-se em um processo de múltiplos fluxos comunicativos. O sistema será tanto mais educativo quanto mais rica for a trama de interações comunicacionais que saiba abrir e pôr à disposição dos educandos.[30] Uma Comunicação Educativa concebida a partir dessa matriz pedagógica teria como uma de suas funções capitais a provisão de estratégias, meios e métodos destinados a promover o desenvolvimento da competência comunicativa dos sujeitos educandos. Esse desenvolvimento supõe a geração de vias horizontais de interlocução e intercomunicação.

---

[29] RIBEYRO, J. R. *Prosas apátridas*. Barcelona: Tusquets, 1975.

[30] KAPLÚN, M. *A la educación por la comunicación*. Santiago de Chile: UNESCOOREALC, 1992.

Meios de comunicação e informática

Tenho a esperança de que, ainda que me servindo da simplificação imposta pela brevidade, não se tenha visto erroneamente no que aqui expus uma desqualificação em bloco da educação a distância, do emprego dos meios no ensino e da introdução no sistema educativo das modernas tecnologias informáticas.

A matriz individualizada e o paradigma informacional – eles sim, objetos de nossas observações críticas – não são realidades exclusivas do território da educação a distância. O ensino presencial – e temos nos preocupado em deixar claro – acha-se hoje permeado deles em medida não muito menor. Por outro lado, é bom recordar que o modelo de ensino a distância de cunho individualizado é hoje certamente o hegemônico, mas de modo algum o único possível. Existem modalidades alternativas, de estrutura grupal e metodologia interacionista, as quais vêm deixando de ser tão só propostas teóricas e estão sendo implementadas com êxito na América Latina, assim como em outras regiões do mundo.[31]

No que diz respeito ao emprego de meios na educação, bem-vindos sejam, desde que aplicados crítica e criativamente, a serviço de um projeto pedagógico, ultrapassando a mera racionalidade tecnológica; como meios de comunicação e não de simples transmissão; como promotores do diálogo e da participação; para gerar e potenciar novos emissores mais que para continuar fazendo crescer a multidão de receptores passivos. Enfim, não meios que falam, e sim meios para falar.[32]

Não foi nossa intenção negar a contribuição dos suportes informáticos nem desconhecer o papel imprescindível da informática nos processos de aprendizagem. Uma vez mais, a questão se fundamenta na estratégia comunicacional que preside seu uso. É necessário advertir que, em sua antecipação da aula virtual, o texto que tomamos como expoente expressivo da tendência dominante, ao enumerar os múltiplos recursos informáticos postos à disposição do educando, não menciona as redes telemáticas, as quais possibilitariam a cada estudante, ainda que na reclusão de sua sala de aula virtual, comunicar-se com outros e enriquecer-se reciprocamente na construção comum do conhecimento.

---

[31] Id. Repensar la educación a distancia desde la comunicación. *Diálogos de la comunicación.* Lima: FELAFACS, n. 23, jun. 1992.

[32] BELTRAN, L. R. Adiós a Aristóteles. Comunicação horizontal. *Comunicação & Sociedade*, São Paulo: Instituto Metodista de Ensino Superior, n. 6, 1980. KAPLÚN, M. *Comunicación entre grupos.* Buenos Aires: Humanitas, 1990.

Isso porque, quando se vê a educação a partir da perspectiva unidirecional para a qual o paradigma informacional colabora, se tende quase inconscientemente a não atribuir valor à expressão dos educandos e a seus intercâmbios.

Felizmente, essas redes telemáticas já estão unindo e intercomunicando milhares de grupos de escolares e de estudantes do ensino secundário do mundo inteiro, abrindo-lhes canais de autoexpressão e interlocução, alargando seus horizontes e levando-os a ser mais participantes e solidários.[33] Pode-se esperar muito da evolução destas redes, inscritas, como estão, em um claro projeto pedagógico de afirmação dos valores humanos, organizadas para a comunicação entre grupos mais que entre indivíduos isolados e, portanto, como um alargamento da comunicação cara a cara e não como sua substituição virtual.

Como se fosse conclusão: o que definirá em boa medida a concepção de Comunicação Educativa pela qual se opte nos próximos anos, será o valor que esta atribua à formação da competência comunicativa dos educandos.

Embora nos tenhamos centrado aqui na vertente cognitiva da educação, não é menos válido apontar que, quando se aspira a uma sociedade global humanizante, não avassalada pelo mercado, pela competitividade e pela homogeneização cultural, e sim edificada sobre o diálogo, a cooperação solidária e a reafirmação das identidades culturais, o desenvolvimento da competência comunicativa dos sujeitos atuantes aparece como fator altamente necessário, e em torno do qual gravitam os outros aspectos; como acontece, aliás, com a participação política e social.

Referências bibliográficas

APPLE, M. *Educación y poder*. Barcelona: Paidós, 1987.

_____. *Ideología y currículo*. Madrid: Akal, 1986.

BELTRAN, L. R. Adiós a Aristóteles. Comunicação horizontal. *Comunicação & Sociedade*, São Paulo: Instituto Metodista de Ensino Superior, n. 6, 1980.

BORJA, R. La democracia del futuro. *Chasqui*, Quito, n. 56, dic. 1996.

BRUNER, J. *Acción, pensamiento y lenguaje*. Barcelona: Alianza, 1984.

---

[33] REYES, D. *Estrellas solidarias en el barrio grupal*. Buenos Aires: Doc. Policopiado, 1996.

CAVANAGH, C. H. El aprendizaje de los adultos, los medios de comunicación, la cultura y las nuevas tecnologías de la información y la comunicación. *Educación de adultos y desarrollo*, Bonn, n. 49, 1997.

DEWEY, J. *Democracia e educação*. São Paulo: Nacional, 1952.

FREINET, C. *Método natural*. Lisboa: Estampa, 1977.

_____. *Técnicas da escola moderna*. 4. ed. Lisboa: Estampa, 1975.

FREIRE, P. *Pedagogia do oprimido*. 6. ed. Rio de Janeiro: Paz e Terra, 1978.

GARCIA ARETIO, L. *Un concepto integrador de educación a distancia*. Palestra apresentada na XV Conferência Mundial de Educação a Distância. Caracas, nov. 1990.

GUTIERREZ, E; PRIETO CASTILLO, D. *La mediación pedagógica*. San José de Costa Rica: R.N.T.C., 1991.

HOLMBERG, B. *Educación a distancia*: situación y perspectivas. Buenos Aires: Kapelusz, 1985.

JACKSON, P. *Life and classrooms*. New York: Holt, Rinehart & Winston, 1968.

JORNAL escolar. Lisboa: Estampa, 1974.

KAPLÚN, M. Del educando oyente al educando hablante. *Cuadernos de Diálogos de La Comunicación*, Lima: FELAFACS, n. 37,1993.

_____. *A la educación por la comunicación*. Santiago de Chile: UNESCOO-REALC, 1992.

_____. Repensar la educación a distancia desde la comunicación. *Diálogos de la comunicación*, Lima: FELAFACS, n. 23, jun. 1992.

_____. *Comunicación entre grupos*. Buenos Aires: Humanitas, 1990.

KAYE, A. La enseñanza a distancia: situación actual. *Perspectivas*, Paris: Unesco, n. 65, 1988.

KEEGAN, D. *The foundation of distance education*. London: Croom Helm, 1986.

MARQUES DE MELO, J. Derecho a la información: agenda para el debate. *Chasqui*, Quito, n. 59, set. 1997.

PITOMBO, M. I. *Conhecimento, valor e educação em John Dewey*. São Paulo: Pioneira, 1974.

REYES, D. *Estrellas solidarias en el barrio grupal*. Buenos Aires: Doc. Policopiado, 1996.

RIBEYRO, J. R. *Prosas apátridas*. Barcelona: Tusquets, 1975.

SERRANO, J. H. Hacia una cultura comunicativa. *Comunicar*, Andalucía (España), n. 8, 1997.

VYGOTSKY, L. *El desarrollo de los procesos psicológicos superiores*. Barcelona: Crítica, 1978.

_____. *Pensamento e linguagem*. São Paulo: Martins Fontes, 1987.

Entrevistas

Sujeito, comunicação e cultura*

Jesús Martín-Barbero, coerência e radicalidade ao tratar de Comunicação e de Cultura na América Latina.

*Jesús Martín-Barbero é um dos mais respeitados pensadores latino-americanos. Doutor em Filosofia pela Universidade de Louvain, Bélgica; professor fundador da Faculdade de Comunicação da Universidad del Valle, Cali, Colômbia; e atualmente se dedica a pensar a comunicação e a cultura, prestando assessoria a entidades e a movimentos populares. Pesquisador e teórico da comunicação, tem dado grande contribuição aos Estudos de Recepção a partir da conceituação das mediações culturais e da valorização das culturas latino-americanas. Seu livro Dos meios às mediações, traduzido recentemente para o português (Rio de Janeiro, UFRJ, 1997), e seus artigos em revistas de comunicação e cultura (dois deles publicados por Comunicação & Educação**) têm ajudado estudantes, professores e pesquisadores da comunicação e do campo comunicação/ educação a refletirem de maneira mais ampla e transdisciplinar as questões relativas aos meios de comunicação, às novas tecnologias e às problemáticas daí decorrentes. Em entrevista exclusiva à Comunicação & Educação, ele nos fala de sua trajetória intelectual e faz reflexões sobre problemas da atualidade.****

ROSELI FÍGARO
MARIA APARECIDA BACCEGA

C&E: Professor, o senhor é espanhol? Qual sua formação?

Martín-Barbero: Sim, de origem. Bem, eu nasci numa cidadezinha entre Madri e Ávila, junto a um lugar muito famoso que se chama El

---

* Texto publicado originalmente na revista *Comunicação & Educação*, n. 15, maio/ago. 1999.

** MARTÍN-BARBERO, J. Comunicação plural: alteridade e sociabilidade. *Comunicação & Educação*, São Paulo: CCA-ECA-USP/Moderna, n. 9, p. 39-48, maio/ago. 1997. Cidade virtual: novos cenários da comunicação. *Comunicação & Educação*, São Paulo: CCA-ECA-USP/Moderna, n. 11, p. 53-67, jan./abr. 1998. (N.E.)

*** Entrevista transcrita e traduzida por Fidelina Gonzalez e Renata Pallottini.

Escoriai. El Escoriai é um mosteiro erigido por Felipe II. Ali, ao lado, havia uma pequena cidade de veraneio, frequentada por intelectuais. Desse modo tive relações, quando jovem, com certo mundo intelectual, digamos, progressista. Descobri, nesse momento, um amigo livre-pensador, republicano espanhol, com uma biblioteca fabulosa, que realmente teve um papel muito importante na minha vida, principalmente no que diz respeito à literatura, literatura proibida, do Partido Comunista. Aquilo, para mim, foi muito importante. Fiz, na capital da província de Ávila, os estudos primários e depois o secundário. Fiz a Faculdade de Filosofia em Madri, minha primeira licenciatura. Em Ávila, tive contato com um professor que foi crucial na minha vida: ele era espanhol e havia sido diplomata no tempo em que as Nações Unidas estavam em Genebra, na Segunda Guerra Mundial. Ele foi meu professor de História da Cultura e de História da Filosofia. A ele devo muito da minha estrutura mental, a qual me permite cruzar, articular disciplinas e temas. Ele nos deu uma visão que, depois, encontraria no filósofo que mais me influenciou, que foi Merleau-Ponti. Ele era um cético diante das visões providencialistas, unilineares, mas um cético com uma experiência de vida muito grande. Não esquecerei nunca o dia em que nos disse que as prostitutas acabavam tendo uma sabedoria muito maior que a dos intelectuais, porque elas sabiam quem ia chorá-las no dia de seu enterro. Ele nos deu uma formação muito séria em termos de História Cultural. Isso me permitiu depois, e muito cedo, ler textos de primeira mão, coisa muito difícil de conseguir. Aos 16, 17 anos, li, por exemplo, toda a obra de Camus e boa parte da de Sartre. Esse homem era professor secundário, e tão importante para nós que minha formação não se localizou na universidade, mas sim no secundário. Ele fazia parte de um grupo de intelectuais que se reunia, clandestinamente, uma vez por ano, na montanha, em Ávila, na linda Serra de Gredos. Eles se reuniam para se ajudarem a sobreviver naquele mundo escuro, estúpido e vulgar que era o mundo espanhol nos anos 1950. Tive sorte, porque esse professor levava os seus alunos mais queridos a essa semana, para ouvir. Assim pude conhecer pessoalmente, quando tinha 17 anos, as pessoas mais progressistas da Espanha desse tempo. Ali conheci também Luís Rosales, um amigo pessoal de Lorca, um grande poeta. Para alguns foi a pessoa que se despediu de Lorca antes que o matassem. Para outros Lorca estava em casa de Luís Rosales, quando a Guarda Civil o prendeu para fuzilá-lo. Essa gente era muito simples. Entre eles estava José Luís Aranguren, filósofo que trabalhou muito a ética política; pessoa das mais progressistas durante o franquismo. Conheci toda essa gente e, digamos, tive uma juventude muito estranha, porque tive um enriquecimento cultural, tive uma vida cultural muito rica, mesmo tendo nascido numa cidadezinha pequena. Durante o tempo do ginásio, da Segunda Guerra, nas minhas férias, tinha um grupo de amigos que já estavam na universidade. Estudávamos música clássica, ouvíamos muita música da América Latina, porque minha geração detestava o flamenco. O franquismo utilizou a música andaluza como se fosse a única música espanhola, desprezando todas as outras. Então, minha formação foi feita muito mais nesses encontros do que de maneira formal. A única pessoa que encontrei, em minha educação formal, foi esse professor Dom Alfonso Perez Cancio. Ele era um basco, alto, de dois metros, calvo. Algum dia vou lhe dedicar um livro. Verdadeiramente, esse foi um homem de ideias claras. Ele me colocou em contato com essa gente, e Luís Rosales me estimulou a escrever poesia e, assim, tenho um livro de poesias publicado. Foi a primeira vez que publiquei algo. Depois, a revista *Ateneo*, de Madri, que era um lugar, digamos, entre progressista e assustado, publicou várias poesias minhas. Portanto, minha formação começa assim.

Jesús Martín-Barbero é um dos mais importantes teóricos da Comunicação.

Tornar-se latino-americano

Vim para a Colômbia em outubro de 1963. E vim porque a vida intelectual na Espanha estava muito aborrecida e, além do mais, perigosa. Para ler Sartre – já nem digo livros de Marx –, tínhamos de ir ao camarim do teatro de La Zarzuela. Lá havia uma célula do Partido Comunista que fazia contatos para conseguir os livros que desejávamos. Os livros vinham da Argentina e do México, com desconto. Assim fui fazendo minha biblioteca. Nessa ocasião, tinha um amigo que trabalhava no Instituto de Cultura Hispânica (assim se chamava antigamente; hoje é o Instituto de Cooperação Ibero-americana), justamente na seção de intercâmbio entre universidades. Foi então que decidi partir para a aventura: vim para a Colômbia como professor de Filosofia. Fiquei, nessa primeira temporada, de 1963 a 1968. Aí voltei à Europa para fazer o doutorado. Em Bogotá trabalhei como professor, mas também como diretor de uma biblioteca-casa de estudos, que pertencia a uma fundação particular, a qual, naquele momento, tinha um papel muito importante no diálogo entre cristãos e marxistas. Por essa instituição passou Camilo Torres[1] e o que seria depois o Grupo Golconda. O Grupo Golconda foi um grupo de sacerdotes, de cristãos da Teologia da Libertação, que enfrentou uma das hierarquias mais retrógradas da América Latina e começou uma revisão profunda do que era ser cristão naquele tempo. Trabalhei, então, com grupos universitários de todas as universidades de Bogotá, que estavam, por essa época, lendo concomitantemente textos da Teologia da Libertação e textos marxistas. Há pouco estive comentando um desses textos, que foi aquele sobre o qual fiz minha tese, "Dialética do concreto", de Karel Kosik.[2] Kosik foi um tchecoslovaco fabuloso; consegui muitas coisas dele na Itália.

Digamos que essa foi a experiência mais importante desses primeiros cinco anos na Colômbia. Portanto, não foi a experiência docente, foi a experiência de trabalho nessa casa de estudos-biblioteca, porque isso me permitiu viver coletivamente aquela euforia: acreditávamos que tínhamos a Revolução ao nosso alcance. Aquela foi uma época muito importante, muito linda.

Reli por inteiro a História da Espanha e da América Latina, o que é uma das chaves da minha primeira temporada na Colômbia: ler História. Porque sabia que a História que tinha aprendido era anarquicamente falsa, uma História muito mesquinha, muito direcionada. A História me deixou uma marca muito forte, que se pode ver em *Dos meios às mediações*. Realmente a História foi minha segunda formação.

---

[1] Camilo Torres foi um sacerdote seguidor da Teologia da Libertação e participou intensamente do movimento revolucionário colombiano nos anos 1960. Foi assassinado pelo Exército da Colômbia.

[2] KOSIK, K. *Dialética do concreto*. 3. ed. São Paulo: Paz e Terra. 1985. (N.E.)

Autodidaticamente, li muita História, que liguei com Sociologia, Antropologia. De tudo o que mais li nesses cinco anos, foi História e formação marxista. Por um lado estava Althusser, no auge, com *Por Marx*, que nós traduzimos na Universidade Nacional, na Faculdade de Sociologia. Traduzimos o primeiro texto de Althusser para o castelhano, um pequeno artigo no qual se resumia o *Por Marx*, chamado *Ha evolución teórica de Marx*. Dividi meu tempo entre Althusser e essa outra linha que o Fundo de Cultura Econômica começava a publicar, de autores do mundo socialista. Li bastante Karel Kosik e vários outros autores iugoslavos. Isso, para mim, foi muito interessante, ler textos dessa outra faceta, na qual, por exemplo, Karel Kosik demonstrava que a dicotomia apresentada por Althusser entre o Marx político e o Marx científico era absurda. Eles tinham vivido esse debate já havia trinta anos. Isso foi muito importante para mim, porque fiz a tese de homologação para passar ao doutorado sobre Karel Kosik e Goldmann, com uma enorme influência de Goldmann.

Apoio aos latino-americanos na Europa

Quando fui fazer o doutorado na Europa, queria trabalhar com Goldmann em Paris, mas ele morreu no ano em que cheguei lá. Em Paris estavam Lucien Goldmann e todo o grupo que mais me interessava. Eram pensadores de linha marxista. Lá tive a sorte de conhecer uma associação de ajuda a latino-americanos na Europa. Era época do exílio, sobretudo no Brasil, e os brasileiros tinham a direção de três ou quatro associações latino-americanas. Eles eram os melhores diplomatas. Nessa ocasião trabalhava em Bruxelas, com uma entidade que se chamava Serviço Europeu de Universitários Latino-Americanos. Coordenava um boletim mensal, fazia um boletim de informação sobre coisas que não se encontravam nos jornais europeus. Além disso, publicávamos sínteses das teses feitas pelos latino-americanos na Europa. Fazíamos também reuniões, congressos, por exemplo: os bolivianos, de Estocolmo até Sevilha, nós os reuníamos em Barcelona. Ou, todos os latino-americanos que viviam na Itália, e fazíamos a reunião na Itália.

Fizemos um encontro, em Bonn, na Alemanha. Ali esteve Ernst Mandei, o economista. Esteve também Maria da Conceição Tavares, a famosa economista brasileira, e o teólogo da libertação, Frei Betto. Ali estiveram muitas pessoas que saíram da prisão quando do intercâmbio com o Embaixador dos Estados Unidos. E o mais assombroso foi ver como os brasileiros trabalhavam de dia e sambavam à noite. Dançavam seis horas, não dormiam; era uma gente louca, que descansava dançando samba.

Nessa ocasião fazia meu doutorado em Louvain. Vivia um pouco em Louvain e ia a Bruxelas trabalhar. Fiz meu doutoramento em dois anos. Passados esse período não aguentava mais a Bélgica; era um país muito pequeno-burguês, muito racista. Humilhavam constantemente os estrangeiros e, principalmente, os estrangeiros que frequentavam a universidade de língua francesa. Assim, quando pude, arranjei um jeito de sair. José Abreu voltou para Brasília e entrou em seu lugar, como secretário da Associação onde trabalhávamos, um boliviano. Conversei com ele e consegui permissão para dedicar-me, sobretudo, ao boletim, e isto me permitiu viver em Paris. Em Paris tinha um lugar, um centro de latino-americanos, onde se recebiam mais jornais e revistas do que nós recebíamos em Bruxelas. Dessa maneira, nos últimos dois anos, enquanto escrevia a tese, vivi em Paris. Tive cursos com Paul Ricoeur, com Poulantzas, com Touraine. Tomamos cursos de Antropologia e fiz uma tese completamente louca, que era metade tese de Filosofia, metade de Literatura. O diretor da tese era um dos melhores professores de Louvam, de Filosofia Social e Filosofia da Linguagem. Minha tese chamou-se "Palavra e ação por uma dialética da libertação". Meu diretor de tese obrigou-me a rasgar sete vezes o meu projeto, alegando que eu queria fazer uma tese de doutoramento em Louvain, o que é muito clássico, mas ao mesmo tempo queria escrever um livro para os meus amigos da Colômbia, e que isso era incompatível. Consegui, afinal, apresentar-lhe um esquema que foi aceito e passei a escrever. Quando ele apresentou a tese para a banca, telefonou-me, em Paris, e disse: "Amigo Jesús, a banca disse que isto não é uma tese de Filosofia, é um panfleto político, que estão dispostos a aprová-lo, mas que você não espere mais do que isso. Pode vir defender sua tese, mas está avisado...". Tinha amigos latino--americanos em Paris que queriam ir comigo para a defesa, em Louvain, e disse-lhes que não, que seria ridículo. Mas, quando cheguei a Louvain, como a defesa era pública e tinha sido anunciada, a sala estava cheia de flores, de latino-americanos de Louvain, todos velhos amigos. E foi uma coisa muito divertida, porque primeiro fiz demagogia: comecei dizendo que existiam teses que eram o ponto de chegada de vinte anos de trabalho e teses que eram o ponto de partida para trinta anos de trabalho, e que a minha era destas últimas. Aí, eles caíram na armadilha e, em vez de discutir sobre a minha visão filosófica, puseram-se a discutir a minha visão da América Latina. Fiz gato e sapato deles, deram-me grande distinção e saí carregado pelos meus amigos, como um toureiro. Eles tentaram entrar pelo outro lado, e quando lhes dizia que havia milhões de latino--americanos que, para ser cidadãos, tinham de renunciar a seu idioma, diziam que isso era demagogia. E aí mostrava os dados: Bolívia, tantos, Equador, tantos, Guatemala, tantos... Discutir sobre a América Latina comigo era ridículo. Foi uma coisa muito simpática. Quando terminei, tinha ofertas para ficar em Paris como professor ou dirigindo o Centro Latino-Americano de lá. Mas voltei para a Colômbia. Depois de ter vivido com latino-americanos, e ter, na Europa, descoberto o Brasil – aprendi a ler português em quadrinhos, porque Abreu me alfabetizou a partir de uma revista que era semiclandestina, uma revista de quadrinhos de humor político, e através de romances de detetives –, decidi voltar à Colômbia, porque realmente tinha me tornado latino-americano. Quando os meus amigos franceses me perguntavam por que queria voltar à América Latina, à Colômbia, respondia: vocês não podem compreender o que descobri. Se ficar aqui, serei mais um professor de Filosofia na França, enquanto na Colômbia sou importante, tenho a sensação de que, na Colômbia, o que faço repercute por todo o país. Isso é verdade, e tenho sentido isso de maneira muito forte, todos estes anos.

Quando regressei à Colômbia, as pessoas me perguntavam: "E daí? Você é colombiano ou espanhol?". Dizia que não havia deixado de ser espanhol para ser colombiano. Essa etapa, já a havia superado. Sou latino-americano. E realmente é assim que vivo agora.

Voltei, entre outras coisas, porque tinha mantido uma correspondência de quatro anos com Elvira. Elvira era quem me dava as notícias, me mandava artigos de jornais. Pude seguir a vida da Colômbia através da minha repórter, de Elvira. Nós nos casamos. Quando voltei, o ensino de Filosofia havia sofrido uma degradação. Encontrei um campo contra a Teologia da Libertação. A Filosofia nas universidades particulares tinha se tornado tremendamente reacionária e a Filosofia na Universidade Nacional era um catecismo marxista. Comparado com o tempo em que saí, em plena efervescência, era um catecismo, uma coisa chatíssima.

Da filosofia para a comunicação

Nesse período, Elvira estava estudando Comunicação Social numa universidade particular, onde se juntara um monte de gente meio louca e eles me propuseram aulas. Eles tinham começado a ouvir falar em Semiótica, Teoria do Discurso, mas não possuíam textos, só poucas notícias. Em Paris, havia feito cursos sobre Roland Barthes e tinha na cabeça toda a Semiótica para fazer análise ideológica. Propuseram-me abrir uma área de pesquisa na faculdade e entrei em Comunicação. Isso foi no ano de 1973. Voltei para a Colômbia em março e em julho entrei para essa faculdade, e desde então estou trabalhando no campo das comunicações. Um ano e meio depois fui despedido, sob o pretexto de ser um revoltoso, isso juntamente com outros revoltosos, ou seja, livraram-se das pessoas que não pensavam quadriculadamente. Além do mais, o reitor havia sido nosso cúmplice, porque existiam muitos professores de tempo integral. Tratava-se de uma universidade particular, com professores que, basicamente, trabalhavam por hora. Entre Economia e Comunicação tínhamos a metade dos professores de tempo integral de toda a universidade, a qual se compunha de cerca de trinta cursos. Por motivos variados, fomos despedidos.

Por essa época recebi várias ofertas, entre as quais a de abrir uma nova Escola de Comunicações em Cali, onde tinha muitos amigos de minha primeira temporada na Colômbia. Fui para Cali e, depois de uma batalha bastante dura, consegui abrir uma Faculdade de Comunicações, a partir de Ciências Sociais. Todas as outras eram escolas de Jornalismo. Fizeram o possível para impedir. Houve uma senhora muito importante, que pediu opinião a um especialista em Marx porque, dizia ela, meu plano de estudos era marxista-leninista. (Como são loucos!) Quando, depois de todos os debates, de passar por todos os comitês da universidade, a proposta chegou ao Conselho Diretor; os três decanos mais importantes, o de Medicina, o de Economia e o de Engenharia, o vetaram. Pela primeira vez na história da Universidade del Valle houve o que se chama em castelhano de *cabildo abierto*.[3] O Conselho Diretor (estava ainda em Bogotá) me chamou, e o reitor me disse: "Moço, se você quer ver realizado o seu plano, vai ter que vir brigar por ele". Passei três dias, com 40 ou 50 professores, discutindo, porque era preciso quebrar aquela visão simplesmente de Jornalismo e abrir-se para o fenômeno da comunicação com base em Ciências Sociais. No ano de 1972, a Universidade del Valle havia se rebelado contra o reitor, que era um reacionário; a universidade foi tomada, paralisaram a cidade. Havia uma tradição de beligerância política muito grande, além do mais, não

---

[3] *Cabildo* significa corporação ou assembleia de cônegos; *abierto* pode estar se referindo a democrático. (N.E.)

eram só os alunos de Ciências Sociais, mas também os de Medicina que estavam à frente da greve.

Então, Cali estava muito marcada pela oposição extremada: esquerda e direita. Mas havia um grupo esplêndido de trotskistas que começava a trabalhar com Semiologia, com Análise Semiológica etc. Essa gente me apoiou. Nessa altura, depois de muitos debates e de muitas palestras, o pessoal de História e de Sociologia começou a me apoiar. A direita em Cali tinha pensado em abrir uma Faculdade de Jornalismo e nós nos adiantamos. Além do mais, seria uma Faculdade de Jornalismo dirigida por um cubano exilado, um *gusano*.[4]

Começaram a sair artigos contra mim. Eles sabiam que eu tinha sido expulso de uma universidade, que era um tipo suspeito. Fizeram de mim uma imagem de guerrilheiro, de homem das guerrilhas, que tinha estado fora do país. Publicaram, inclusive, um artigo da antiga constituição que proibia os estrangeiros de dirigirem qualquer dos meios de comunicação. Tive semanas e semanas de artigos contra mim. Quando abrimos o segundo período de matrículas, vieram vários jornalistas para dizer aos pais de família: "Se matricularem seus filhos nesse plano de estudos, eles vão ser preparados para viver na União Soviética, não na Colômbia!". Mas não adiantou.

Cali era uma cidade onde havia, há algum tempo, uma paixão muito grande pelo cinema. Algumas das primeiras pessoas que fizeram cinema foram os irmãos Acevedo, que eram de lá. Havia também um romancista jovem, que se suicidou muito novo, irmão de uma amiga minha, e que conheci: Andrés Quisero; hoje, uma das personalidades mais importantes da literatura colombiana. Então, nós nos encontramos em uma situação bastante peculiar: como os jornais eram muito ruins, os jovens não queriam fazer jornalismo; todo mundo queria fazer cinema. Por isso, os alunos que entraram para fazer o curso tinham temperamento de artistas, eram bastante anarquistas, não se deixavam manipular nem pela esquerda nem pela direita, eram muito independentes. Isso deu desde o começo um direcionamento muito especial ao plano de estudos. Havia audiovisuais. Ou seja, muito dessa minha empatia com os audiovisuais vem desse fato. A juventude que entrou na faculdade nos disse: "Queremos fazer cinema, vídeo". E isso nos marcou de um modo muito forte.

A ênfase dada ao curso de Comunicação foi em Ciências Sociais e cultura audiovisual, o que provocou um rompimento ainda maior com

---

[4] Termo cubano muito expressivo que significa "traidor da revolução cubana". (N.T.)

as outras escolas, porque, nestas, o Jornalismo escrito era a base de tudo. Além do mais, nossos professores não eram egressos de Comunicações, mas de História, Sociologia, Literatura. Eram as pessoas que mais entendiam do que estávamos fazendo.

Outra etapa terrível foi quando mandamos tudo para aprovação do Ministério de Educação. Foi outra batalha. Tive a sorte de que o homem que estava à frente da instituição e que dirigia o sistema universitário era muito inteligente. Ele leu a proposta de programa do departamento e me chamou, dizendo: "Empreste-me alguns textos de Roland Barthes e de toda essa gente". Ele era ligado à literatura. Esse homem lutou pelo nosso programa. Quando chegou à junta na qual o programa seria avaliado, ele me aconselhou a viajar para Bogotá e ficar na porta da sala, se precisassem de mim para defender o programa. Não foi preciso, mas até nesse momento houve luta. Foi uma coisa que, como experiência, vista agora, parece incrível. Honestamente, não sabia quantas coisas estava quebrando.

Mas como eu não vinha nem de Jornalismo nem de Comunicações, como vinha de Filosofia, Antropologia, Semiótica, para mim era por aí que devia ir. Era um pouco de intuição e depois a sorte de encontrar, na Universidad del Valle, gente que me apoiou decididamente, ou seja, gente que viu que realmente o rumo era aquele. O país estava necessitando romper definitivamente com umas escolas esclerosadas, que eram uma mescla de pura pragmática de Jornalismo com um pouco de humanismo antigo. Cultura geral de terceira mão. Tive a sorte de ter como professores na escola os melhores que existiam na universidade. Os professores brigavam pelo direito de dar aulas em Comunicações. Tive entre os professores o pensador marxista mais importante da Colômbia, Estanislao Zuleta, um autodidata. Foi um homem extraordinário. Foi o primeiro, na Colômbia, a fazer a ligação entre marxismo, literatura e psicanálise; ele criou uma escola de psicanálise em Cali. Tive a honra de ter esse homem como professor nas primeiras aulas; ele não gostava da universidade, mas quando lhe contamos o que estávamos fazendo, ele veio para dar aulas de Psicologia da Comunicação. Tivemos um dos historiadores mais importantes, que morreu de câncer pouco tempo depois: Germán Colmenares; era um dos dois ou três mais importantes do país. Economistas como Miguel Vazquez, a melhor gente da Universidad del Valle, eram nossos professores. Nosso programa era basicamente de Ciências Sociais e oficinas de produção. Os primeiros dois semestres eram de Epistemologia, Economia e Semiótica.

Quando chegava ao final do segundo semestre, a metade dos alunos não aguentava. Nós ficávamos muito felizes com a outra metade, e seguíamos. Mas vimos, depois, que isso era demasiadamente brusco, porque as pessoas chegavam dos primeiros estudos incapazes de ler um texto. Era muita exigência a nossa. Era preciso partir, antes, de matérias que tivessem uma pequena continuidade com os seus primeiros estudos. Era preciso mudar e dar História da Colômbia, História da América Latina. Ou seja, cursos um pouco mais próximos àquilo que eles conheciam. Tivemos que fazer, rapidamente, uma reforma, porque a primeira proposta era muito racionalista.

À medida que a primeira geração ia passando pelos cursos, fomos descobrindo esses temperamentos de artistas. Percebemos que era preciso dar maior importância à dimensão estética do curso, porque íamos imprimir uma marca, mas uma marca bem racionalista. Porém, fomos liberais, fomos dando mais literatura, artes e, bem, estive por 22 anos em Cali. Por dez anos fui diretor, pai, mãe, avô, tudo.

Tive que arranjar dinheiro para comprar o aparelhamento, para ir conseguindo professores nomeados; era preciso lutar nas instâncias superiores. Mas quando saí, saí muito contente, porque deixei uma graduação e duas pós-graduações, uma em Produção Audiovisual e outra em Comunicação e Projeto Audiovisual. Estou muito contente porque, além do mais, consegui uma equipe que já está na segunda geração. Tínhamos, entre todos, 250, 270 alunos. Éramos 15 professores de tempo integral. Isto é, todo mundo fazia pesquisas, produção de vídeo, rádio. Era e é uma coisa excepcional. Nesse sentido consegui algo que, na universidade, quase não existia. A maioria dos professores tinha pesquisas aprovadas pelo Comitê de Pesquisa da universidade, como as do CNPq aqui no Brasil. Para fazer as pesquisas, a maioria saiu para estudar fora do país. Aqui, na USP, estiveram dois, Margarita Londono e John Galimeson. Então, deixei, de alguma maneira, falando com certa vaidade, um grupo de gente muito valiosa e, além de tudo, muito aberta; gente que estudou cinema em Nova York, que fez Estudos Culturais em Birmingham. Temos uma equipe muito boa.

C&E: Por que a comunicação tem-se mostrado tão importante na contemporaneidade?

Martín-Barbero: Por um lado, essa importância estratégica está ligada ao que podemos chamar desenvolvimento ou revolução tecnológica. De fins do século XIX a fins do século XX, a humanidade ocidental viveu uma transformação na dimensão da tecnicidade que não havia vivido em muitos séculos. Penso que existe aí uma base objetiva, mas, em segundo lugar, penso que de alguma maneira a resposta é a que deu Habermas, quando converte a comunicação na nova agenda de filósofos. Isto é, a que insiste na representação. A representação, tanto em termos epistemológicos como em termos políticos, sofreu um desgaste profundo.

A comunicação permite olhar em conjunto a cidade e a sociedade, mais do que qualquer outra dimensão humana, diria. Por isso, vejo que a importância do desenvolvimento tecnológico está ligada à enorme inversão de capital intelectual sobre o mundo da comunicação e da enorme quantidade de capital monetário que foi derramado sobre tudo isso.

Ou seja: falar de tecnologia não é falar simplesmente de aparelhinhos, mas sim da linha de ponta de desenvolvimento da investigação científica. A investigação científica vai atrás da tecnologia, e não da arte. Isto é algo que está cada dia mais claro. Infelizmente, isto está sendo feito, em grande medida, de costas para as demandas sociais. Existe uma lógica, tanto de investigação científica quanto de produção tecnológica, ligada ou à guerra ou à conquista do espaço. Mas isso sai do âmbito das demandas que neste momento a sociedade está apresentando, porque existe uma grande quantidade de pesquisa, e elas são um luxo para um planeta com as necessidades que tem o nosso. Não obstante, a lógica do mercado vai por outro lado. Isto não é obstáculo para compreender que, se a inversão intelectual e a inversão econômica são tão grandes nesse âmbito, é porque, de algum modo, a humanidade ocidental outra vez reconhece um novo lugar, a partir do qual pensar, compreender, o que está se passando no mundo, para onde vai este planeta. Mas existe um terceiro olhar, a meu ver, que é um olhar puramente ideológico. E, de certa forma, a comunicação é convertida no remédio para todos os males. Aqui existe uma versão completamente idealista: que o problema entre um casal pode ser um problema de comunicação; que os problemas políticos são problemas de comunicação entre governo e cidadão; que os problemas dos pais com os filhos são problemas de comunicação. Aqui existe aquilo que chamo de uma utopia neutra. A comunicação tornou-se uma utopia. O mundo se salva pela comunicação. Aqui existe uma grande mentira, uma grande armadilha, um grande sofisma, que tem sua base no desenvolvimento tecnológico tão forte e na própria importância que obteve no âmbito intelectual.

Pensar a comunicação é também pensar a produção, o trabalho, o emprego

Hoje, de alguma maneira, pensar a comunicação é pensar as linhas de ponta não apenas de pesquisa, mas também de emprego, de trabalho, de produção, em direção à qual vamos. Sem dúvida, o que estamos vivendo é, em grande medida, a transformação da Primeira Revolução Industrial para uma Segunda Revolução. Uma imagem da qual nos falou certa vez um professor em Louvain, de que a primeira industrialização teve sua imagem na máquina a vapor, que permitia a produção têxtil da Inglaterra, ou na máquina a vapor do trem. Ambas eram um centro, a partir do qual tudo se movia. Essa segunda etapa da industrialização rompe com esse centro. É a comunicação que propõe, de algum modo, essa explosão. Isto é, neste fim de século, sinto que existe uma descentralização, seja da linguagem pós-moderna, seja da morte dos grandes relatos etc. Para mim, não há um lugar único no qual pensar, e pensar a comunicação transformou-se mais numa maneira de trabalhar a multiplicidade de formas de interpelação, de construção de sujeitos que vão da política à psicologia. Vejo a comunicação como uma imensa metáfora de muitas coisas que não são comunicação. Mas é a metáfora que permite entender este fim de século. Pois, por um lado, dou muita importância a essa crise, a esse esgotamento da representação como grande categoria, tanto do pensamento como da ação política, e a esta como intuição de que, neste fim de século, talvez a tarefa mais difícil que tenham os homens seja a de se comunicar. Ou seja, no fundo, é uma inversão. Estamos vivendo um processo de incomunicação gigantesco entre pais e filhos, entre os casais, entre governo e cidadãos. O governo vai pelo seu lado, por seus interesses, e a cidadania vai por outro. Vejo um grande paradoxo. Estamos atravessando uma situação na qual o reconhecimento do outro, a valoração do outro, aparece como grande descoberta. A pós-modernidade diz sobre a enorme dificuldade que temos para aceitar o outro, para conviver. Talvez nunca tenha sido tão difícil conviver, como na atualidade. Vivemos certa utopia: tudo é comunicação quando, na verdade (não digo que tudo seja incomunicação), há uma grande incomunicação; este é o problema.

Penso que a questão vai por este lado, é um desafio para pensar. Sinceramente, sou dos que creem que a Antropologia é a chave, porque os desafios apresentados pela tecnicidade não são puramente instrumentais, de aparelhos. Depois de tudo o que dissemos sobre mudanças de

Jesús Martín-Barbero em encontro de pesquisadores de Comunicação/Educação, na Universidade de São Paulo, em 1997.

sensibilidade, de percepção do tempo, do espaço, vemos que por aí passa uma transformação que não cabe nas categorias com que cada ciência social está trabalhando. Por isso existe (e isso é muito importante) um reencontro com a Filosofia. Em Cali abriram-se alguns cursos de Pós--Graduação de Filosofia, e muitos engenheiros e economistas, que há anos estavam trabalhando, foram fazer cursos de Filosofia. Existe uma necessidade de globalizar, de articular um mundo que está se rompendo em pedaços. Acho que a comunicação, aqui, ampara esse reencontro com uma necessidade de articulação.

C&E: Os jovens e a educação escolar têm sido tema de suas preocupações e contribuições teóricas. O que o senhor poderia nos dizer sobre o assunto, nesta situação, nesta conjuntura de preponderância da comunicação?

Martín-Barbero: Em primeiro lugar, estou muito interessado no que tange aos jovens, porque, seguindo os passos do livro de Margaret Mead, *Cultura y compromiso*, e com o qual concordo, hoje a ruptura geracional é muito mais forte do que antigamente. E esta ruptura deve ser pensada como inovação e não somente como febre passageira, que sempre tenha existido. Presto muita atenção à nova sensibilidade juvenil, ao que eles querem nos dizer, ou seja, de maneira confusa, desconexa, raivosa, violenta, eles nos dizem que não cabem mais na nossa cultura. Nesta nossa cultura, tanto a culta quanto a popular, a local. Eles estão, todo o tempo, dando encontrões nas paredes. De algum modo me atreveria a dizer que é a incomodidade. O que a juventude exprime é um mal-estar muito grande. Isso expressa uma série de contradições da sociedade, que ela não quer assumir. Quando se pesquisa sobre juventude, em geral se pesquisa, fundamentalmente, porque ela é violenta, porque é agressiva etc. Mas ela não é pesquisada em termos do que nos está abrindo de perspectivas novas. O mais fácil é ver o conformismo juvenil, a amoralidade juvenil.

No fundo, a hipocrisia social culpa os jovens pela sociedade que temos. Por exemplo: fala-se muito da perda de valores; pergunto: mas quem é que está sem valores? Onde estão os valores que lhes estão sendo transmitidos pelos pais? Arrivistas, oportunistas, hipócritas... Onde estão os projetos políticos capazes de convocar esta juventude, de dar-lhe ilusões, de abrir-lhe a utopia? Então, como queremos que nossos filhos sejam diferentes? Eles não estão contentes com este mundo, não se sentem bem com este mundo. Nós, de algum modo, estamos tentando nos sentir bem, mas eles não. Eles estão nos dizendo, todo o tempo: "Não estamos bem".

A linguagem da juventude

A família não é nem uma coisa nem outra, a família não é nada. Os pais jogam a culpa nos meios de comunicação e os professores também, sem perceber que os jovens estão expressando a emergência de outras culturas, de outra sensibilidade. Sabem o que significa a música? A música é o idioma em que se expressa a juventude de hoje. Isto é novo, é uma coisa estranha, o fato de que toda a juventude deseje expressar-se através da música. Recolhi, neste sentido, dois testemunhos de importantes intelectuais latino-americanos: uma é Beatriz Sarlo, argentina; o outro, Carlos Monsivais, mexicano. E tanto Carlos como Beatriz comentam como eles não foram jovens. Como a juventude não foi uma categoria em suas vidas. Eles foram militantes, cineastas, sei lá, foram torcedores de futebol. Não foram jovens, nenhum dos dois. Monsivais conta que sempre teve como mentores as pessoas velhas. Diz: "Stalin era velho". Ou seja, viam-no como um velho. Beatriz repete a mesma coisa: "Sartre era um velho! A cara de Sartre, aos 20 anos, era a de um velho". Ser jovem, realmente, é algo que começa a existir no mundo em maio de 1968. A juventude aparece como um novo ator social, que tem rosto próprio, e aqui vem o problema: os jovens estão construindo um novo modelo de identidade. Mas os antropólogos dizem que não pode ser. Porque os antropólogos acreditam que têm o monopólio da identidade.

E a identidade é, para eles, algo que vai desde o nascimento até a morte. Essas identidades lentas, fortes, de classe. As identidades dos jovens, hoje, são, para o bem e para o mal, fluidas, maleáveis. Acho que uma das coisas mais importantes da juventude, hoje, é (e disso podem sair coisas muito boas ou muito más) que ela pode combinar, amalgamar elementos de culturas muito diversas, que para nós seriam incompatíveis. Por exemplo: vejo como, desde a escola primária, a escola tende a definir a identidade colombiana em termos negativos. Nem novos-ricos, como os venezuelanos, nem incapazes, como os equatorianos. Isso está nas cartilhas. Portanto, as pessoas, hoje, não são anticolombianas à toa.

Nós passamos – e tenho que reconhecê-lo – anos e anos analisando o rock como instrumento do imperialismo, mas hoje percebo que é outra coisa. O rock é um idioma que permite aos jovens falarem, comunicarem entre si. Permite-lhes dizer muitas coisas que, de outra maneira, não saberiam dizer. Então, é aqui que vejo que se apresenta o desafio fundamental dos jovens à escola. E o desafio à família é maior ainda. O desafio à família é, de algum modo, a última etapa da morte da família patriarcal, a qual é muito antiga. Agora ela está morrendo. Acontece que, se os pais não conseguem estabelecer um mínimo de diálogo, os filhos têm com quem dialogar fora de casa. Para eles não há problema. O problema é para os pais. Por isso, penso que o desafio à família é radical. Pesquisas sobre a televisão, nos Estados Unidos, têm mostrado como o feito mais importante da TV é unificar de novo o mundo dos adultos e o das crianças. Desde meados do século XVII, com a imprensa, com o controle demográfico, com a aparição da escola primária, esses mundos se opõem. Agora, a televisão expõe o mundo dos adultos às crianças. Creio que por aí passa a revolução da relação entre pais e filhos.

A escola dificilmente compreende esses novos desafios; não é culpa dos professores. Dificilmente, depois de certa idade, os professores poderão reciclar-se numa nova relação com o saber, porque foi isso o que mudou. O que é o saber hoje em dia? A escola acredita que ela é o lugar legítimo do saber, porque durante séculos o foi. O saber vinha desde o primário até a universidade, legitimado socialmente.

Hoje, o saber legitimado socialmente passa por muitos lugares. Vemos como o mercado está tirando a pesquisa da universidade e levando-a para outras partes. A universidade não é mais o único lugar da produção do conhecimento. A imensa maioria das universidades é mais o lugar da repetição. Principalmente as universidades particulares, na Colômbia, são uma roubalheira. Ali não há produção de conhecimentos, há compra e venda de diplomas, para que o candidato possa chegar ao mercado de trabalho. É muito difícil para os professores responder a esse desafio cultural. A cultura da qual os adolescentes falam com seus professores é completamente diferente daquela dos próprios professores. Falam-se dois idiomas diferentes. Costumo citar o exemplo dos meus filhos porque, para mim, foram um laboratório de experimentação. Meu filho maior está estudando Matemática e minha filha menor, Literatura. Os dois estão muitíssimo interessados em Filosofia; meu filho está pensando em fazer mestrado em Filosofia para, depois, fazer doutorado em Matemática na Europa; enquanto minha filha quer fazer pelo menos duas coisas: Literatura-História e Literatura-Filosofia. Por isso, estão muito próximos a mim, e foram me mostrando uma outra cultura, outra maneira de se relacionar com os livros, outra maneira de se relacionar com a televisão, por exemplo. Tenho pensado muitas vezes que, para nós que viemos da cultura do cinema, é difícil entender que a televisão é outra coisa. Quando meu filho tinha 6 ou 7 anos, ele já tinha seu quarto e a televisão estava no nosso dormitório. Ele ligava a televisão e ia para o quarto dele, fazer a lição de casa. Eu gritava do meu escritório: "Você está fazendo a lição ou vendo televisão?", e ele me respondia: "As duas coisas". Era certo aquilo e ele o demonstrava, porque, sem ter lido Roland Barthes, sabia que em todo relato há núcleos e catálises. Ele sabia quando o relato da televisão ia chegar a um núcleo e corria para lá, e depois continuava os estudos. Era um exemplo pequeno de como minha relação com a televisão era uma relação de cinema. Se eu vejo, estou vendo. Mas eles, não. Eles podem estar, ao mesmo tempo, ouvindo um disco de rock, fazendo a lição, olhando a televisão. Este é um desafio demasiadamente forte para aquele esquema dos saberes repartidos em disciplinas. Aqui, quero abrir um parênteses: Piaget nos trouxe muita coisa, mas nos deu uma concepção muito gradualizada do conhecimento, que hoje não resiste mais ao que estamos vendo nos jovens. Ele estudou o processo do conhecimento na criança; mas hoje em dia Piaget teria que rever muitas coisas, porque esse processo já não é mais tão unilinear, é preciso ir por várias direções, os circuitos de conhecimentos passam por muitos lados.

Realmente, para mim, o mais valioso de McLuhan é que ele nos fez voltar a pensar nos outros sentidos que estavam atrofiados e ver que a cultura audiovisual é, também, uma cultura tátil. McLuhan não tinha ideia do que viria a ser o mundo atual. Quando ele disse que a televisão recomeçava um reencontro com a cultura tátil realmente foi um visionário, porque, hoje em dia, as experiências virtuais que se podem ter já são isso. Tornar tátil uma imagem plana. Por isso, penso que essa empatia dos jovens com as novas tecnologias é uma empatia cognitiva, modos de relação com o saber que passam por essas tecnologias, mas empatia expressiva também. Novos modos de dizer, novos modos de narrar, que passam por estas novas sensibilidades. No campo da educação, o que estava faltando era integrar a reflexão entre comunicação e cultura. Diria que na América Latina, antes que os europeus pusessem a etiqueta de "Estudos Culturais", já estávamos fazendo esses estudos. E o estamos fazendo a partir da comunicação, em boa parte. Mas nos faltava essa outra dimensão estratégica, do ponto de vista da formação cidadã, que é a educação.

Realidade latino-americana e educação

C&E: Fale um pouco mais sobre a interação entre os três níveis da educação formal, ou seja, o ensino fundamental, médio e superior. Como seria isso num projeto de educação, vendo a realidade, as carências da América Latina?

Martín-Barbero: Escrevi um artigo que está na revista *Nomadas*, em que falo dos destempos da educação na América Latina. Salvo exceções, como Argentina e México, não sei do Brasil, não houve uma educação pública forte, desenvolvida, inovadora. Na Colômbia a educação pública é um desastre. Pagam muito mal aos professores, não existe o reconhecimento social. Os professores não têm tempo de se reciclar, de se preparar. Existem pequenas oportunidades, mas são muito poucas. O ofício de professor é um trabalho sem reconhecimento econômico e sem reconhecimento simbólico. É muito difícil poder assumir todos esses desafios de que estamos falando, nas condições reais de trabalho da maioria das escolas públicas. Há aqui um problema muito sério, o descompasso de que fala um dos grandes sociólogos da educação da América Latina, o argentino Tedesco. Ele fala sobre o que a nossa sociedade ainda está devendo à educação, uma dívida primária, porque a educação ainda nem chegou à maioria, e quando chega é de uma forma degradada, por falta de recursos nas escolas, de livros, de revistas, de tecnologias básicas, de bibliotecas, principalmente. E, depois, pela situação social dos professores. Esse é um descompasso muito forte, ou seja, qualquer tipo de projeto tem que levar isso em conta, porque senão não é possível ser realizado.

Qualquer tipo de projeto supõe, necessariamente, que nossos países invistam menos dinheiro em armamento, por exemplo, para investir muito mais nos mestres, muito mais em educação. A América Latina tem uma dívida pendente com suas crianças, com seus adolescentes. Uma dívida pendente que é conseguir que o objetivo fundamental ou um dos objetivos fundamentais da transformação do país seja a transformação da educação.

Uma educação que permita que a maioria dos cidadãos possa ser, no melhor sentido da palavra, competente na sociedade. Isso como base, de entrada. Depois, deve-se notar que o ensino primário está sendo dirigido por pessoas que, ainda que tenham feito algum curso de psicologia infantil, não são aptas para a tarefa, principalmente hoje, que se começa tão cedo, com 2 ou 3 anos...

A primeira etapa de escolarização é a época mais difícil e para a qual os professores estão menos preparados. Há um déficit na própria universidade, de valoração, de legitimação, do que é ser professor primário.

Digo que há exceções, realmente conheci algumas exceções, mas a maioria, na América Latina, pelo que me contam, é um desastre. As pessoas não estão preparadas para seguir a diversidade vocacional das crianças, para poder estimular, e não meter tudo num mesmo molde, porque esse é um momento-chave, no qual vai se exercitar a liberdade ou a submissão. Para mim, isso é a escola primária. É daí que partem os dois modelos de pessoa humana: a que vai viver num processo de crescimento, de maturação de sua liberdade, ou a que vai amadurecer a sua submissão a qualquer tipo de poder. E é aí que temos problemas de preparação. A própria escola, a própria universidade, está começando, em muitos lugares, a valorizar este ponto. Para ser professor primário necessita-se de uma vocação muito especial, muito mais do que para ser professor universitário. Penso também que educação secundária devia ser repensada por completo em sua organização curricular. Essa é uma hora em que os jovens já começam a ter uma interatividade muito forte com os meios de comunicação. Portanto, com o texto escrito, os quadrinhos, o cinema, a televisão, o vídeo, os videogames. Os videogames, por exemplo, estão crescendo muito; uma enorme quantidade de crianças dos setores populares está jogando, na rua, nos clubes. Não são só os games de computador, mas os de todos os tipos.

Comunicação/educação

Por isso, penso que devia haver, por iniciativa das faculdades de educação, uma revisão da organização da aprendizagem, que fosse muito menos linear, muito menos sequencial e muito mais mosaico, como diria Abraham Moles. Um saber mosaico que permita usar uma das coisas que os psicólogos estão começando a detectar nos adolescentes, que é nova: os jovens de hoje trabalham com inferências muito fortes.

Isto significa que o jovem está lendo um livro e salta para outra coisa; não naquele sentido preguiçoso de pular partes, mas, como fazia meu filho, com mais capacidade de elipse no processo cognitivo, com uma capacidade de inferência que antes não tínhamos. Assim, submeter o jovem a uma aprendizagem linear, completamente segmentada, em termos de pacotes de saber, é desconhecer todos os outros modos de organização, de difusão, de contato com o conhecimento que o adolescente está adquirindo.

Sei que isto se choca com algo que foi fundamental no ensino, e que é como se estivéssemos propondo o não sistemático, a indisciplina, mas não se trata disso. Acredito que o ensino de uma disciplina não está ligado fisicamente a esse modo sequencial de aprender. Acredito que se pode ensinar um jovem, exigir de um adolescente disciplina, começando pela disciplina mental, sem que seja necessário passar pela contagem simples de um, dois, três, quatro, cinco... Fazer isso é muito difícil. Creio que serão necessárias várias gerações. Quando nossos filhos começarem a ensinar vão poder começar a mudar algumas coisas. Sei que isso vai demorar muito tempo e que o processo é meio longo, porque o processo para gestar o conceito educativo que temos hoje foi também muito longo. Tenho consciência de que isso vai levar muito tempo, mas vejo que o problema fundamental no secundário tem a ver com o fato de que a escola continua centrada no livro e no discurso do professor. E hoje, só esses dois elementos são incapazes de assumir toda a diversidade de linguagens e de escritas que os jovens levam à escola. Isto é, antes os jovens iam à escola aprender a ler e a escrever. Agora, chegam à escola com novas linguagens, novos modos de ler e escrever que a escola não quer acolher. Não sabe, não entende, é outra coisa. O problema básico da escola é abrir-se para novas linguagens. Mas abrir-se, como dizíamos, não de forma instrumentada, mecânica, modernizante, apenas como adorno. Em primeiro lugar, a ideia é abrir a agenda de temas que interessam à juventude. São muitos os temas que não chegam ao adolescente e ao jovem pelo lado da escrita: livros, jornais, revistas. Mas que podem chegar pela televisão. Ou seja, a televisão pode agendar temas importantes sobre o país e o mundo. E, em segundo lugar, a televisão poderia mostrar-se para a escola como uma chave do aprendizado de toda a sofisticação que hoje passa pela experimentação audiovisual. Quero dizer que a maioria das pessoas pode ver na televisão, principalmente através do videoclipe publicitário e musical, o que os profissionais estão fazendo com o computador. Esse tipo de experimentação estética chega através da televisão à maioria das pessoas que não vai às exposições, às novas galerias, em *happenings*, em performances. Seria importantíssima a ação da escola para ajudá-los a distinguir o que é mero uso instrumental repetitivo da imagem e do som, daquilo que é experimentação estética, busca de novas estéticas.

C&E: Pode-se falar, então, de um campo teórico próprio da comunicação e da educação?

Martín-Barbero: Creio que sim. Um campo a construir. Não está construído. E isso porque os educadores não são os mais interessados em falar sobre esse tema. Somos nós, os do campo da comunicação, os mais interessados, por paradoxal que seja. Os desorientados são eles. Mas eles ocultam seu mal-estar, sua desorientação. Fazem reflexões moralistas. Não são capazes de ver, de abrir-se a estas novas dimensões comunicativas. É um campo novo, porque apresenta um horizonte fundamental, os dos novos modos de produção do conhecimento. Até agora, vimos a comunicação como a que veicula, que faz circular, que reproduz. Pois bem, a partir do computador já não é mais isso. Daí o computador começa a ligar-se com a TV, com o vídeo etc., e esses são os novos modos de produção do conhecimento. Não apenas novos modos de armazenar, mas sim de produzir. Vejo meu filho, ele tem 22 anos, está terminando Matemática e é um apaixonado por cinema. Dirige o cineclube da universidade onde estuda, e também uma revista sobre cinema. Neste momento ele está fazendo um vídeo, pago pela universidade, dirigido aos colégios de nível médio, para explicar o que é estudar Matemática. Percebo que o que ele está fazendo não é propaganda, é outra coisa. Leva meses fazendo pequenos roteiros e depois horas e horas metido no computador. Essa gente está elaborando conhecimentos. É a noção de saber que muda. Seria necessário voltar a ler a Arqueologia do saber, de Foucault,[5] para ver que, realmente, o que se deve introduzir é a nova

---

[5] FOUCAULT, M. *Arqueologia do saber*. Petrópolis: Vozes, 1972. (N.E.)

noção de saber. Isso faz com que, no campo da comunicação-educação, se encontre algo que aparentemente não estava em nenhum dos dois, porque a comunicação, durante muito tempo, foi tratada apenas como reprodução ideológica, reprodução de conhecimentos, nada mais.

C&E: Mas é reprodução ideológica, também.

Martín-Barbero: Também ideológica, evidentemente. Pierre Bourdieu[6] e seu famoso livro. Mas estamos entendendo que nem a comunicação nem a educação são mera reprodução ideológica. Ali existe criação e produção social. Há produção social de saber, de prazer. Aqui há um campo de produção novo. Que é, ao mesmo tempo, espírito de produção de conhecimento, de produção estética etc.

Giroux tem dois ou três livros traduzidos para o castelhano. O primeiro livro que conheci dele é sobre a nova cultura popular nos Estados Unidos. O livro tem uma primeira página emocionante, porque ele conta como era rica, aberta, plural a vida do bairro e como, ao chegar à escola, ele sentiu acabar-se toda aquela pluralidade, toda aquela riqueza; ele se sentia entrando num beco escuro, onde se falava um idioma que era, para ele, desconhecido, e no qual não podia introduzir nem 5% da sua experiência de rua. É impressionante, bem contado. Retrata a sensação de um adolescente, negro, norte-americano, que conviveu com todo o perigo e a agressividade dos guetos negros e, quando chega à escola, encontra aquilo. Este autor está trabalhando com um outro companheiro e já publicaram juntos três ou quatro livros sobre cultura popular, cultura jovem, novas sensibilidades e educação. Se queremos realmente um projeto social, temos que pensar em função da cultura das maiorias. Porque isso é a cultura popular. Atravessada por todas as deformações e tudo o que queiramos. Estou convencido de que é um campo teórico completamente novo, porque aborda o que nunca pensamos que estivesse nem na educação nem na comunicação.

C&E: A escola e os professores estão perdendo importância ante os novos meios de comunicação, esse campo novo de comunicação-educação? Por que a cultura livresca e a linguagem escrita não são mais paradigmas para a educação e o conhecimento das novas gerações?

Martín-Barbero: A escola está perdendo importância por ser incapaz de interagir com o horizonte cultural dos jovens. Ou seja, a escola vai continuar a ser necessária à medida que for ao encontro desses

---

6 BOURDIEU, P *Reprodução*: elementos para uma teoria do sistema de ensino. Rio de Janeiro: Francisco Alves, 1975. (N.E.)

novos modos de ler, de escrever. O professor vai perder sua função repetitiva, sua função de, como direi, vigilante, polícia, para adquirir um *status*, um ofício muito mais alto. Nessa nova escola, a ser formada, o professor teria funções bem mais ativas, mais exigentes intelectual e criativamente, porque terá que ser aquele que ajudará a formular os problemas, a sistematizar experiências, a recolher a memória de diferentes gerações que vão trabalhando sobre um mesmo tema. É preciso ajudar os jovens a assumir uma memória. Vejo nessa nova escola o professor muito mais como um formador do que como um informador, porque a informação vai poder ser dada pelos meios de comunicação. A organização do conhecimento também. Enquanto a escola não aprender as novas linguagens, não vai poder contribuir com nada, nada daquilo de que, verdadeiramente, necessitam nossos países, não apenas as nossas crianças. Porque, queiram ou não, a escola está formando os cidadãos, não de amanhã, de hoje. Está formando crianças frustradas, agressivas, e não crianças criativas, vivas... Só assim é que começaria a mudar a nossa sociedade; não amanhã, hoje! E as nossas escolas, na sua maioria, são lugares lamentavelmente tristes. Veio, além disso, o cristianismo e nos embebeu de um maniqueísmo feroz, de um ascetismo que fazia com que, para nós, todo prazer fosse suspeito, todo gozo identificado com o outro mundo. É terrível, porque criou um poço de moralismo bastardo, terrível. Uma espécie de castração do prazer e da criatividade nas crianças. Aí existe outro desafio muito forte.

Sujeito e cidadão

C&E: O que foi ser cidadão na América Latina? O que é, hoje, ser cidadão na América Latina? E o que podemos nós pensar que virá a ser o cidadão latino-americano? Enfim, a questão da cidadania, ontem, hoje e no futuro.

Martín-Barbero: Penso que sobre a cidadania latino-americana no passado quem melhor falou foi Paulo Freire, quando falou da cultura do silêncio, quando disse que a cultura das maiorias era a cultura do silêncio, na qual só se ouvia a voz do púlpito. Nunca esquecerei esta frase de Paulo Freire: A educação como prática da liberdade.[7]

Isto diz respeito à nossa cidadania em geral, com exceções em certos tempos, em certos países nos quais houve revoluções, nos quais

---

[7] FREIRE, P. *A educação como prática da liberdade*. Rio de Janeiro: Paz e Terra, 1974. (N.E.)

houve mudanças profundas que permitiram que gente comum tivesse uma palavra para dizer, tivesse a capacidade de decidir o futuro do seu país, ou ao menos do seu município, da sua cidade. Mas a imensa maioria, infelizmente, prolongou esta cultura da submissão, esta cultura do silêncio, de um cidadão ausente, de um cidadão sem voz. Atualmente, penso que vivemos uma enorme confusão.

Diluíram-se, em boa medida, aquelas instituições, aqueles espaços nos quais o cidadão se formava, ao mesmo tempo que exercia a cidadania. Neste momento, o que vejo é a multiplicidade de pequenos movimentos, um pouco tateantes, construindo algo que tem traços de cidadania, por um lado, uma superação, em certa medida, do silêncio. Isto é, existe uma insubmissão, uma rebeldia ante o poder da Igreja, ante o poder do Estado, ante o poder da escola... ante a muitos poderes. Tudo o que passa pelos movimentos feministas, pelos movimentos ecológicos, pelos movimentos homossexuais, étnicos, raciais, os movimentos dos negros. Penso que existe uma rebeldia, existe outra vez um mal-estar muito forte, que começa a ter voz em diferentes níveis. Em alguns casos, o nível é muito baixo, em outros casos, já com capacidade de interpelação importante. Estou vendo como, na Colômbia, estão surgindo pessoas que vão chegando, por exemplo, às prefeituras por eleição popular, pessoas que começam a vir de outras culturas políticas; já não se trata mais da cultura da velha classe política clientelista, nem da cultura da esquerda tradicional. Existem esses elementos, mas existem também elementos novos, de uma nova sensibilidade, uma nova agenda de temas importantes para as pessoas. E penso que estes movimentos, pequenos, em sua maioria inarticulados, à medida que se articulem e articulem a escola, e os meios de comunicação municipais, comunitários, irão criando redes de formação de cidadãos que vão ser muito eficazes, para fazer com que essas vozes dispersas comecem a tomar corpo no espaço regional e, inclusive, no espaço nacional. No nível de política hegemônica, não existem mudanças. Por mais que pessoas diferentes subam ao poder, não há mudanças, estamos presos numa armadilha, em parte produzida pelo neoliberalismo econômico, em parte por uma enorme dificuldade de – como disse outro dia – mesclar a política com outras sensibilidades e menos racionalismo, menos visão puramente racional da política; uma visão que incorpore outras dimensões, que concilie a política com as múltiplas dimensões da vida. Ou seja, isso de políticos peritos é a morte da política. Uma coisa é que a política precise de peritos; outra, que os políticos sejam peritos. É diferente. Não tem nada que ver com a política, política é outra coisa, não pode ser uma especialização que se aprende na universidade; isso é a morte da política.

Dessa multiplicidade, vejo que está surgindo uma nova cidadania. Estou assombrado, porque quando voltei a Bogotá, ao sair da universidade, um enorme número de grupos já me procurou; não sei como conseguiram meu endereço e meu telefone. Estou assombrado. Uma grande quantidade de movimentos, de associações de todo tipo, ligadas com meio ambiente, saúde, consumo cultural... E isso me deixa muito contente, porque vejo que existe uma energia social muito dispersa, porém muito grande, que não cabe nos modelos da política formal, que não está buscando essa política; também não busca o governo, o poder, busca aquela mescla de que falavam os surrealistas, de Marx e Rimbaud: mudar a sociedade para mudar a vida e vice-versa. Vejo que há muito mais do que isso. Aquele ascetismo militante passou e hoje existe gente muito mais reconciliada com a vida, com a ambiguidade da vida, e isto continua a me dar muita esperança. Tudo isso está ainda muito inarticulado, usando um termo linguístico; isso ainda não encontrou sua palavra, está buscando seu discurso. Mas aí se está gestando uma cidadania nova e que vai ajudar a mestiçar a política, porque a nossa arquitetura é mestiça, a música é mestiça, e a política não é. Creio que nesses movimentos estão se mestiçando, mesclando muitas coisas e que, quando conseguirem articular-se, será para fazer a base de uma recriação radical da democracia. Que figuras isso vai assumir, é muito difícil dizer, mas o que sei é o que não vai ser, não vai ter as formas que a política teve até agora; vai ter um caráter de autogestão muito maior, em muitos âmbitos. As pessoas não vão se deixar representar mais, não vai funcionar mais a representação. Só funcionará para algumas coisas, para outras não. Vai haver autogestão, e isto irá produzindo esta sociedade na qual o Estado deixa de ser a polícia. Porque, em última instância, o Estado que temos hoje em dia é um policial pago pelo Fundo Monetário Internacional, que cuida para que todos sejamos bons meninos. Isto vai rebentar a qualquer momento, porque o Estado é incapaz de conviver com uma sociedade feita por cidadãos. Esse Estado não pode existir; terá que explodir.

Referências bibliográficas

BOURDIEU, P. *Reprodução*: elementos para uma teoria do sistema de ensino. Rio de Janeiro: Francisco Alves, 1975.

FOUCAULT, M. *Arqueologia do saber*. Petrópolis: Vozes, 1972.

FREIRE, P. *A educação como prática da liberdade*. Rio de Janeiro: Paz e Terra, 1974.

KOSIK, K. *Dialética do concreto*. 3. ed. São Paulo: Paz e Terra, 1985.

MARTÍN-BARBERO, J. Comunicação plural: alteridade e sociabilidade. *Comunicação & Educação*, São Paulo: CCA-ECA-USP/Moderna, n. 9, maio/ago. 1997.

_____. Cidade virtual: novos cenários da comunicação. *Comunicação & Educação*, São Paulo: CCA-ECA-USP/Moderna, n. 11, jan./abr. 1998.

A escola, o fenômeno midiático e o processo de evolução social[*]

Para a pesquisadora francesa Geneviève Jacquinot-Delaunay, que desde a década de 1960 estuda a utilização das sempre novas tecnologias na educação, a escola não mudou o suficiente para compreender a maneira como os jovens se relacionam com o mundo que os cerca. O desenvolvimento acelerado dos meios de informação e de comunicação teve papel importante nesse processo, mesmo que não seja o único elemento que explique a crise da escola. Por isso, segundo ela, é preciso ter sensibilidade para entender esses jovens, e os meios de comunicação podem ajudar a descobrir uma nova maneira de tocá-los.

Jacquinot-Delaunay é professora emérita e uma das principais pesquisadoras francesas na área da inter-relação Comunicação-Educação, conferindo-lhe um olhar crítico da escola francesa. É redatora chefe da revista MédiaMorphoses, editada pelo Instituto Nacional de Audiovisual (INA) e por A. Colin; em suas palavras, trata-se de uma revista de alta difusão, por considerar ser cada dia mais importante ajudar novos professores a formarem gerações para uma utilização crítica e criativa dos meios de informação e de comunicação colocados à disposição da sociedade.

Autora de diversos artigos e livros, traduzidos em diferentes línguas, ao reconstituir parte de sua história de vida nesta entrevista cedida à revista Comunicação & Educação, ela contribui para uma análise dos desafios da escola francesa, sob o olhar da influência dos meios neste início do século XXI.

Durante quase três horas, o tempo de viagem de volta em um TGV1,[1] entre Grenoble e Paris, onde estivemos para participar do 8º Colóquio Brasil-França de Pesquisa da Co-

---

[*] Texto publicado originalmente na revista *Comunicação & Educação*, ano XII, n. 3, set./dez. 2007, com o título "A escola, o fenômeno midiático".

[1] TGV – Train à grande vitesse: "trem a grande velocidade".

município, organizado em setembro de 2006 pela SFSIC[2] e pela Intercom3,[3] ela nos contou sua história como professora e pesquisadora no campo que chamamos de inter- -relação entre Comunicação e Educação, para o qual ela contribuiu na estruturação na França e em suas numerosas relações com países estrangeiros.

POR ROSA MARIA CARDOSO DALLA COSTA[4]

C&E: Como começou seu interesse pela pesquisa sobre a relação comunicação-educação?

Geneviève Jacquinot-Delaunay (GJD): Sempre quis ser professora e, assim que terminei meus estudos literários, comecei a lecionar francês e literatura em uma classe de Ensino Fundamental,[5] da escola pública, e em outra de primeira série do Ensino Médio. Procurando dividir com meus alunos meu amor pelos textos clássicos, percebi, ao vê-los me escutando, atentamente, ler um poema de Ronsard (por volta dos anos 1965-1966), que... estavam em um outro planeta e que nós não partilhávamos a mesma cultura! Essa percepção, somada ao meu amor pelas artes do espetáculo, levou-me ao interesse pelo audiovisual, que começava a ser introduzido no setor educativo. Nesse momento, foi lançado um concurso pela Televisão Escolar[6] para receber propostas de emissões e programas. Minha sugestão foi aceita e pude começar a trabalhar nas funções de educadora e de autora-criadora de cenários pedagógicos, pelas quais recebia uma modesta remuneração. O primeiro programa do qual participei era sobre a pré-história, as escavações do sítio arqueológico de Pincenvent, o que não correspondia a minha disciplina como professora de francês e que me permitiu compreender o papel de mediadora entre o grande especialista entrevistado, o professor Leroi Gourhan, e os alunos das classes primárias para as quais o programa era destinado. Ser

---

[2] SFSIC – Sociedade Francesa de Ciência da Informação e da Comunicação, criada em 1974.

[3] Intercom – Sociedade Brasileira de Estudos Interdisciplinares de Comunicação, criada em 1977.

[4] Jornalista, professora do Curso de Comunicação Social e do Programa de Pós-Graduação em Educação da UFPR. Doutora em Ciência da Informação e da Comunicação pela Universidade Paris 8 – Vincennes, sob a orientação de mme. Genviève Jacquinot-Delaunay. E-mail: rmdcosta@uol.com.br.

[5] Classe de "sixième": equivalente à sexta série do ensino fundamental.

[6] A TVS (Televisão Escolar) foi criada no início dos anos 1960, pelo Ministério de Educação Nacional da França, e suas emissões, voltadas para alunos e professores, eram difundidas em rede nacional.

A escola, o fenômeno midiático e o processo de evolução social • **217**

mediadora de um conteúdo sobre o qual não tinha responsabilidade me deixava livre para *pensar* a mediação audiovisual. Tive sorte, durante esse período de aprendizagem, de trabalhar com diretores – mais tarde conhecidos no cinema[7] – que já naquela época procuravam colocar sua arte a serviço da educação. Tive essa oportunidade porque pedi para acompanhar todo o processo de produção-difusão, que demorava cerca de seis meses, a fim de melhor compreender o que poderia ser uma televisão para aprender/ensinar. Acompanhava, ao mesmo tempo, as sessões de exibição organizadas pelo Instituto de Pedagogia Nacional, seguidas de discussões sobre essas emissões na presença dos seus realizadores. Enfim, para grande surpresa e embaraço das estruturas da Televisão Escolar, pedi para ir às salas de aula a fim de testar os programas realizados com os *verdadeiros* alunos, em situação *autêntica* de recepção... o que resultou em um artigo nos *Dossiers de la Radio-Télevision Scolaire* e, mais tarde, numa comunicação no Congresso da União Europeia de Radiodifusão.[8] Fiz a experiência do processo de concepção–realização–difusão–recepção de um documento audiovisual elaborado para fins didáticos. Em 1966, no âmbito da política de desenvolvimento de audiovisual educativo, foi criado na França o Colégio Audiovisual Experimental de Marly-le-Roi para a utilização de emissões de televisão escolar e a produção e difusão interna de sequências realizadas por professores ou alunos, graças a um equipamento em circuito fechado, que começava a ser distribuído em alguns estabelecimentos. Candidatei-me a esse novo cargo e comecei minha carreira *audiovisual* de professora de francês, encarregada da coordenação da equipe de professores dessa disciplina e, depois, do grupo de trabalho interdisciplinar, criado logo em seguida.

C&E: Isso significa que já havia grande interesse da França pela utilização de meios de comunicação na escola?

GJD: Sim, era o que podemos chamar de *idade de ouro* da televisão educativa e do audiovisual. Durante esse período, chamado *Trinta Gloriosos*, ou seja, entre os anos de 1945-1975, o progresso técnico ligado ao aumento do poder de compra provocou uma elevação do nível de vida das classes populares e favoreceu a democratização dos bens de consumo e do ensino, em nome de maior justiça social. O número de

---

[7] Referências ao cineasta Eric Rohmer e ao *chef operateur* argentino Nestor Almendros, já falecido.

[8] JACQUINOT-DELAUNAY, Genviève. Quelques aspects des problèmes de la motivation er de la participation à travers une émission polyvalente. Communication au *3ème Congrès de l'Union Européenne de Radio-Diffusion*, Paris, mars 1967.

Geneviève Jacquinot-Delaunay

televisores comprados aumentou e, em 1960, quase todos os lares estavam equipados. Outros colégios audiovisuais experimentais, e outras redes audiovisuais (RTS – Promoção para formação de adultos, CNAM – para a formação profissional, TPR – para a formação no meio agrícola...), vinham à tona. A partir dessa experiência adquirida na escola e preocupada em saber mais sobre o estatuto dessas importantes imagens, decidi me inscrever na École de Hautes Etudes en Sciences Sociais[9] para seguir o curso de Semiologia do Cinema, do professor Christian Metz, que aceitou ser coorientador de minhas duas teses.[10]

C&E: Mas o início de seu trabalho no ensino superior era na área da educação?

GJD: Em 1969, quando trabalhava no IPN, fui convidada para dar aulas no Departamento de Ciências da Educação, pela equipe fundadora da nova Universidade Paris 8 – Vincennes, criada em decorrência dos acontecimentos de maio de 1968. Toda minha carreira acadêmica

---

[9] Instituição de pesquisa e de formação à pesquisa na área de Ciências Sociais.
[10] JACQUINOT-DELAUNAY, Geneviève. *Structures spécifiques du message audiovisuel didactique*. Thèse de 3ème cycle sous la doublé direction de Christian Metz et J. Wittwer, Université de Paris VIII, février 1975; *Sémiologie et didaxie*: contribution à l'étude de la transmission des savoirs et des idées par l'image et lê son. Thèse d'Etat en Lettres et Sciences Humaines (Sciences de l'Education), sur travaux, sous la doublé direction de J. Wittwer et C. Metz, Université de Bordeaux II, mars 1986.

A escola, o fenômeno midiático e o processo de evolução social • **219**

foi desenvolvida na Paris 8, que, em 1981, se transformou em Paris 8 – Vincennes-Saint-Denis: fui assistente, depois professora assistente[11] e, em seguida, professora e diretora de pesquisa, sempre dividindo meus alunos e minhas pesquisas entre os setores Ciências da Educação e Ciências da Informação e da Comunicação. Colaborei também na criação deste último, que não existia ainda na Paris 8, a partir da reforma das primeiras fases, em 1985, e que foi associado durante muitos anos à mesma UFR (Unité d'Enseignement et de Recherche). As Ciências da Informação e da Comunicação foram apenas recentemente reconhecidas como uma UFR inteiramente autônoma. Foi assim que, depois dessa experiência audiovisual dos anos 1960-1970, passei a trabalhar com ensino e pesquisa na divisão dessas duas disciplinas gêmeas, indissociáveis, e que hoje enquadramos no domínio específico da inter-relação comunicação e educação.

C&E: A senhora tinha uma formação específica para trabalhar no setor audiovisual?

GJD: Tinha uma formação básica, pois, nessa época, ainda não existia uma formação universitária na área,[12] como passou a existir na França a partir dos anos de 1975-1980. Paralelamente à minha experiência na Televisão Escolar e na sequência da minha primeira pesquisa para obter o diploma de Professora do Nível Superior,[13] tive a chance de participar do projeto de uma fundação internacional (franco-ítalo-suíça) de concepção/realização de filmes de educação sanitária e social na África. Essa experiência foi interessante, pois se tratava de utilizar os poderes significantes da imagem, sem recurso sistemático ou comentário verbal, para passar informações especialmente sobre aleitamento materno, para serem utilizadas por mulheres de diferentes etnias. Isso era importante, porque impunha um desafio que escapa aos documentos audiovisuais e, ainda hoje, à multimídia: o de saber passar do comentário verbal para possibilitar à imagem mais chances de significar. Mas essa experiência de base é essencial à formação. Foi fundamentada no plano teórico, na semiologia da imagem, de inspiração linguística, tal como era apresentada naquele momento, especialmente através dos seminários

---

[11] Em francês se diz atualmente *maître de conférence*.

[12] À exceção do Centro Audiovisual de Saint Cloud, que selecionava durante um ano alguns professores do secundário escolar, a fim de formá-los para a utilização de tecnologias.

[13] Diplôme d'Enseig-nement Supérieur (DES), equivalente ao que foi em seguida chamado de DEA (Diplôme d'Etudes Approfondies), que recentemente, graças à uniformização europeia, se transformou em Máster 2.

220 • Rosa Maria Cardoso Dalla Costa

de Christian Metz. Depois da minha primeira defesa de tese em 1975, publiquei meu primeiro livro[14] e vários artigos,[15] participei de colóquios e, em 1978, no primeiro Congresso da SFSIC em Compiègne, fiz uma intervenção sobre a maneira de utilizar a semiologia para analisar documentos audiovisuais educativos.[16] Ao mesmo tempo, tive a oportunidade de desenvolver atividades internacionais como professora convidada e consultora da Unesco ou pelo Ministério Francês de Assuntos Internacionais. Fui designada para trabalhar durante três anos (1979-1982) na Costa do Marfim, na Universidade de Abidjan, no Cerav (Centro de Estudos e de Pesquisas Audiovisuais), onde estava encarregada de criar um programa de pesquisa sobre televisão educativa, desenvolvido a partir dos anos 1970. Ali contribuí na criação de um Departamento de Ciências da Comunicação, com a preocupação de pensar a comunicação, especialmente a audiovisual, a serviço da educação.[17]

C&E: Na universidade, suas atividades e pesquisas continuavam ligadas às Ciências da Educação?

GJD: Minha segunda tese, fundamentada nas experiências e pesquisas desenvolvidas no contexto africano, me possibilitou fazer um balanço das relações entre escola e meios de comunicação de massa.[18] Em termos de ensino, uma reforma nos primeiros ciclos universitários, decidida pelo Ministério da Educação nos anos 1984-1985, convidando à interdisciplinaridade, possibilitou a ocasião de criar na Paris 8 um novo primeiro ciclo, que me permitia concretizar a articulação entre as duas disciplinas: uma antiga na Paris 8, Ciências da Educação, datada de 1968, e outra, chamada Infocom, que estava sendo criada com o desenvolvimento na nossa universidade da informática. Um primeiro ciclo novo foi criado sob minha responsabilidade: educação, comunicação e animação. Solicitamos a contratação de professores e pesquisadores

---

[14] JACQUINOT-DELAUNAY, Geneviève. *Image et Pédagogie. Analyse sémiologique de documents audiovisuals faits pour apprendre*. Paris, PUF coll. SUP L'Educateur, 1977. [Ed. portug.: Imagem e Pedagogia. Lisboa: Edições Pedago, 2006. Tradução de Manuel Pedras e Lia Raquel Oliveira.]

[15] Idem. Specific structure of the didactic audiovisuel message. In: BATES, T.; ROBINSON, J. (Eds.). *Evaluating Educational Television and Radio*. Forwarded by W. Shramm, The Open University Press, 1977. p. 300-302.

[16] Idem. Discours didactique et écriture filmique. Comunication au *Premier Congrès Français des Sciences de l'Information et de la Communication*, Compiègne, avril 1978.

[17] Idem. Semiology and the producer. *Educational Broadcasting International. A Journal of the British Council*, England, v. 12, n. 4, p. 185-189, déc. 1979.

[18] Idem. *L'école devant les écrans*. Paris: ESF, 1985. (Coll. Science de l'éducation.)

de diferentes disciplinas e setores de intervenção. A partir daí, lutando para conseguir a criação de novos postos na disciplina acadêmica de Ciências da Informação e da Comunicação, esse curso de primeiro ciclo foi completado pelo segundo e depois pelo terceiro ciclo, resultando na criação de um grupo de pesquisa interdisciplinar.

C&E: A criação desses novos cursos de primeiro, segundo e terceiro ciclo representou um avanço qualitativo na pesquisa em comunicação--educação na França?

GJD: Tenho vontade de dizer sim e não ao mesmo tempo. Sim, na medida em que um grupo de pesquisa interdisciplinar foi criado, teses foram defendidas regularmente e com boa qualidade, implicando a criação de bancas de qualificação e defesa mistas, formadas por professores das duas disciplinas. Sempre convidava para os seminários de doutorado pesquisadores dos dois domínios e dividia com alguns raros colegas as mesmas preocupações de fundo, tanto no que diz respeito a uma perspectiva mais epistemológica como à pertinência dessa aproximação.[19] Mas eu diria que, ao mesmo tempo, esse real avanço não foi aceito e reconhecido por todos: tenho a impressão de que foi maior no exterior, principalmente nos países da América Latina e da África, um pouco graças às teses dos estudantes vindos desses países, mas também porque as esperanças de utilização dos meios e das tecnologias para a educação são sempre mais fortes nos países onde os sistemas educativos são ainda frágeis. Além disso, o contexto na França mudou: depois dos avanços dos anos 1960, e sob influência da pressão publicitária, a expansão da ORTF – Organização de Rádio e Televisão da França – e o crescimento da informática, esse setor de inter-relação comunicação-educação começou a decair. Acredita-se menos nas tecnologias modernas de educação e em uma política de promoção social pela televisão. É também o momento no qual vemos surgir uma espécie de *esquizofrenia do audiovisual educativo*, no qual duas correntes, em vez de se reforçarem, se distinguem: aquela da educação *aos* meios e a outra da equação *pelos* meios;[20] as duas propondo atividades escolares, frequentemente sem grande impacto, porque têm pouca relação com o desenvolvimento midiático e desconsideram a

---

[19] Les Sciences de l'éducation (SEd) et les Sciences de l'Information et de la Communication (SIC) en dialogue. *Colloque Les SEd et les SIC, perspectives pour une rencontre*, Université de Milan et Association pour l'éducation aux medias, p. 14-15, octobre 2000.

[20] SOARES, Ismar. O que é um educomunicador? A formação e a comunicação dos professores. Conferência, São Paulo, 1998. *Educommunication*. São Paulo: Núcleo de Comunicação e Educação, 2004.

222 • Rosa Maria Cardoso Dalla Costa

importância que a televisão tomou na vida cognitiva e social dos jovens. Enfim, no plano teórico é necessário salientar que a corrente inspirada no neomarxismo da Escola de Frankfurt sobre os efeitos ideológicos dos meios, longe de suscitar, como no Brasil e na América Latina, um movimento de *conscientização*, contribuiu para *diabolizar* a relação escola/televisão e cimentou uma hostilidade dos professores em relação aos meios de maneira geral e à televisão particularmente.

Essa característica nociva dos meios, reforçada pelo efeito do modelo globalizante de *reprodução* de Bourdieu e Passeron,[21] escondeu a singularidade das práticas de consumo midiático, principalmente do público jovem,[22] e colocou em posição conflitiva a relação entre o mundo dos meios e o da educação: à exceção do setor de educação popular,[23] no qual os meios, e em especial a televisão, aparecem rapidamente como privilegiados de animação e cultura.

C&E: Atualmente, como se posiciona essa inter-relação comunicação-educação na realidade francesa?

GJD: Depois de 1990, o desenvolvimento tecnológico é conhecido. O setor de audiovisual está transformado, a internet e seus derivados mudou as práticas midiáticas dos jovens. Dominique Pasquier[24] mostra isso através de uma pesquisa qualitativa desenvolvida em diferentes escolas: o novo ambiente midiático coloca em questão as teorias de Bourdieu sobre a reprodução de modelos culturais que não se transmitem mais de maneira vertical. A escola não é mais a instância de legitimação e entra em concorrência com os meios de grupos de pertencimento; assistimos ao declínio do modelo de homem cultivado, em proveito de uma cultura de valorização a uma cultura de autenticidade.

Diante desses fenômenos e para fazer frente às lógicas de mediatização dos modos de transmissão das informações e de saberes, e resistir a uma concepção empresarial da comunicação e da educação, os dois setores

---

[21] Bourdieu, Pierre. *La reproduction*. Eléments pour une théorie du système d'enseignement. Paris: Lê Seuil, 1970. [Ed. bras.: A reprodução: elementos para uma teoria do sistema de ensino. 2. ed. Rio de Janeiro: Francisco Alves, 1982.]

[22] *Lês jeunes et lês médias*: perspectives de la recherche dans lê monde. Paris: l'Hartmattan, 2002. (Coll. Débats jeunesse).

[23] Cita-se aqui, notadamente pelas ações de formação dos jovens, os CEMEA (Centres d'Entrainement aux Méthodes d'Éducation Active), associação reconhecida de utilidade pública que, "em referência aos valores da educação nova e de suas práticas ativas, de educação popular e de seu projeto de emancipação", propõe atividades de análise de produção sobre diferentes meios. Para mais detalhes, ver: *MédiaMorphoses*, abril, 2004.

[24] *Cultures Lycéennes, la tyrannie de la majorité*. Paris: Ed. Autrement, 2005.

de atividades começam a se aproximar e a compreender que não podem passar um sem o outro. É um movimento ainda lento... nós não falamos como vocês, latino-americanos, da inter-relação comunicação-educação.[25] Participei pessoalmente dos quatro domínios que constituem esse campo particular de intervenção e de pesquisa, seja a educação para os meios, seja os meios como objeto de estudo crítico; a educação pelos meios e as Tecnologias de Informação e Comunicação ou os meios como suportes e os problemas de mediação dos conteúdos que eles colocam; a gestão de processos midiáticos e o papel do "educomunicador", neologismo que havia sido introduzido em 1998, durante uma conferência em São Paulo; a reflexão de natureza epistemológica sobre as relações entre esses dois campos disciplinares e esses dois terrenos de ação que são a educação e a comunicação. Mas as coisas começam a mudar em relação ao que chamamos *crise da escola*, que corresponde a uma disjunção sempre maior entre certa concepção elitista de cultura e uma desvalorização da cultura de massa; sem levar em conta o que uma nova corrente sociológica considera não mais como indústrias culturais mais ou menos alienantes, mas como novas práticas e representações do mundo, ou seja, as *médiacultures*.[26]

C&E: Quais são os principais problemas dessa crise?

GJD: Os valores que a escola representa, os de sua tradição republicana, laica e obrigatória na França, não são mais partilhados pelo conjunto das famílias e em particular pelas gerações jovens. As grandes mudanças sociais e culturais são intervenções que sociólogos e filósofos, na sequência da reflexão aberta por Lyotard, têm tentado definir pelo termo de sociedade *pós-moderna*. Maffesoli[27] fala de *ética da estética*: o que coloca em questão a primazia da razão nos processos de conhecimento da realidade; a ênfase é posta sobre a importância do prazer que pode ser vivido como uma maneira de se apropriar do mundo. Nós valorizamos o sentimento tribal ou as emoções partilhadas, e a tomada da palavra permite identificar uma comunidade; a ênfase é dada sobre o papel do lúdico como marca da *lógica de identificação*, oposta a *uma lógica de identidade*: tudo isso contribuindo para um tipo de hedonismo do cotidiano em que *o que é primordial, é o sentimento de vida, a sensação de viver.*

---

[25] Les Sciences de l'éducation (SEd), op. cit.

[26] Maigret, Eric; Mace, Eric. *Penser lês médiacultures.* Nouvelles aproches de la représentation du monde. Paris: Armand Colin, 2005.

[27] MAFFESOLI, M. *Au creux des apparences.* Pour une éthique de l'esthétique. Paris: Poche Biblio Essais, 1990.

Essas mudanças intervêm também na vida dos jovens e é necessário considerá-las nas famílias e na escola. A cultura das crianças foi modificada nos últimos vinte, trinta anos na família, na escola, na comunidade e na cultura de seus grupos e pares. Suas experiências na construção de identidades, como gênero *masculino* ou *feminino*, como cidadão em relação a essa ou aquela etnia, como pessoa que tem agora seus direitos reconhecidos, ou como membro de famílias cada vez mais monoparentais ou recompostas, não podem deixar de ter consequências sobre os comportamentos dos alunos. Os meios de comunicação não são estranhos a todas essas mudanças, ao contrário, participam delas.[28] Os jovens hoje são frequentemente considerados *desconhecidos* ou até mesmo *bárbaros* pelos adultos: eles têm uma outra linguagem e outros hábitos. Os professores, como os pais, sabem disso, mas não como *lidar* com isso.

C&E: Os meios de comunicação são responsáveis por essa nova situação?

GJD: Os meios de comunicação têm papel determinante nas novas práticas culturais, mas não são os únicos responsáveis. A escola não soube integrar os novos interesses e as novas maneiras de aprender. A escola francesa vive uma situação de forte tensão: tenta manter os valores que a fundaram e ao mesmo tempo busca se adaptar à massificação e à diversificação dos públicos atuais, sem procurar se beneficiar das possibilidades oferecidas pelas tecnologias da informação e da comunicação. É sempre importante defender a escola como garantia de igualdade ao acesso ao conhecimento, mas ela não pode fazer isso da mesma maneira que o fazia antigamente.

C&E: Essa situação vivida na França se estende por toda a Europa?

GJD: Não me sinto autorizada a falar em nome de toda a Europa. Para isso seria necessário estudar as situações locais, mas me parece que se trata de um movimento europeu, até mesmo internacional, ainda que seja necessário fazer a recontextualização dessas constatações.

C&E: Em sua opinião, de que maneira a Escola Francesa pode sair dessa crise?

GJD: Existem várias respostas para esse problema, algumas mais políticas, outras mais pedagógicas. Penso que os professores e educadores deveriam ser formados de maneira diferente; precisariam aprender a ser

---

[28] *Novas tecnologias, novas competências.* Inédito em francês.

Geneviève Jacquinot-Delaunay é chefe de redação da revista MédiaMorphoses, que publica os trabalhos mais recentes sobre as revoluções e transformações dos meios.

flexíveis, disponíveis e abertos a um ambiente tecnológico que eles devem administrar tanto no plano técnico como no dos usos. É necessário que compreendam que não se pode dissociar o fenômeno midiático do conjunto do processo de desenvolvimento social. Quanto aos antigos professores... é indispensável que admitam essa conversão ... ou que peçam a aposentadoria! Mas penso que é essencial introduzir uma série de mudanças no plano administrativo e legislativo, pois uma ação educativa e de formação não deve ser pensada apenas através dos conteúdos disciplinares, mas inserida em um sistema no qual não se pode modificar um elemento sem que isso implique modificações em todo o conjunto.

C&E: Como, através do seu trabalho atual, esse desafio é enfrentado?

GJD: Estou aposentada, o que significa que não tenho mais sob minha responsabilidade seminários, aulas ou orientação de teses. É o que chamamos aqui de *professor emérito*, que quer dizer habilitado a continuar pesquisando e participando de bancas de doutorado. Estou terminando um livro coletivo sobre os campos virtuais universitários, nova transformação de problemáticas recorrentes da introdução de tecnologias na educação. Continuo na França e no exterior a *porter la bonne parole*.[29] Diria, mais seriamente, transmitindo os trabalhos de

---

[29] "Porter la bonne parole": "a levar a boa palavra", expressão francesa que significa divulgar a boa mensagem.

pesquisa e as realizações que nos permitem compreender que as tecnologias da educação, como as demais, têm papel determinante e que são aquilo que somos capazes de fazer, utilizando-as. Sou chefe de redação de uma revista coeditada pelo Instituto Nacional de Audiovisual e pelo editor A. Colin, a revista *MédiaMorphoses*.[30] Por meio dela procuro tornar conhecidos os trabalhos mais recentes de profissionais e pesquisadores sobre as revoluções e transformações dos meios, a fim de ajudar estudantes, professores, educadores e pesquisadores a compreenderem os fenômenos midiáticos e aproveitá-los em suas práticas. O CNRS acaba de criar um Instituto de Comunicação, ao qual me associei para pesquisar os problemas impostos pela sociedade dita do conhecimento. Mais uma oportunidade para continuar a aprender e uma maneira de articular teoria e prática... tentando pensar o futuro.

Referências bibliográficas

Bourdieu, Pierre. *La reproduction. Eléments pour une théorie du système d'enseignement*. Paris: Lê Seuil, 1970. [Ed. bras.: *A reprodução*: elementos para uma teoria do sistema de ensino. 2. ed. Rio de Janeiro: Francisco Alves, 1982.]

JACQUINOT-DELAUNAY, Genviève. *Les jeunes et les médias*: perspectives de la recherche dans le monde. Paris: l'Hartmattan, 2002. (Coll. Débats jeunesse).

_____. Les Sciences de l'éducation (SEd) et les Sciences de l'Information et de la Communication (SIC) en dialogue. *Colloque Les SEd et les SIC, perspectives pour une rencontre*, Université de Milan et Association pour l'éducation aux medias, p. 14-15, octobre, 2000.

_____. *Sémiologie et didaxie*: contribution à l'étude de la transmission des savoirs et des idées par l'image et le son. Thèse d'Etat en Lettres et Sciences Humaines (Sciences de l'Education), sur travaux, sous la doublé direction de J. Wittwer et C. Metz, Université de Bordeaux II, mars 1986.

_____. *L'école devant les écrans*. Paris: ESF, 1985. (Coll. Science de l'éducation).

_____. Semiology and the producer. *Educational Broadcasting International*: A Journal of the British Council, England, v. 12, n. 4, déc. 1979.

_____. Discours didactique et écriture filmique. Communication au *Premier Congrès Français des Sciences de l'Information et de la Communication*, Compiègne, avril 1978.

_____. Specific structure of the didactic audiovisual message. In: BATES, T.; ROBINSON, J. (Ed.). *Evaluating Educational Television and Radio*. Forwarded by W. Shramm, The Open University Press, 1977.

---

[30] Disponível em: <http://www.ina.fr/mediamorphoses>.

JACQUINOT-DELAUNAY, Genviève. *Image et Pédagogie*. Analyse sémiologique de documents audiovisuals faits pour apprendre. Paris, PUF coll. SUP L'Educateur, 1977. [Ed. port.: *Imagem e pedagogia*. Lisboa: Edições Pedago, 2006. Tradução de Manuel Pedras e Lia Raquel Oliveira.]

_____. *Structures spécifiques du message audiovisuel didactique*. Thèse de 3ème cycle sous la doublé direction de Christian Metz et J. Wittwer, Université de Paris VIII, février 1975.

_____. Quelques aspects des problèmes de la motivation et de la participation à travers une émission polyvalente. Communication au *3ème Congrès de l'Union Européenne de Radio-Diffusion*, Paris, mars 1967.

MAFFESOLI, M. *Au creux des apparences*. Pour une éthique de l'esthétique. Paris: Poche Biblio Essais, 1990.

MAIGRET, Eric; MACE, Eric. *Penser les médiacultures*. Nouvelles approches de la représentation du monde. Paris: Armand Colin, 2005.

PASQUIER, Dominique. *Cultures Lycéennes, la tyrannie de la majorité*. Paris: Ed. Autrement, 2005.

SOARES, Ismar. O que é um educomunicador? A formação e a comunicação dos professores. Conferência, São Paulo, 1998. *Educommunication*, São Paulo: Núcleo de Comunicação e Educação, 2004.

Endereço eletrônico

MÉDIAMORPHOSES. Disponível em: <http://www.ina.fr/mediamorphoses>.

O Fórum continua sem fronteiras[*]

Como definir a trajetória de um evento de amplitude mundial, reunindo diferentes correntes de pensamento com o propósito de discutir e traçar estratégias de ação social conjunta – envolvendo temas aparentemente tão diversos como direitos humanos, meio ambiente, questões de gênero, conflitos raciais e educação? Mais do que analisar a trajetória do Fórum Social Mundial, que em 2010 completa dez anos de existência, o militante Francisco Whitaker participou ativamente de sua concepção e desenvolvimento – vivenciando de perto todos os desafios de criação e coerência de um Fórum de magnitude global.

Sua trajetória profissional e pessoal faz com que opine com propriedade sobre o assunto. Atualmente, é membro do Secretariado Internacional do Fórum Social Mundial, representando a Comissão Brasileira de Justiça e Paz da Conferência Nacional dos Bispos do Brasil (CNBB) – além de ter atuado, no passado, também como sócio-fundador da Associação Transparência Brasil, como professor no Instituto de Formação para o Desenvolvimento de Paris e no Instituto Latino-Americano de Pesquisas Econômicas e Sociais (Ilpes/ONU), e como membro da Comissão Brasileira de Justiça e Paz e do Movimento de Combate à Corrupção Eleitoral (MCCE). A seguir, Whitaker fala um pouco sobre a história do evento, que espelha e se confunde com a própria história dos movimentos sociais e políticos do mundo.

POR JULIANA WINKEL

C&E: Em 2010, o Fórum Social Mundial completou dez anos de sua criação, celebrados com a realização de evento na cidade que primeiro o recebeu, Porto Alegre. Como você avalia o papel do evento no cenário social de hoje, comparado com o de uma década atrás?

---

[*] Texto publicado originalmente na revista *Comunicação & Educação*, ano XV, n. 2, maio/ago. 2010.

Francisco Whitaker: Do lançamento do Fórum até hoje, o mundo mudou muito – até mesmo pela própria influência dos movimentos sociais que surgiram, sobretudo, no final do século. Os movimentos sociais nos quais estamos envolvidos estão voltados para a mudança. Não são movimentos reivindicativos do ponto de vista de necessidades a serem atendidas ante governos, mas sim relativos à sociedade como um todo, à maneira como ela funciona inclusive do ponto de vista de justiça, solidariedade, igualdade. Um dado fundamental é que nós vivemos dentro de um modelo capitalista. E esse modelo tem uma enorme vitória sobre aquilo que se pretendia que o substituísse, que é o socialismo – vitória que se caracterizou pela queda do Muro de Berlim. Quando o Muro caiu, simbolicamente desmoronou toda a experiência que vinha sendo realizada durante os últimos oitenta anos. Isso gerou certa perplexidade entre todos os que queriam mudar o sistema. Ao mesmo tempo, os defensores da chamada tese capitalista, do mercado como mecanismo fundamental que soluciona tudo, se sentiram absolutamente à vontade. A chamada globalização, que o mundo conhece há mais de quinhentos anos, caracterizada pela integração das economias e das sociedades em geral pelo mundo afora, ganhou no século XX uma grande velocidade. De lá para cá, começaram, porém, a surgir resistências – protestos contra o domínio que se estava impondo, da lógica do mercado, e todas as consequências hoje conhecidas, inclusive ligadas à questão climática e ecológica. Essa retomada da capacidade de resposta e de resistência começou a ser chamada de movimento antiglobalização – que realizou, por exemplo, aquele grande encontro em Seattle[1] contra a Organização Mundial do Comércio, além de manifestações de rua contra o Fundo Monetário Internacional, o G8, etc. O Fórum Social Mundial surgiu no meio disso, motivando inclusive esse movimento com a proposta de que *Um outro mundo é possível*. Então se começou a falar de outra globalização, a globalização da solidariedade e não do capital.

Nesse contexto, o Fórum surgiu como um instrumento que se criava dentro do movimento para fazê-lo superar uma série de dificuldades como a desunião, a competição entre os próprios participantes e a falta de condições de se encontrarem para pensar no que fazer. O Fórum surgiu com essa proposta: vamos criar um tempo de parada, no meio de tudo que estamos fazendo, para pensar se é por aí mesmo. Mas, em vez de cada um fazer isso separadamente, vamos fazer juntos. E, ao

---

[1] Movimento público de protesto coordenado por ONGs durante encontro da Organização Mundial do Comércio (OMC), realizado em Seattle, EUA, em 2001.

fazermos juntos, vamos reunir quem acha que está separado. Movimentos de mulheres, por exemplo, estão separados do movimento sindical, dos movimentos jovens, dos movimentos ecológicos, e não deveriam estar. Ao mesmo tempo, havia movimentos de mulheres que atuavam em distintas linhas. O sistema divide os grupos, trabalha sempre para dividi-los, e nós caímos nessa. Nós nos deixamos dividir. Por que não tentar encontrar convergência e construir a união, para se ter mais força?

O Fórum surgiu como um tempo de parada, no meio do que os movimentos estão fazendo, para pensar sobre a própria ação.

Ainda assim, esse processo não foi simples, porque muitos começaram a criticar o Fórum em vários sentidos. Uma das críticas era a de que não adianta a gente ficar discutindo, era necessário ir para a ação. Mas a ação não era o Fórum que tinha que fazer, eram os movimentos. Os movimentos iam ao Fórum para discutir sua própria ação. Outra crítica foi a de que não adianta pretender que a sociedade civil vá mudar muita coisa, o que precisamos é mudar o governo. Aqui na América Latina essa ideia se fortaleceu, mas em outros continentes foi o contrário, os governos de esquerda caíam. Outros achavam que o Fórum devia se transformar num ator político, ou seja, ele mesmo ser protagonista, não ser um espaço para outros protagonistas surgirem. Deveria propor uma linha de trabalho objetiva. Tudo isso se mesclou. Atualmente temos um Fórum regional em Porto Alegre, o primeiro de uma série de vinte e sete a se realizar ao longo de 2010 pelo mundo afora. Dentro desse Fórum de Porto Alegre, haverá um seminário de avaliação de tudo: da conjuntura, do andamento da luta para superar o capitalismo e o neoliberalismo, de

232 • Juliana Winkel

como anda o próprio neoliberalismo – inclusive com relação à enorme crise que passamos em 2008 – e também para pensar o próprio Fórum. Vale a pena que ele continue a existir dessa forma?

C&E: Quais os avanços efetivos motivados pelo Fórum junto à ação dos movimentos sociais?

Whitaker: Realmente, foram criadas condições para articulações totalmente novas na luta pelo mundo afora. Ao longo desses dez anos, surgiram várias redes novas de objetivos muito precisos: uso consciente da água, economia solidária, paz. Ao mesmo tempo que se criaram essas redes, houve também vitórias muito precisas – por exemplo, a não assinatura do acordo da Alca, em 2001.[2] Houve a demonstração de que, quando se trabalha em rede, pode-se ter uma força enorme, como durante as manifestações contra a guerra do Iraque, que não conseguiram parar a guerra, mas evitaram que alguns países entrassem nela, como a Alemanha e a França. E houve também muitas descobertas dentro da cultura política. Uma delas é que superamos a ideia da necessidade uniformizadora, homogeneizadora, de todo mundo igual – típica de governos fascistas e movimentos totalitários. Descobriu-se que a diversidade é uma riqueza e que, portanto, é preciso agir politicamente dentro da diversidade, aceitando-a e valorizando-a. A diversidade não é só cultural, mas também de propostas, maneiras de ver a realidade, estratégias, representações e inclusive de ritmo. Existem aqueles que têm uma visão ampla dos movimentos, outros ainda estão descobrindo que o mundo pode ser mudado. A aceitação dessa diversidade foi um grande passo dado. Descobriu-se também que é possível fazer política sem ranger dentes. Que o ambiente do Fórum é de alegria, reencontro, reconhecimento e ajuda mútuos, corresponsabilidade. É um ambiente que cria possibilidades de você se entender com gente com quem brigava, porque dentro do Fórum você não tem que lutar pelo poder. Não há poder pelo qual lutar. Não vai haver direção, documento final.

Outra coisa que se descobriu com o Fórum é que a mudança não virá pela tomada do poder, nem pela ação dos partidos. Ambos são necessários e podem ser úteis, mas não são suficientes. A mudança virá pela ação de toda a sociedade em todos os segmentos, inclusive dentro de nossos próprios comportamentos pessoais. Isso é o que vai mudar o mundo. Tudo isso são novidades no cenário político. O próximo passo

---

[2] Manifestações organizadas por entidades e movimentos sociais que participaram do I Fórum Social Mundial contra a criação da Alca (Área de Livre Comércio das Américas).

Novos rumos: a mudança virá pela ação de toda a sociedade em todos os segmentos.

é descobrir como usar essas dualidades nas lutas identificadas como necessárias agora, em todos os diferentes aspectos que têm de ser enfrentados. É um momento de revisão e retomada do caminho. Já tivemos outros períodos assim, em que testamos inclusive diversos formatos para o evento. Um deles foi por meio de três Fóruns concomitantes em 2006. O segundo foi em 2008, quando, em vez de um Fórum único, tivemos atividades em diferentes pontos no mundo inteiro. Os movimentos ficaram livres para fazer o que quisessem, mas houve um dia em que levantaram o braço e disseram *estamos aqui* – o Dia Mundial de Ação. E o terceiro foi esse atual: Fóruns ao longo do ano, não numa data só. Em 2011, voltaremos a fazer um centralizado, em Dakar. A partir daí, não sabemos ainda como vamos continuar. Essa própria maneira de atuar, de não seguir modelitos, é uma grande novidade na política. A criatividade de invenção foi se criando ao longo do processo.

C&E: Qual é hoje o alcance dos movimentos sociais junto aos governos e à formulação de políticas públicas? Como é no Brasil?

Whitaker: Objetivamente, a eleição do Lula no Brasil, assim como do Evo Morales na Bolívia ou de outros presidentes em lugares comprometidos com causas populares, resultou do crescimento dos movimentos sociais nesses países. Mas eles vieram também acompanhados de grandes ilusões. Uma delas – e que agora o Fórum, em certo sentido, evidencia – é a de que tomar o governo não basta. No caso do Brasil, quando Lula foi eleito, houve uma grande festa. Ele já tinha participado do Fórum em 2001 e 2002, como militante do Instituto de Cidadania. Depois, voltou como presidente. Mas aí começou a prática, a realidade. E percebemos que os governos não podem fazer tudo que gostaríamos, porque não são a tomada de poder absoluto. São a tomada de parcelas do poder. O poder econômico não é tomado com uma eleição. E o poder econômico é enorme, controla inclusive os meios de comunicação. Automaticamente o governante, para conseguir se manter lá em cima, precisa ter um jogo de cintura enorme. O próprio Lula, para ser eleito, teve que ceder. A Carta aos Brasileiros que escreveu antes da gestão foi para dizer: *Gente, eu não vou tão longe como vocês pensavam que eu iria. Eu vou só até certo ponto. Confiem em mim, mas é preciso que alguma coisa mude, senão o país estoura*. Então estabeleceu políticas compensatórias e conquistou a população pobre de uma maneira inacreditável, mas teve que fazer concessões ao sistema. Automaticamente os participantes do Fórum, que não se situam nem entre os privilegiados nem entre os mais pobres, têm críticas e se dividem. Há participantes que adoram o Lula e há os que o detestam. Esse é um dos pontos a respeito do qual o Fórum trouxe nova postura. Precisamos entender que não se modifica o mundo trocando o governo. Só isso não basta.

C&E: Qual o papel da educação dentro desse novo cenário dos movimentos sociais? Como inserir os temas discutidos no Fórum de forma eficaz no contexto educacional?

Whitaker: O Fórum, no fundo, é resultado de uma proposta pedagógica. Seu formato é muito influenciado pelo pensamento de Paulo Freire, pela ideia do educador que é educando também. Uma das regras do Fórum é justamente a horizontalidade, o intercâmbio em que todos aprendem com todos na ação política e na interpretação da realidade.

O Fórum é influenciado pelo pensamento de Paulo Freire: o educador é educando também.

Há no Fórum mil experiências baseadas na troca de saberes – uma pedagogia de ensino diferente que faz com que as pessoas encontrem os próprios caminhos. Naturalmente, essas experiências repercutem nos educadores que as vivenciam dentro do evento. Criaram inclusive, ao lado do Fórum, o Fórum Mundial da Educação, que discute essas questões todas. Esse Fórum começou com características diferentes do Fórum Social Mundial, de forma mais tradicional, com presidência, mesas, conferências. Atualmente, já assume o método de auto-organização das atividades. Tudo depende de as pessoas quererem ou não avançar nessa linha. O Fórum fornece a condição.

C&E: Como você vê os estudantes de hoje em sua participação política na sociedade?

Whitaker: Acho que o jovem precisa ser informado de que existe uma preocupação muito generosa, de gente de todas as partes, para mudar o mundo. A opressão do jovem de baixa renda é tremenda, ele luta pela sobrevivência. Não é uma reação de desinteresse, mas sim de desesperança. Já os jovens que tiveram a oportunidade de ir para a escola, e condições de vida dignas, manifestam desinteresse total. Não acreditam em político nenhum. É tanto um desinteresse como a nossa própria incapacidade de falar. Quando pensamos nisso, vem à mente novamente uma das principais funções do Fórum, que é a educativa. O desafio, enorme, é despertar a consciência das pessoas para a necessidade de mudança. Uma grande parte não está nem aí, ou acha que não adianta, ou que não se consegue, ou que não é preciso. Quem vai passear nos *shoppings* por aí afora não pensa ou não quer mudanças. E o sistema se apoia neles pelo mecanismo básico do consumismo. O Fórum objetiva atingir o máximo de pessoas, fazê-las acordar e pensar em como mudar o mundo. Ficou evidente que o processo da indústria do lucro a qualquer custo não se sustenta. São trágicas as perspectivas mundiais com a mudança climática que está ocorrendo. Mas essa parcela da população está longe dessa consciência, *longérrima*.

Já os estudantes são muito atraídos por essa proposta. Pela própria curiosidade natural da idade, além de ter havido experiências muito interessantes, os chamados *acampamentos de juventude*, desde o primeiro Fórum. No Fórum de 2005, por exemplo, havia 20 mil jovens em rede de autogestão. O acampamento foi gerido por eles numa oportunidade de viver os valores a que o Fórum se propõe: horizontalidade e corresponsabilidade.

C&E: Fale um pouco sobre seu envolvimento pessoal com o Fórum, sua participação desde a criação do evento.

Whitaker: Participei do Fórum desde o início, debatendo as primeiras ideias. Como ele é uma enorme, contínua e progressiva descoberta, para mim foi de uma riqueza incrível. Aprendi muito, entendi coisas que eu não entendia antes. Atualmente, me sinto corresponsável por ele e acredito realmente que ele não deve mudar seu caráter. Ele é, e tem que ser, uma criação permanente de praças públicas. Da mesma forma, os movimentos que dele participam precisam encontrar seus caminhos de ação. O Fórum deve ser entendido como algo realizado para o bem comum da humanidade. A luta contra o neoliberalismo, por exemplo, se define pela denúncia e pela oposição àquelas empresas que compram filiais ou estabelecem parcerias com outras empresas, especialmente fora do Brasil, formando monopólios. É a luta contra a privatização de coisas que são o bem comum da humanidade e que não devem ser privatizadas. No caso do Fórum, a luta é para que ele próprio não seja privatizado, nem passe a atender a ideais de fora, particulares. Que continue a ser um espaço à disposição de todos. É preciso assegurar sua expansão, continuidade e aprofundamento – inclusive para chegar a lugares do planeta onde é extremamente necessário o estabelecimento de um espaço de discussão.

Whitaker: *"É preciso aproveitar a possibilidade de diálogo que a tecnologia oferece e a pulverização dos conhecimentos. Isso garantirá a própria perpetuação das ideias".*

Em 2005, lançamos um livro sobre o Fórum, que foi traduzido para diversas línguas, inclusive o japonês. Fui ao Japão para seu lançamento e fiquei impressionado com a sociedade daquele país, na qual o Fórum não chegou, ou não foi entendido ainda. É uma sociedade extremamente dividida, amarrada, que não conseguiu descobrir que, lá, praças como as do Fórum fariam com que se fortalecessem e superassem muitas das dificuldades existentes. Eu vejo isso e digo: "Olha, preciso garantir que isso continue". Não sei até que ponto teremos mão de obra para isso, mas é preciso. As próprias pessoas que insistiram para que o livro fosse publicado lá disseram: "Essas ideias aqui ainda não fizeram seu caminho. É preciso que façam". Na verdade, já houve por lá experiências espetaculares em tempos idos, e que morreram por causa da característica de sociedade ou porque não houve o *pulo do gato* que o Fórum deu, que é estabelecer um espaço onde não exista a luta pelo poder. Mas aos poucos as pessoas vão retomando as iniciativas.

Um traço importante para garantir a continuidade dessas discussões passa também pela comunicação. Não podemos mais pensar em comunicação apenas, mas sim em intercomunicação. A partir do Fórum de Belém, temos diversas iniciativas acontecendo pela internet em tempo real, sendo acompanhadas durante a realização do Fórum por movimentos sociais do mundo inteiro. É preciso aproveitar a possibilidade de diálogo que a tecnologia nos dá hoje e favorecer a pulverização dos conhecimentos. Isso garantirá o aumento do alcance e a própria perpetuação dessas ideias.

Uma pedagogia para os meios de comunicação*

Aprender a ensinar e ensinar para transformar,
eis as preocupações de Guillermo Orozco-Gómez ao tratar
do campo comunicação/educação.

O professor doutor Guillermo Orozco-Gómez da Universidade de Guadalajara, México, pesquisador latino-americano dos processos de recepção dos meios de comunicação e da inter-relação comunicação/educação, concedeu-nos entrevista exclusiva para esta edição. Orozco-Gómez nos fala de sua formação como educador das camadas populares, da importância da obra de Paulo Freire em sua formação e de suas pesquisas com crianças e televisão, tema no qual trabalha desde seu doutorado, nos anos 1980. Desse trajeto resultam publicações importantes que têm ajudado a fundamentar um campo de pesquisas em comunicação na América Latina. Ainda em 1998, Orozco-Gómez e pesquisadores de diversos países, coordenados por Klaus Jensen da Universidade da Dinamarca, publicam, em Londres, resultado de pesquisa internacional sobre a recepção que famílias de diferentes países fazem do noticiário internacional. Guillermo Orozco-Gómez preocupa-se fundamentalmente com a educação para os meios e o papel da escola e do professor ante as novas tecnologias da comunicação, principalmente com a televisão. Ele vê a necessidade de a instituição escolar abrir-se para a multiplicidade da realidade, compartilhando com outras instituições sociais e tornando-se mais interessante para os alunos.

POR ROSELI FÍGARO

---

* Texto publicado originalmente na revista *Comunicação & Educação*, n. 12, maio/ago. de 1998.

C&E: Professor, qual a sua formação e quais as suas principais preocupações, hoje, com relação ao campo da comunicação?

Guillermo Orozco-Gómez: Minha formação começou como comunicador e educador popular, na cidade de Guadalajara, em 1972. Enquanto tentava fazer algo relacionado aos meios de comunicação nas zonas marginais, nas favelas da cidade de Guadalajara, estudava no último ano da universidade. A partir dessa experiência de trabalhar em uma Organização Não Governamental – ONG, percebi que era necessário conhecer pedagogia. Fui, então, fazer mestrado em Pedagogia na Universidade de Colônia, na Alemanha, de 1975 a 1977. Regressei e trabalhei mais como educador e pesquisador da Educação do que da Comunicação. Entendi, porém, que minha preocupação principal era a Comunicação, por isso fui fazer doutorado em Educação, mas em combinação com Comunicação. Assim, continuei ligado em Educação na Universidade de Harvard, EUA, onde fiz minha tese de doutorado sobre Socialização múltipla da televisão: a família e a escola das crianças da educação básica.

Voltando em 1985, dediquei-me à pesquisa de recepção. A hipótese principal em minha tese era de que a influencia educativa da televisão se manifesta em qualquer tipo de programa, e não somente nos de programação instrutiva. Estudei com os idealizadores de Vila Sésamo, que eram meus orientadores em Harvard, mas não me interessou a perspectiva de fazer programas educativos, e sim entender a influência educativa da

televisão não educativa, que me parecia o problema maior não só na América Latina, como em qualquer lugar.

Minhas preocupações sempre estiveram, portanto, vinculadas ao educativo. Um dos autores que mais me inspirou e motivou foi Paulo Freire. Estudei toda a sua obra quando estava na universidade. Como educador, tive de fazer um pouco o tipo de educação inspirado na metodologia de Paulo Freire, que, afinal – independentemente de toda a filosofia tão clara que sustenta sua metodologia –, é uma proposta de intervenção pedagógica. Isso me possibilitou a condição de efetivar um trabalho altamente consciente durante esses anos – mais de vinte –, e esse era muito do significado que Paulo Freire passava: poder transformar. E me pareceu cada vez mais importante tratar de pesquisa para transformar, para propor essa intervenção – não somente para conhecer, mas para apresentar um eixo de ação sobre o objeto de estudo.

Creio que essa foi uma preocupação fundamental, que se manteve durante muitos anos, e que de alguma maneira influenciou a escolha do estudo do processo de recepção dos meios, pois, trabalhando com os telespectadores, a partir da recepção, pode-se verificar essa interação deles com os meios. Outros pesquisadores trabalham sob ângulos diversos: com as indústrias culturais, com os sistemas de comunicação, e obtêm conhecimento para intervir em outro nível. Mas se o objetivo for modificar e ao mesmo tempo influir no processo educativo das pessoas, a pesquisa de recepção é uma porta de entrada. Uma vez conhecendo os receptores e suas interações, poder problematizá-las no sentido de Paulo Freire, tratar de melhorar essa interação para benefício dos próprios sujeitos. E por aqui creio que encontrei a maneira de vincular o educativo com o comunicativo: pesquisa para intervir e propor estratégias que transformem e modifiquem as interações dos sujeitos com os meios. Esta é a minha principal preocupação.

Interessou-me, então, trabalhar com aqueles segmentos que estão envolvidos, sobretudo, com a educação de crianças, como a escola, os professores, a família, a casa como cenário de convivência cotidiana. Porque creio que a interação com a televisão não é um processo que se dá no vazio, no ar; é concreto. Manifesta-se, principalmente, através da família e, no caso das crianças, também na escola. Parecia-me que, tendo a preocupação de intervir, não podia somente tomar as crianças e tratar apenas de falar com elas, de fazer quaisquer tipos de oficinas. Era preciso uma estratégia educativa a partir da escola e uma estratégia pedagógica a partir da família. É por isso que me interessou investigar e também trabalhar conjuntamente com a comunidade familiar e escolar. E justamente a minha tese de doutorado tem a ver com a interação entre a escola e a família, relacionada à interação das crianças com a televisão, num contexto em que essa interação está mediada pela escola e pela família. É preciso trabalhar com as três instituições, a família, a escola e a televisão, para entender a dinâmica que se gera nos processos de recepção e as possibilidades para uma intervenção pedagógica nestas áreas.

C&E: Esta sua postura teórica requer um trabalho metodológico de abordagem dessas três instituições bastante extenso. O senhor está desenvolvendo algum trabalho neste campo atualmente?

Orozco-Gómez: Sim, no projeto de pesquisa em que estou trabalhando, abandono um pouco, por um momento, as crianças como centro, como sujeito importante, e retomo a família em si como uma organização, como uma unidade metodológica. E o que estou tratando de fazer é ver a recepção específica em um gênero televisivo: a questão das notícias. Como essas notícias são percebidas em termos individuais pelos membros da família, como são conversadas e enunciadas pela família e, finalmente, como são percebidas pela família. E, em seguida, quais são os usos que a família dá às notícias.

Aquilo que me interessa é focar primeiro só no gênero e não na televisão, como foi minha primeira pesquisa com as crianças, e no gênero notícia. Porque me parece que uma das possibilidades de modificar a cultura política das pessoas em geral é ver se as notícias estão servindo como estímulo para os telespectadores tomarem posição política ante os fatos vistos na televisão, de que maneira a televisão está proporcionando o reencontro dos fatos que são notícias, os quais, de alguma maneira, estão definidos como os mais importantes. Como isso está sendo percebido e como as pessoas estão usando isso para informar sua cultura política e, eventualmente, para uma participação considerável.

Interessa-me conectar a televisão como fonte de notícias, mesmo com todas as subversões na representação da realidade, com a unidade familiar, tomando a família como unidade de apropriação primária da televisão; verificar qual a percepção e o uso que os membros da família fazem da informação para sua participação ativa como cidadãos. A premissa é ver de que modo, cada vez mais, as notícias falam aos telespectadores como sujeitos passivos, buscando entreter, divertir os telespectadores, dando-lhes espetáculos.

Os telespectadores encontram nas notícias mais e mais espetáculo, através do qual eles se situam como meros espectadores passivos. Sentem-se informados e aí está a trapaça. Os telespectadores sentem que cumpriram uma função social de responsabilidade, porque viram o noticiário, mas o que viram foi ficção, drama, divertimento, riram, choraram, como acontece nas telenovelas, mas transfigurado em notícia. E isso não só dificulta uma posição ativa e crítica ante o que estão vendo, como também os afeta como cidadãos.

Participamos de uma pesquisa internacional com Klaus Jensen, da Universidade da Dinamarca, envolvendo países como México, Rússia, Israel, Dinamarca, Itália, Estados Unidos, Alemanha e Índia. Percebemos um tipo comum de abordagem qualitativa em estudos de recepção, em nível internacional. Procuramos verificar as distintas recepções que as famílias fazem das notícias internacionais, para ver como se dá a reconstrução que cada país faz dessas mesmas notícias e qual é a postura tomada diante delas, no processo mental de percepção e apropriação. Depois de terminar este estudo, iniciamos uma pesquisa no México, com notícias nacionais e locais, usando um referente muito mais próximo do que a notícia internacional, para ver na capital e fora dela como acontece esse processo de recepção e como ocorre essa interação não só no contexto geral do México, mas também nos contextos regionais do país.

C&E: Este trabalho inicial está publicado?

Orozco-Gómez: Está por pouco. Há uma primeira publicação, é um capítulo do livro *Televisão e audiência: enfoque qualitativo*, que é uma primeira versão dos resultados da metodologia do projeto. O livro, com os outros estudos de caso, tratamento metodológico, tratamento comparativo, será publicado agora em 1998, em Londres. No último capítulo fazemos uma comparação dos resultados da pesquisa entre todos os países.

C&E: Como o senhor vê, na América Latina, as novas tecnologias na escola?

Orozco-Gómez: Antes de dizer como entendo, gostaria de dizer como se está entendendo e por que me parece correto criticar esse ponto de vista. Na maneira como se está entendendo, há um suposto implícito de que a escola parou, está muito atrasada com relação aos aparelhos tecnológicos e que, então, a solução é trazer tecnologia para que a educação tenha êxito. Parece-me que existe um reducionismo, porque a educação não depende só das tecnologias, mas sim de muitas outras coisas. Em segundo lugar, crê-se que as tecnologias têm um poder enorme para resolver qualquer tipo de problema. E isso não é verdadeiro. Se alguém perguntasse o que há para modificar na escola, a resposta seria: a filosofia e a metodologia educativas; só assim se poderá aproveitar as novas tecnologias.

Parece-me uma posição ingênua, uma posição tecnocrática e muito reducionista a maneira com que se tem vinculado até agora, na América Latina, a tecnologia com a escola.

Creio que o primeiro ponto, a primeira distinção que colocaria é a necessidade de se fazer uma vinculação relevante para os estudantes, ou seja, partindo-se dos próprios estudantes e não da tecnologia. Entende-se que a tecnologia é necessária, que é através dela que a informação está na escola, que ela oferece possibilidades de destreza comunicativa, destreza cognocitiva. Mas quais são suas expectativas, quais são suas limitações e possibilidades? Entendendo isso, é possível ver como a tecnologia pode ajudar a resolver alguns dos problemas que a escola apresenta, e de que maneira se pode introduzir a tecnologia na escola para que ela realmente responda às necessidades próprias do lugar. É preciso inverter a questão, é preciso saber o que podemos fazer para o estudante, para o sujeito, para levar a pessoa a interagir; saber do que necessitam os estudantes e como a tecnologia pode colaborar para a sua satisfação.

As novas tecnologias também são um assunto político, sobretudo as teleconferências, os programas de educação a distância; tudo isso acontece como manifestação política do Ministério da Educação, e não como prática educativo-pedagógica. Tratam de satisfazer a demanda da população pelo serviço educativo, levando sistemas de educação a distância de que a escola não necessita. Podem levar a televisão como instrumento, pretendendo dar uma resposta política à demanda educativa de um país. O principal equívoco é, pelo menos no México, cumprir este objetivo político e não o pedagógico. Não importa a qualidade, não importa se os professores sabem ou não usar as tecnologias. Os ministros importam-se com as estatísticas de que se está cobrindo a demanda, porque entregaram ou distribuíram, por todo o país, tantos computadores, tantas televisões e programas de vídeo, pois o que interessa é cumprir um objetivo político; não há interesse de que aquilo realmente funcione ou sirva.

Trata-se da questão de um pouco de consciência. É essencial, antes de tudo, que se leve em consideração um projeto educativo que tenha em conta duas coisas: primeiro, o potencial real da tecnologia e o que é possível fazer para responder às necessidades dos educandos. Segundo, saber o que se tem de modificar na escola, no processo educativo, para realmente se fazer uma educação relevante para o estudante. Às vezes se realizam programas interessantes de introdução dos computadores na escola, de como fazer para que eles funcionem etc., mas não se toma muito cuidado em ver em que processo pedagógico se deve introduzir essa tecnologia, modificando o próprio processo pedagógico.

Não adianta a tecnologia reforçar o processo educativo tradicional. Isso não contribui. É necessário pensar na educação em primeiro lugar. Repensar a educação a partir das situações dos próprios educandos e, com base nisso, imaginar um novo desenho do processo educativo, ver o replanejamento desse processo e verificar para que pode servir a tecnologia.

C&E: Nesta linha, qual é o papel do professor na atualidade?

Orozco-Gómez: O papel que eu gostaria que tivessem os professores seria o de facilitadores de experiências e aprendizagem das crianças. Isto significa que o professor não é a pessoa que chega à aula e diz: "Aqui está o livro, aqui está o vídeo, temos que memorizá-los, passar no exame, estão aqui para serem aprovados". Penso que um professor tem que ser, em primeiro lugar, provocador de experiências e de aprendizagem, para as quais podem ser muito úteis as novas tecnologias, a televisão em particular. Venho procurando encontrar uma proposta para usar a televisão dentro de uma estratégia pedagógica de educação para os meios, tendo, no entanto, a televisão como preocupação central. Tem-me custado muito trabalho explicar aos professores que a televisão, com a estratégia de mercado deste momento, não é uma tecnologia educativa, não é um recurso didático que vai inserir imagens ao discurso do professor. Tento dizer-lhes que não podemos entender que a televisão tenha somente a possibilidade de colher imagens em movimento, de agregar imagens em movimento ao discurso seco do professor. Este tipo de recurso não creio que seja interessante.

Estou propondo que, a partir da televisão, qualquer programa que se traga para a classe se discuta com os estudantes e se explicitem suas interações com esses programas. E, a partir daí, os professores devem procurar saber como são os receptores, como usam a televisão, como se apropriam dela. Os alunos podem, assim, aprender algo mais deles mesmos e sobre o conteúdo e as ideias que vieram desse processo. Dessa perspectiva, a televisão seria o primeiro pretexto para facilitar uma experiência de maneira muito mais didática, mais lúdica, ultrapassando o próprio meio. Por exemplo, trazer para a classe o jornal, ver a página onde está a programação da televisão. As crianças quase nunca veem esta página de televisão; veem a televisão, mas não veem a página do jornal com o conjunto da programação televisual.

Um dos exercícios que proponho para as crianças é assinalar os programas com as cores, marcando primeiro os programas que elas veem. Depois, contam quantos programas veem por dia, quantas horas, segundo o tempo de cada programa. Ou seja, aí estamos diante de um exercício de matemática. Depois se começa a fazer uma classificação, os programas de que elas mais gostam, a que horas do dia são transmitidos, à tarde, à noite, em qual canal. Começa-se, então, a ter uma apreciação sociológica da oferta cultural da televisão; mostra-se que muitos dos programas que elas veem são programas da noite ou em horários que não são para crianças, são para adultos.

Devemos discutir porque isso acontece. Tudo isso se faz com as cores, que são visualmente atraentes às crianças. É claro que esse exercício pode durar muitos dias; o que importa é que se tenha um espaço no qual se comente, possibilitando que todos comecem a pensar: por que neste canal não passa nenhum programa de que eu gosto? Por que este canal tem tal tipo de programa de que eu não gosto? Assim as crianças podem comparar quais são os canais mais apropriados para elas e quais são para os adultos. Depois têm que classificar, com outras cores, as telenovelas, os programas de ficção, os noticiários, os filmes, e começam a analisar, através das cores, quais são os programas preferidos em cada um dos canais etc. Podem dizer, também, quantas são as ofertas de gêneros televisivos a que estão expostas. Podemos prosseguir pedindo às crianças que vejam programas de televisão e que anotem a duração e o conteúdo das interrupções feitas pelos comerciais. Elas saberão quantos minutos há de comerciais e quantos minutos há de programação, para que se deem conta do que realmente estão vendo. Então, teremos outra classificação: o que se anuncia na televisão; que tipo de anúncios existem; títulos de peças publicitárias etc. E por que umas coisas se anunciam e outras não. Este é um trabalho de reflexão do tipo social, que faz pensar: por que é que umas coisas vão para a televisão e outras coisas, não? Serve também para as crianças perceberem que tipo de gente está nos programas, se são ruivos, brancos, negros, mestiços, e a aparência de cada uma das personagens. Tudo isso para se ter consciência do que está sendo veiculado.

Não se deve dizer: "Veja, a televisão é má e vocês não vão assistir à televisão". Isso ninguém escuta. Os alunos têm que viver a experiência de descobrir por si mesmos o que está acontecendo, o que estará sendo mostrado e como está sendo mostrado, e também o que está sendo omitido.

C&E: Qualquer programa da TV pode ser um instrumento pedagógico? Como é isso?

Orozco-Gómez: Creio que, quando se fala de um programa educativo, instrutivo da televisão, se fala de um programa que tem um objetivo explícito de ensinar algo; porém, a definição de educativo, me parece, não está na televisão, está no receptor. A partir do receptor, o educativo pode ser qualquer coisa, desde o programa propriamente educativo até outro que nada tem a ver. O educativo se define pelo receptor, relacionado ao significado que ele encontra em um programa. A possibilidade de aprender é muito mais ampla que a possibilidade de ensinar. Às vezes aprendemos muito mais sem que ninguém nos ensine e, às vezes, quando alguém quer nos ensinar, não aprendemos, não queremos aprender. Isso está presente nas crianças, pois quando lhes pergunto: "Que é programa educativo para você? Que você pensa dos programas educativos da televisão?". Elas me dizem: "São os programas que, quando aparecem, eu mudo de canal". Esta é a definição: "Não gosto de ver programas educativos". Então, pergunto: "Mas você aprende com a televisão?". É claro que aprendem muitas coisas com a televisão. Elas estarão aprendendo, mas não no sentido que os professores ensinam nas escolas. Aí há um problema de definição e de entendimento da profissão, do papel do professor. Muitos creem que o educativo é somente o que se ensina, o que todos dizem que vale a pena ser ensinado às novas gerações. Acreditam que somente o instrutivo é educativo; sentem-se em competição com a televisão, porque a televisão não tem a pretensão de ensinar e, apesar disso, está ensinando, coisas boas e ruins também. As crianças, muitas vezes, aprendem mais com a televisão do que com os próprios métodos da escola.

Uma vez um professor me disse que a televisão não ensina, mas os alunos aprendem. Por essa afirmação devemos entender que a televisão não tem licença para ensinar, mas isso não quer dizer que não tenha uma instância educativa, e por aí se chega à problemática do professor com a televisão, que a trata de eliminar em vez de aproveitá-la para seus próprios ensinamentos.

C&E: Como você vê a relação educação, comunicação, globalização e mercado? Essas grandes categorias que hoje estamos pensando e repensando.

Orozco-Gómez: Eu assumiria estes quatro termos: comunicação, educação, globalização e mercado, a partir do que representam, ou seja, o que relaciona esses termos é uma rearticulação da ordem social e do intercâmbio social. Parece-me que a comunicação atualmente está muito sustentada em todos os meios pela tecnologia de informação. E isso coloca à educação múltiplos temários. Um é a alfabetização múltipla, pois a linguagem escrita já não basta com a proliferação de tecnologias, de linguagens e de expressões. Isso implica alfabetizar os estudantes para que sejam capazes de elaborar suas próprias comunicações, com suas distintas linguagens, com distintas lógicas de articulação.

Às vezes a escola nem sequer consegue ensinar no sentido tradicional da linguagem escrita e agora tem o desafio de alfabetizar com muitas outras linguagens. Por outro lado, o que faz a globalização é privilegiar certos tipos de informações e articulações que são generalizadas para o resto do mundo e que são as que convêm para ampliar o mercado de certos produtos, para aqueles que estão na posição de ter esses produtos e serviços. Então, a orientação da articulação está sendo dada pelo mercado. E, parece-me, esta é uma rearticulação muito reducionista. Não podemos pensar que tudo esteja articulado em função do mercado; tem que estar articulado em função de outros objetivos, da convivência, de desfrutar o tempo livre, do intercâmbio humano. Quer dizer, não estamos somente aqui para viver o mercado, temos que viver para muitas outras coisas.

C&E: Pode-se afirmar que comunicação e educação constituem um campo de atividade, de reflexão. Quais são as contribuições desse campo?

Orozco-Gómez: Vem-se falando, por muitos anos, da vinculação comunicação e educação. Penso que a vinculação se dá em muitos níveis. Dá-se no nível dos macrossistemas educativos e comunicacionais; no nível das instituições concretas: a televisão, a escola, o rádio; e no nível do intercâmbio entre os processos comunicativos e os processos de aprendizagem. Parece-me que a articulação com a educação deve ser pensada pelo menos nestes três níveis, porque neles há distintas implicações. A implicação, no primeiro nível, é que os processos de aprendizagem se modificaram em grande parte pela existência das novas tecnologias. Um pouco do que já disse Martín-Barbero, de que as novas tecnologias não são somente instrumentos, são modificadoras da percepção e da expressão. Isso abre um desafio à educação para procurar estas novas lógicas de articulação de conhecimentos e de expressões no campo do conhecimento, que requer uma múltipla informatização para reverter em aprendizagem e comunicação.

Em outros níveis, percebemos que meios como instituições têm um crescente protagonismo na definição da circulação da informação, e a escola, como instituição, perdeu, em contraposição aos meios, importância e legitimidade. Cada vez mais a escola se encontra relegada à instituição social e os meios são os protagonistas. Isso me parece um desequilíbrio; a escola tem que recuperar o seu papel protagonista como instituição educativa ante as outras instituições culturais. E, para isso, a escola não necessita competir com os meios, e sim redescobrir sua função distintiva em relação aos meios. O papel distintivo da escola é o de questionar o uso dos meios e a aprendizagem deles decorrente, ou seja, a educação para os meios é a maneira através da qual a escola pode recuperar seu protagonismo e ser relevante para todas as gerações. A escola tem que se dar conta do que está acontecendo com as crianças em suas relações com os meios de comunicação, porque se a escola competir com os meios, vai perder a batalha, como já está perdendo. O caminho não é competir, e sim fazer uma aliança estratégica: servir-se dos meios e dar conta de questioná-los sobre a aprendizagem que proporcionam às crianças, e, para ser realmente relevante, fazê-lo de modo que todos os estudantes se formem de maneira mais completa, autônoma e crítica.

É também necessário que haja vontade política por parte do Estado e da sociedade civil. É preciso fazer com que o Estado guarde e respalde espaços públicos, sobretudo as universidades, as escolas e as instituições públicas, através dos quais se responda ao crescimento dos espaços privados, que são excludentes para a maioria. É essencial que exista uma sociedade de direito, que trate de conservar espaços públicos de circulação, de conhecimento, de oferta cultural, de consumo cultural; que trabalhe para que não seja tudo mercado. Se não é possível eliminar o mercado, é possível, pelo menos, manter uma política paralela de se ter espaços distintos, não invadidos pelo mercado.

C&E: Você falou em espaço público. Você pensou ou conhece alguma reflexão a respeito de que os meios, a veiculação dos meios e essa relação dos meios com os receptores é um novo espaço público?

Orozco-Gómez: Tenho sobre esse assunto algumas dúvidas. Creio que são espaços públicos parciais, no sentido de que os meios trazem de fora, de muitos lados, uma série de informações e as oferecem aos receptores. Trazem o mundo e oferecem percepções deste mundo aos telespectadores. Nesse sentido, são um pouco públicos, porque trazem o que se externa, mas somente neste sentido. Digo que são pouco públicos porque a maneira como externam as coisas do mundo e o modo de trazê-las são regidos por uma filosofia mercantil, com uma mentalidade mercantil, na qual não importa realmente abrir espaços múltiplos, e sim simplesmente abrir um espaço para atender ao mercado, para ter maiores ganhos, maiores lucros. Os meios, majoritariamente, são privatizados, são cada vez mais privados. Os sistemas privados são regidos pela lógica mercantil; inclusive, a organização de cada programa da televisão está feita de uma maneira que depois de três ou quatro minutos a sequência permite que se ponham os comerciais para a população. Cada produto concreto leva à lógica mercantil e em todo o fluxo da programação, a cada 24 horas, prevalece essa lógica de ganhar audiência, consolidá-la e conquistar outras audiências para oferecer produtos.

Parece-me que é um equívoco, uma falácia, pensar que os meios são públicos. Eles são simplesmente uma comunidade mercantil privada, trazem coisas externas que parecem ter uma dimensão do público, mas é uma dimensão marcada e generalizada por um critério muito claro e privado.

C&E: Tecnicidade ou tecnicismo e mercado parecem constituir novas formas ideológicas. Como pensar o campo da educação e comunicação tendo como parâmetro a construção da cidadania. Como o senhor vê isso?

Orozco-Gómez: Todos os intercâmbios e os seus distintos níveis são dependentes da tecnologia. Mas vale a pena negá-la, porque parece que, para apresentar alternativas, temos que deixar de pensar nos meios, temos que pensar nas pessoas, nos sujeitos, e isso mostra que o problema da vinculação da educação com a comunicação não é assunto de técnica, não é assunto dos meios, mas sim de um projeto educativo, de metodologia pedagógica, de filosofia educativa. Na verdade, estamos deslumbrados com a tecnologia. Creio que temos de conhecer a importância da tecnologia, mas deixá-la momentaneamente para repensar a educação, repensar os sujeitos sociais em seu contexto atual. Creio que alguns dos projetos concretos de educação para a televisão não conseguiram êxito, não foram institucionalizados pelo Ministério da Educação, no México, porque se consideram os meios como um recurso tecnológico, mas não como um objeto de reflexão, o que é muito distinto.

Por mais que queiramos vender-lhes esta ideia, de que a educação para a televisão é muito importante, não a compram. E não a compram porque pensam que não é valor dos meios. Os meios são para extensão, difusão, apoio tecnológico etc. Tem-se que descentrar estrategicamente a discussão dos meios, para centrar-se na filosofia que deve estar atrás da vinculação entre comunicação e educação. Por exemplo, nesse caso, a educação para os meios teria que ter muito mais, como disse Martín-Barbero, de alfabetização cultural, ou seja, uma alfabetização cultural múltipla. Isso é o importante. Para tanto, devemos adaptar os meios, mas o objetivo é a alfabetização cultural múltipla de todos para podermos nos expressar em distintas linguagens, com distintas lógicas de articulação, e circular nossas próprias mensagens, e não somente recebermos as mensagens de outros.

C&E: O papel que estamos exigindo que o professor desempenhe, enquanto um animador, um organizador, um investigador, me parece ser muito mais complexo do que o papel que hoje ele se capacita para exercer. Está aí também a necessidade de uma formação multidisciplinar, multiculturalista, para o professor? Como você vê essa complexidade?

Orozco-Gómez: Sim. É muito complexo, e penso que é preciso trabalhar muito no desenho dos planos de formação para os docentes, tendo em conta o protagonismo dos meios de comunicação. Para mim o problema não é somente teórico, e sim metodológico. Não basta preocupar-se com o tanto de cultura que o professor deve saber, com o tanto de história, de disciplinas. O problema é que o professor tem que ser um grande metodólogo, para que, nessa medida, vá aprendendo, descobrindo coisas com os estudantes. Eu me preocuparia mais em formá-lo como um pesquisador. Dessa maneira poderia dar-lhe mais destrezas analíticas, destrezas de classificação, de observação, de recepção, para que toda informação que tem, como adulto, possa acompanhar e provocar os alunos a partir de processos distintos de aprendizagem. Em suma, não quero dizer que as disciplinas não sejam importantes, mas deve preocupar-nos muito a preparação metodológica do professor, para que ele possa estar continuamente fazendo perguntas, comparando, analisando, refletindo, criticando, devolvendo as reflexões aos alunos. Porque me parece que esse é o papel que, com as características atuais do conhecimento, deve ter um educador, uma vez que não se pode dominar todas as informações, de todas as épocas.

Na América Latina, temos depreciado o metodológico. Aceitamos as grandes teorias, falamos de teorias e as comparamos com outras. Mas não produzimos teoria a partir da própria realidade observada, porque cremos que isso não é fazer teoria. Fazer teoria é falarmos com rigor, com uma metodologia de análise, dedução. Inferências e sínteses, observações e classificações. Essas coisas não se ensinam na escola, ou, se ensinam, o fazem muito mal. Creio que aí estaria a sobrevivência do educador: tornar-se um metodólogo. Essa é minha opinião pessoal.

C&E: Essa sua opinião vem reforçar a defesa de uma mudança na postura das universidades perante os seus alunos, aos que a procuram. Pensando em América Latina, a partir dessa reflexão, qual é a contribuição efetiva que nós, latino-americanos, temos dado para esse campo que se abre, para essa nova postura? Você vê contribuições efetivas?

Orozco-Gómez: Sou fiel admirador da obra de Paulo Freire. Creio que a maior contribuição mundial para a educação, na América Latina, foi dada por Paulo Freire. Seu último livro, *Educação para a autonomia. Educação para a responsabilidade*, sintetiza muito do seu pensamento anterior, e que eu traduziria como educar a todos para a autonomia, educar para a responsabilidade e, diria, educar para a pesquisa. Creio que essa é a única maneira pela qual podemos dar algo relevante aos estudantes: as ferramentas para obter conhecimentos, para processá-los de maneira crítica e para que consigam expressá-los posteriormente. Uma outra coisa que não podemos esquecer, por isso a televisão está ganhando a guerra dos educadores, é que a televisão fala no nível das emoções. E a escola trata de levar o modelo tradicional. Como fazer que os professores possam interagir com os alunos emotivamente e logo passar do nível emotivo à reflexão racional, intelectual? O professor dificilmente se dá no nível emotivo com as crianças, então, não há intercâmbio; e na televisão, sim, há intercâmbio. Esse é um problema, porque a educação para a televisão tem que levar os telespectadores a passarem da dimensão emotiva para a dimensão da reflexão; só assim é possível fazê-lo sujeito de sua própria interação com a televisão. Essa é a tarefa dos educadores dos meios: passar da dimensão emotiva, fazer interações com os meios para a reflexão, promover sua interação e vê-la de uma maneira reflexiva. Mas, na escola, o professor tem que aprender a trabalhar a dimensão emotiva, interagir e fazer com que os estudantes alcancem a dimensão racional.

C&E: Como a escola pode constituir um espaço de expressão do pluralismo e da diversidade cultural existente em nossos países?

Orozco-Gómez: Realmente não sei como poderia constituir-se uma instituição assim. O que me ocorre é que, à medida que se entabule um diálogo da escola com as demais instituições culturais, um diálogo crítico que faça alianças estratégicas com as demais instituições culturais, e que a escola redescubra seu papel distintivo como uma instituição cultural à frente das outras e em conjunto com as outras, só assim poderá realmente ter um papel relevante para as pessoas.

Acontece que a escola trata de ser hegemônica, trata de ter a legitimidade educativa, e despreza, deslegitima, as outras instituições. Trata de mantê-las a distância ou de criticá-las. A escola tem que aprender que não é a única instituição na qual os estudantes aprendem; é uma a mais, que já perdeu o monopólio educativo, que já não o tem mais e que, se pretende recuperá-lo, tem de agir de outra maneira.

Ela deve posicionar-se como uma instituição cultural a mais e redescobrir o que a distingue em relação às outras instituições culturais. Esse é o papel que ela tem que redescobrir. Um dos meios é propiciar um diálogo com as outras e de alguma maneira avaliar e selecionar a produção das outras; tem que trabalhar sobre os produtos das outras instituições e sobre as operações dos estudantes com essas instituições, para recuperar seu papel relevante, sem pretender ser a única. A instituição de educação não é melhor que as outras nem vai ser. Tem que aprender a conviver, porque a escola esteve acostumada a ser a única, e agora tem irmãos. Então, a irmã mais velha tem que saber que já não é a única, tem que compartilhar e ter algo interessante para dizer, porque, caso contrário, ninguém vai escutá-la.

Impresso na gráfica da
Pia Sociedade Filhas de São Paulo
Via Raposo Tavares, km 19,145
05577-300 - São Paulo, SP - Brasil - 2015